农地流转
金融支持绩效
及其影响因素研究

黄振香 /著

本书为福建省科技厅软科学项目"农地流转的金融支持绩效及其影响因素研究"(编号：2017R0006)研究成果

图书在版编目(CIP)数据

农地流转金融支持绩效及其影响因素研究/黄振香著. —厦门:厦门大学出版社,
2018.8
ISBN 978-7-5615-7010-4

Ⅰ.①农… Ⅱ.①黄… Ⅲ.①农业用地-土地流转-金融支持-研究-中国
Ⅳ.①F321.1②F832.35

中国版本图书馆 CIP 数据核字(2018)第 122738 号

出版人	郑文礼
责任编辑	潘 瑛
封面设计	蒋卓群
技术编辑	朱 楷

出版发行	厦门大学出版社
社　址	厦门市软件园二期望海路 39 号
邮政编码	361008
总编办	0592-2182177　0592-2181406(传真)
营销中心	0592-2184458　0592-2181365
网　址	http://www.xmupress.com
邮　箱	xmup@xmupress.com
印　刷	厦门集大印刷厂

开本	720 mm×1 000 mm　1/16
印张	16.25
插页	1
字数	300 千字
版次	2018 年 8 月第 1 版
印次	2018 年 8 月第 1 次印刷
定价	68.00 元

本书如有印装质量问题请直接寄承印厂调换

厦门大学出版社
微信二维码

厦门大学出版社
微博二维码

前　言

Preface

"土地是财富之母，劳动是财富之父"，英国著名经济学家威廉·配第的这一名言高度评价了土地在社会财富形成过程中的作用。土地乃芸芸众生繁衍生息之依靠，对我们至关重要。土地是最基本的农业生产资料，也是一切社会财富的初始源泉，因此对于土地资源的优化配置和有效利用便成了经济界亘古不变的研究课题。

农业不仅是我国国民经济的基础，还是我国的重要产业部门之一。历史经验表明，保持土地投资的应有规模和连续性，是农业逐渐摆脱靠天吃饭的落后状况、获得稳定发展的基本条件。然而，随着我国农业产业化和规模化经营格局逐步形成，土地分散经营与现代农业发展要求越来越不适应。

为了更好地引导农地经营权有序流转，促进农业的适度规模经营，政府出台并实施了一系列政策法规。2007—2017年的中央一号文件均涉及土地流转问题。2014年11月20日中共中央办公厅、国务院办公厅印发《关于引导农村土地经营权有序流转发展农业适度规模经营的意见》，明确规定实行农村土地集体所有权、承包权、经营权"三权分置"。十九大报告也提出要巩固和完善农村基本经营制度，深化农村土地制度改革，完善承包地"三权分置"制度。农地市场流转加快了农业规模化、集约化、产业化的步伐，农地流转的进一步发展和完善是今后农村改革的方向，也合乎经济规律的必然发展趋势。

"三权分置"背景下，农地流转在加快农业产业化、规模化和集约化进程的同时引发了对资金的更大需求。农地市场流转离不开农地金融的支持，尤其是以银行贷款为主的商业金融的支持。引导金融资本注入，保障资金供给，是促进农地流转进一步发展的重点。农地金融的发展同样需要以农地市场为基础，金融作为现代市场经济下的一个重要产业，有其自身的风险控制和经济效益需求，要使金融产业满足农地流转融资需求，必须同步改革农村以土地为代表的资产配置模式以提高农地流转金融支持绩效，达成资金供需双方的双向满足。因此，着力提高农地流转金融支持绩效，满足农地流转过程合理有效的金融需求，为农地流转提供长期、稳定、有效的支持，既是农村经济发展的需要，也是金融业自身健康发展的必要之举。

为解决农地流转过程中的资金不足的问题，各地对金融支持农地流转的服务模式进行了多种创新和探索。浙江省、重庆市、福建省三明市、山东省诸城市、江苏省溧阳市等地纷纷以农地入股、地票、抵押、质押、土地银行、组建农民专业合作社等各种模式进行了创新。然而，农地流转的金融支持绩效如何？哪些因素对农地流转金融支持的绩效有促进或制约作用？农地流转金融支持不同实践模式的绩效有何差别？这些便衍生出了一个实际问题：如何设计具体指标对金融支持地流转的真实效果进行衡量，即农地流转金融支持的绩效评价，并结合农地流转金融支持的实践效果进行评估与比较。因此，对农地流转金融支持绩效及其影响因素进行研究，对完善农地流转金融支持体系，提升农地流转金融支持绩效有重要意义。

本书采取规范分析与实证分析相结合的方法进行综合研究，以文献分析、统计数据、专家调查和农户问卷调查数据为基础，应用案例分析法、德尔菲法、层次分析法、模糊分析法和邓氏灰色关联分析法等方法进行计量分析。在梳理相关文献，借鉴农村金融、农地流转、绩效评价的相关理论基础上，设计农地流转金融支持绩效评价指标体系。通过对各个试验区的案例分析和实证分析，对农地流转金融支持进行绩效评价和比较分析，分析农地流转金融支持绩效的关键影响因素，为提高农地流转金融支持绩效、构建农地流转金融支持体系提供策略建议。

本书共十章，分为五大部分：第一部分内容包括研究的背景、意义，相关文献评述，相关概念界定及理论研究基础。第二部分从供求视角分析农地流转金融支持的供给和需求主体、特征以及供求现状。第三部分设计农地流转金融支持绩效评价指标体系。通过对各个试验区的案例分析和实证分析对农地流转金融支持绩效进行评价和比较分析。第四部分设计农地流转金融支持影响因素指标，对农地流转金融支持绩效的影响因素进行实证分析。第五部分归纳研究结论，给出提升农地流转金融支持绩效和构建高效的农地流转金融支持体系的策略建议。本书的研究获得了以下四个方面的阶段性研究结论：

第一，从金融支持力度、金融支持满意度、金融支持效率、金融支持结构合理度四个方面设计农地流转金融支持绩效评价指标。运用专家调查法和层次分析法计算各指标的具体权重，得出二级指标中排名前六位也就是比较重要的指标依次是：土地规模经营指数 X_{31}、融资成本指数 X_{35}、外部资金吸收指数 X_{32}、营业网点覆盖率 X_{11}、农地流转贷款增长率 X_{13}、农民纯收入变化指数 X_{34}。

第二，对福建省的农地流转金融支持情况进行调查，了解福建农地流转金融支持的现状。根据所设计的绩效评价指标体系，通过实地调研获得第一手数据，应用模糊层次分析法对福建省农地流转金融支持绩效进行评价，结果表明福建省农地流转金融支持绩效属于中等偏低层次，农地流转金融支持效率有待于进一步提升。

第三，对江苏省溧阳市、陕西省杨陵区、宁夏回族自治区同心县、福建省沙县等试点进行典型案例分析，比较分析结果表明：农地股份合作制金融支持模式经济效率指标值（156.1）＞农地信托金融支持模式效率指标值（125.4）＞农地承包经营权抵押贷款支持模式效率指标值（87.6）。通过对国家级金融改革试验区沙县的调研数据对几种农地金融支持模式绩效进行实证分析，结果表明各模式综合绩效优先顺序依次为：农地股份合作制＞农地信托＞农地抵押贷款。两种比较研究结果都表明,市场化程度相对高的农地流转金融支持模式比市场化程度相对低的农地流转金融支持模式能带来更大的经济效益。

第四,围绕金融支持对象、金融支持环境、法律与制度环境、第三部门发展程度四个维度设计农地流转金融支持影响因素指标,收集相关的统计数据,以福建省沙县为例,选择邓氏灰色关联分析法对农地流转金融支持绩效的影响因素进行实证分析。结果表明,诸多影响因素中,金融机构的效率、支持能力、农业生产效率、农地资源禀赋等内部影响因素是关键的影响因子。

国内关于农地流转金融支持绩效的研究还处于起步阶段,仍需要结合我国农村金融发展与农地流转的实际特点进行进一步深入研究。本书虽然对农地流转的金融支持绩效及影响因素进行了一些探讨,但仍存在农地流转金融支持绩效评价指标体系不够丰富和完善、数据涉及的地域不够广泛和时间跨度不够长等不足。疏漏在所难免,由于笔者学识及研究能力的局限,本书在研究内容及研究方法等诸多方面也存在不足之处,恳请专家学者批评指正,以便笔者对相关问题有更深刻、全面的认识,并在将来进一步完善本书所研究的课题及相关工作。

黄振香
2018 年 2 月

目 录
Contents

第一章 **绪 论** / 1
　　第一节　研究背景及意义 / 1
　　第二节　研究内容与特色 / 4
　　第三节　研究思路和研究方法 / 7

第二章 **国内外研究动态述评** / 10
　　第一节　国外研究动态及启示 / 10
　　第二节　国内相关研究现状 / 14
　　第三节　启示、借鉴与研究展望 / 20

第三章 **农地流转金融支持绩效理论基础** / 23
　　第一节　相关概念的界定 / 23
　　第二节　相关理论基础 / 27

第四章 **农地流转金融支持现状分析** / 45
　　第一节　我国农地流转现状及金融支持的必要性分析 / 45
　　第二节　农地流转金融供求现状分析 / 54
　　第三节　农地流转金融支持存在的问题分析 / 63
　　第四节　本章小结 / 66

第五章 **农地流转金融支持模式比较分析** / 67
　　第一节　农地流转金融支持模式及其运行机理 / 67
　　第二节　农地流转金融支持模式典型案例 / 71

第三节　农地流转金融支持模式特征及绩效比较研究／80

第四节　本章小结／87

第六章　农地流转金融支持绩效指标体系／88

第一节　农地流转金融支持绩效评价指标设计／88

第二节　基于专家调查法的评价指标筛选／99

第三节　农地流转金融支持评价指标的检验／104

第四节　农地流转金融支持绩效评价指标赋权／106

第五节　本章小结／117

第七章　农地流转金融支持绩效评价实证研究——以福建省为例／118

第一节　调研方案设计／118

第二节　福建省农地流转及其金融支持基本情况／124

第三节　福建省农地流转金融支持绩效评价实证研究
　　　　——基于模糊层次分析法／131

第四节　农地流转金融支持创新模式绩效评价——来自沙县的案例数据／140

第五节　本章小结／154

第八章　农地流转金融支持绩效影响因素分析／156

第一节　农地流转金融支持绩效的影响因素／156

第二节　农地流转金融支持绩效影响因素实证——来自沙县的统计数据／164

第三节　基于灰色关联结果的影响因素分析／175

第四节　本章小结／181

第九章　绩效提升视角下的农地流转金融支持体系构建／182

第一节　农地流转金融支持绩效提升的实现途径／182

第二节　农地流转金融支持体系构建 / 185

第三节　农地流转金融支持绩效提升的策略建议 / 188

第四节　本章小结 / 195

第十章　研究结论与展望 / 196

第一节　主要研究结论 / 196

第二节　不足与未来研究展望 / 198

参考文献 / 199

附录 / 219

附录 1　农地流转金融支持现状农户调查问卷 / 219

附录 2　农地流转金融支持绩效指标专家调查表 / 224

附录 3　农地流转金融支持绩效评价问卷表 / 228

附录 4　农地流转金融支持绩效评价问卷统计及模型结果 / 234

附录 5　农地流转金融支持绩效各影响因素指标值 / 243

后记 / 247

第一章

绪 论

第一节 研究背景及意义

一、研究背景

（一）金融支持是促进农地流转的客观要求

基于发展土地流转的客观要求，我国针对土地流转问题颁布和实施了一系列的政策法规。《中华人民共和国农村土地承包法》《农村土地承包经营权流转管理办法》《物权法》等法律确认了土地承包经营权人有权将土地承包经营权采取转包、互换、转让等方式流转。2007—2017年的中央一号文件均提及土地确权或农地流转问题。2009年和2010中央一号文件为土地流转管理工作提供了具体的指导方法，为流转双方提供信息沟通、法规咨询、价格评估、合同签订、纠纷调解处理等服务。2012年的中央一号文件再次强调现有农地流转基本政策保持稳定不变的基础上进一步完善农村土地政策，加快修改完善相关法律法规。2013年中央一号文件鼓励和支持承包土地向专业大户、家庭农场、农民合作社流转。可见，依法自愿有偿进行农地流转，发展多种形式的适度规模经营成为当前热点问题。2014年11月20日中共中央办公厅、国务院办公厅印发《关于引导农村土地经营权有序流转发展农业适度规模经营的意见》。十九大报告也明确提出，巩固和完善农村基本经营制度，深化农村土地制度改革，完善承包地"三权分置"制度。

农地流转加快了农业规模化、集约化、产业化的步伐，农地流转的进一步发展和完善是今后农村改革的方向,也是合乎经济规律的必然发展趋势。在这个过程中,农地流转制度的创新面临着艰巨而复杂的挑战,需要一系列相关的配套措施作为支撑。其中,金融支持是不可缺少的重要环节,引导金融资本注入,保障资金供给,是促进农地流转进一步发展的重点。2010年7月《关于推进农村金融产品和服务方式创新的指导意见》指出,金融部门要积极支持和配合当地党委和政府组织推动的农村土地承包经营权流转和农房用地制度,改革探索开展相应的抵押贷款试点,丰富"三农"贷款增信的有效方式和手段。十九大报告为金融支持农村土地流转指明了方向,报告提出完善承包地"三权分置"制度和深化农村集体产权制度改革,壮大集体经济。此后,金融支持农村土地流转的着力点也更为清晰,即信贷投向应更侧重于对土地经营主体的支持。

可见,农地流转改革对农村金融体系建设提出了更高要求,迫切需要健全高效的金融运行机制作支撑。加大金融对农地流转的支持力度是未来农地流转深化和发展的客观需要,也是未来农村金融改革的主要方向。

(二)提升绩效是农地流转金融支持的必要之举

一方面,农村承包地"三权分置"是实施乡村振兴战略的一个重要手段,对农村土地流转的影响是明显的,效果是积极的,不仅很好地解决了土地细碎化及土地撂荒的问题,也为我国农业现代化的发展打下了坚实的制度基础。加快农地流转实施规模化和集约化经营需要大量资本投入,仅依靠农村家庭的自身积累和农村金融机构提供的小额信贷远远不够。农地流转的发展也为金融业提供了一个巨大的市场,是一个难得的发展机遇。2015—2017年期间农村金融改革创新沿着对农民的财产进行赋权和促进农地资产抵押权的方式在演进。因此,金融部门有必要加大对农地流转金融的支持力度,为其拓宽融资渠道,承认农村土地的资产价值,实现农地经营权利的资本化,促进农村产业发展。

另一方面,农村土地"三权分置"制度自2014年之后才上升至国家政策层面,至今只有两三年的时间。由于我国土地流转尚处于初级阶段,所以农地流转政策实施的过程中不可避免地会出现一些问题,带来一些风险。金融作为现代市场经济下的一个重要产业,有其自身的风险控制和经济效益需求,要使金融产业满足农地流转融资需求,必须同步改革农村以土地为代表的资产配置模式提高农地流转金融支持绩效,以达成资金供需双方的双向满足。

因此,着力提高农地流转金融支持绩效,满足农地流转过程合理有效的金融需求,为农地流转提供长期、稳定、有效的支持,这既是农村经济发展的需要,也是金融业自身健康发展的必要之举。否则,农业产业化就是一句空话,农民增收的目标就难以实现。可见,农地流转金融支持绩效是促进农地流转、农民增收的决定性因素,是农村金融制度创新和金融效率提升的重要因素,也是实现农业规模化经营、提高农业生产率、促进农业产业化的根本。

二、本研究的理论与实践意义

理论层面,国内学者对农地流转金融支持问题从多角度展开了深入探讨,但建立一个较为完善的指标评价体系对农地流转金融支持绩效进行评价的研究有待于进一步拓展,现有不多见的满意度评估研究,只停留在描述性分析,没有进一步探求其影响因素。从经济社会的宏观层面和农户家庭的微观层面对农地流转金融支持的运行机制进行全面和系统化设计的研究有待于进一步深入。

实践层面,农村承包地三权分置,是实施乡村振兴战略的一个重要手段,近些年来,贵州省湄潭县、江苏省溧阳市、山东省诸城市、福建省三明市、重庆市和浙江省等地纷纷以抵押、质押、地票、土地银行、农地入股组建农民专业合作社等不同模式进行了试点。然而,试点的效果却不尽如人意,1997年原土地金融公司改建的贵州湄潭土地开发投资公司因亏损严重被撤销,其他金融支持农地业务的绩效低且部分处于亏损状态。

湄潭的试验虽然失败,但对农地流转金融支持的探索并不能因此而中止,以下问题值得思考:如何提升农地流转金融支持绩效?哪些因素对农地流转金融支持的绩效有促进或制约作用?农地流转金融支持不同实践模式的绩效有何差别?如何构建和完善农地流转金融支持体系以提升农地流转金融支持绩效?这些对促进农地流转、提升农村金融效率、实现农业发展至关重要却仍在争议中,农地流转金融支持的具体做法和绩效由于难定量而没有被深入的调查和研究过是个亟待解决的难题,因此很有必要选择有代表性的样本进行实地调查,有针对性地应用计量方法展开实证研究,以样本农户的调查数据和案例来分析农地流转金融支持的运行机理及绩效变动趋势。可见,对农地流转金融支持绩效及其影响因素进行深入研究无疑具有重要的理论价值和实际意义。

第二节 研究内容与特色

一、研究目标

本研究的总体目标是设计较为科学的指标体系对农地流转金融支持绩效进行评价。通过分析各个试验区的案例和问卷统计数据,对不同农地流转金融支持模式进行比较分析,应用灰色关联度实验分析法对农地流转金融支持绩效影响因素的关联度进行分析,找出关键影响因子和制约因素,为提高农地流转金融支持绩效,构建多层次、多元化、高效率的农地流转金融支持体系提供政策建议。

具体研究目标有:

(1)制定农地流转金融支持绩效的评价指标体系;

(2)实证分析农地流转金融支持绩效情况;

(3)比较和分析不同试点地区的农地金融模式及其绩效;

(4)找出农地流转金融支持绩效的关键影响因素;

(5)分析绩效提升途径,提出构建高效的农地流转金融支持体系策略建议。

二、研究主要内容

本书在文献梳理和理论框架分析基础上设计指标体系并对农地流转金融支持所引起的农地流转和农村经济发展的经济和社会绩效进行评价。通过对各个试验区的案例分析和实证分析对农地流转金融支持进行绩效评价和比较,分析农地流转金融绩效的关键影响因子和制约因素,为提高农地流转金融支持绩效,构建农地流转金融支持体系提供策略建议。各章主要内容如下:

第一章,绪论。阐述"三权"分置制度背景下,农地流转及对农地流转进行金融支持的理论与现实意义,提出了本书要研究的主要问题,简要介绍了研究目的和内容结构、研究思路和主要研究方法。

第二章,农村土地流转及其金融支持研究述评。通过对农村土地流转及农地流转的金融支持的国内、国外相关文献的梳理和研究发现:我国金融支持农地流转的文献还不够丰富,相关的研究需要进一步深入;农地流转的发展亟须金融的支持和进行农地流转金融创新;需要设计绩效指标评价体系对金融支持农地流转的绩效进行评估;金融支持农地流转的运行机制需要科学而系统化的研究和设计。

第三章,农地流转金融支持及其绩效的理论基础。进行相关概念的界定,研究借鉴国内外相关理论基础,阐述了金融发展与经济增长的关系、农村金融效率与农村经济发展、农地货币化、资本化及农地融资相关理论、制度环境的金融效率机制相关理论及经验,阐述我国农地流转金融支持的理论依据。

第四章,农地流转金融支持现状分析。通过问卷与实地调研研究我国农地流转金融需求与供给具体情况,供求分析结果表明:农村正规金融配置效率低,不能满足农地流转需求;农地金融相关制度缺乏,不能满足农地流转的需要。现有的金融供给和支持力度无法满足农村金融需求导致农地流转金融供求数量和结构双失衡。

第五章,农地流转金融支持模式及其绩效比较分析。对农地股份合作、农地银行、农地信托、农地抵押贷款等农地流转金融支持模式进行分析、比较,总结其特征及运行机制,通过对江苏省溧阳市、陕西省杨陵区、宁夏回族自治区同心县、湖南益阳市等试点的典型案例进行实效分析,分析比较主要模式的运行机理和绩效情况为农地流转金融支持实现提供可行性参考。

第六章,农地流转金融支持绩效评估指标体系设计。咨询专家、参考相关研究对指标进行设计和筛选。从金融支持力度、金融支持满意度、金融支持效率、金融支持结构合理度四个方面设计农地流转金融支持经济绩效评价指标并进行分层,通过专家调查法对指标进行筛选,运用层次分析法,采用加权算术平均进行群决策分析处理,计算各指标体系的具体权重。

第七章,农地流转金融支持绩效评价实证研究。对福建省的农地流转金融支持情况进行分层和随机抽样调查,了解福建省农地流转金融支持的现状,然后通过实地调研获得第一手数据,对福建省的农地流转金融支持绩效做整体评价,并对福建省近年来的农地金融支持制度创新试点单位的经营模式和实际效果进行分析和绩效评价、比较。

第八章,农地流转金融支持的绩效影响因素分析。围绕金融支持对象、金融支持环境、法律与制度环境、第三部门发展程度四个维度对农地流转金融支持绩效影响因素做定性分析提出理论假设,设计了12个影响因素指标,并通过相关的统计数据以福建省沙县为例,选择邓氏灰色关联系统理论模型对农地流转金融支持绩效的影响进行实证分析。

第九章,绩效提升视角下的农地流转金融支持体系构建。根据农地流转金融支持绩效评价与影响因素实证研究分析结果提出改进建议,探讨提升农地流转金融支持的绩效提升路径、设计有效的农地流转金融支持体系。围绕体系框架提出农地流转金融支持绩效提升的策略建议。

第十章,结论与展望。对本书的主要观点进行归纳和提炼,总结研究的基本结论,指出不足之处和需要进一步研究的问题。

三、特色和创新说明

(1)本研究设计了农地流转金融支持绩效评价指标体系,采用德尔菲法与层次分析法对各评价指标进行筛选和赋权。根据所设计的绩效评价指标体系,通过实地调研获得第一手数据,应用模糊层次分析法对福建省农地流转金融支持绩效进行评价,得出了福建省农地流转金融支持绩效属于中等偏低层次,农地流转金融支持效率有待于进一步提升结论,有望为农地流转金融支持策略选择提供一定的参考依据。

(2)通过典型案例的实地调研数据对农地流转金融支持模式的经济绩效进行比较分析,应用模糊层次分析法对农地流转金融支持模式的综合绩效进行实证分析、比较结果表明各模式综合绩效优先顺序依次为:农地股份合作＞农地信托＞农地抵押贷款,证明了市场化程度相对高的农地流转金融支持模式比市场化程度相对低的农地流转金融支持模式带来更大的经济绩效假设,充实丰富了现有的农地金融和绩效评价基础理论和实证理论。

(3)对农地流转金融支持绩效影响因素做定性分析并设计影响因素指标并用灰色关联系统理论模型进行实证分析,结果表明:诸多影响因素中,金融机构的效率、支持能力、农业生产效率、农地资源禀赋等内部影响因素是关键的影响因子。本研究对目前以农地流转金融支持的存在问题及原因分析为主的研究内容有一定程度的突破。

第三节 研究思路和研究方法

一、研究思路

本研究按照"收集资料—提出问题—理论分析—实证分析—解决问题"的基本逻辑进行研究。研究的基本逻辑思路是:前期准备—文献查询及文献分析—演绎归纳农地流转金融支持及其绩效评估的理论基础—我国农地流转金融支持运行机制现状分析—建立模型对农地流转金融绩效进行分析—对影响农地金融机制及其绩效的影响因素进行分析—结果分析—政策建议。具体研究过程如下:

第一,在收集国内外有农地流转金融支持体系运行机制和农地流转绩效的相关研究文献的基础上,根据现实情况和试点地区的信息反馈提出问题。

第二,以文献分析为基础,对农地流转金融支持的相关理论进行演绎和归纳,阐明农地流转金融支持的内涵和理论基础,之后,明确农地流转金融支持的绩效主要评估途径和方法。

第三,在福建省各地区分层与系统抽样相结合的方法确定调查样本,对农地流转现状、农地流转金融支持现状采取问卷调查和深度访谈。

第四,通过专家咨询对评价指标进行设计和筛选;参考相关研究的指标体系并考虑数据的可获得性构建一套较为科学的评价指标体系,运用层次分析法和模糊评价法构建模型、设计问卷进行专家调查和分层入户问卷调查。

第五，以前期相关的研究、统计数据和问卷调查数据为基础，对福建省农地流转金融支持绩效进行实证分析，比较和测算不同农地流转金融支持模式的绩效。

第六，根据统计数据和调查数据选择邓氏灰色关联系统理论及模型对农地流转金融支持绩效的影响因素进行实证分析。

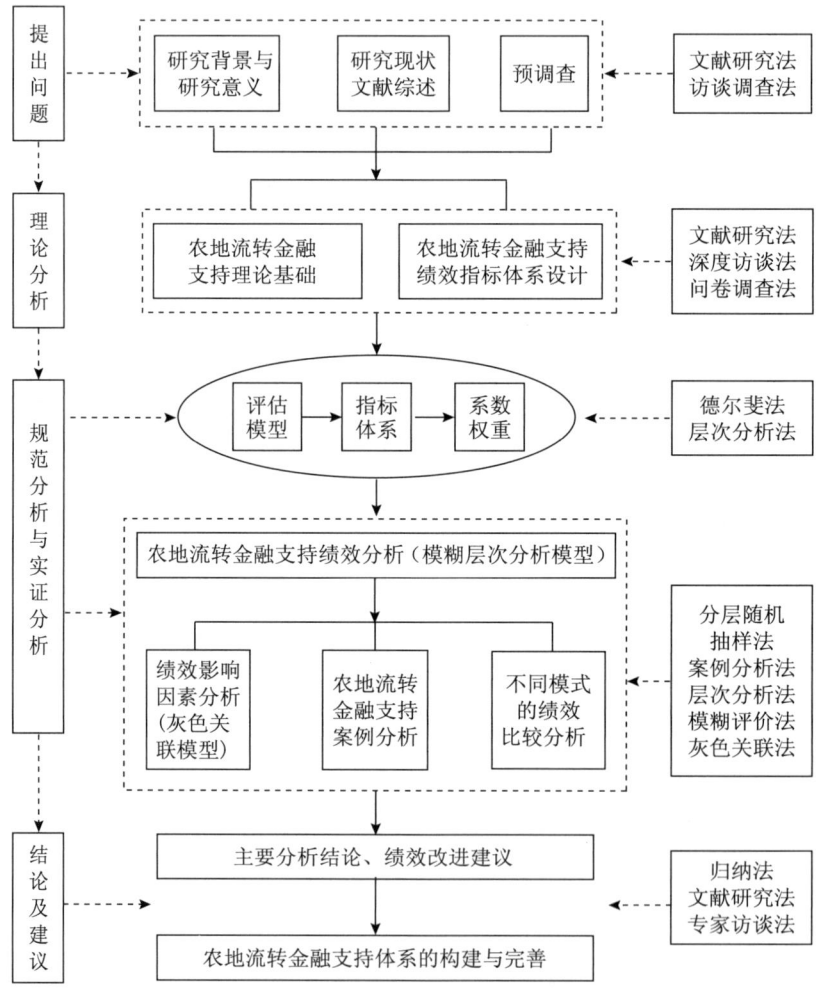

图 1-1　本研究技术路线图

最后，根据研究结果提出绩效改进建议，以及农地流转金融支持相关的政策建议，构建完善的农地流转金融支持体系。

二、研究方法

本研究采取规范分析与实证分析相结合的方法进行综合研究，以文献分析、统计数据、专家调查和农户问卷调查数据为基础，应用层次分析法、模糊综合分析法和邓氏灰色关联度分析法等进行计量分析，并对不同试点地区农地流转金融支持模式进行案例分析，具体研究方法如下：

（1）农地流转金融支持理论基础、运行机制内涵、评价标准等部分以规范分析为主，理论分析采用归纳、推理和演绎的方法。

（2）我国农地流转现状、农地流转金融支持现状及农户对金融服务的满意度分析，采用分层抽样与系统抽样相结合的方法确定样本，通过半结构化言谈与问卷调查法进行具体调查。

（3）对评价指标的设计和筛选主要通过德尔菲法专家调查法和层次分析法；通过专家咨询法和文献归纳法研究指标体系，构建一套较为科学的评价指标体系，运用层次分析法和德尔菲法对农地流转金融支持绩效指标赋权。

（4）实证部分采取案例分析法、模糊层次分析法、比较分析法；应用模糊层次分析法对福建省的农地流转金融支持绩效评估进行实证分析；对不同的农地流转金融支持模式应用案例分析法和比较研究法进行分析。

（5）选择邓氏灰色关联系统理论及模型对农地流转金融支持绩效的影响因素从金融支持对象、金融支持环境、法律与制度环境、第三部门发展程度四个维度进行实证分析。

◆ 第二章 ◆
国内外研究动态述评

第一节 国外研究动态及启示

一、国外关于农地流转的基础理论研究

地租和农地市场化研究。国外学者对农地流转的研究体现在土地交易之中,早期主要有地租理论和有关农地流转市场化研究理论。亚当·斯密、詹姆斯安德森、大卫·李嘉图、马克思等经济学家的地租理论对农地流转具有重大的指导意义,是农地合理、有序地进行流转的理论前提。

1.农地产权交易(流转)相关研究

土地流转的本质是产权的交易,明确的土地产权对农业投资的增加和农业生产力的提高具有重要作用。科斯从交易费用的角度提出了著名的科斯定理,阿尔钦和德姆塞茨也对地权的稳定性进行了研究,他们都认为地权稳定性是土地所有者进行长期投资的关键。舒尔茨(1968)表示:"传统农业改造最重要的制度保证是以经济刺激为基础的市场方式,通过农产品和生产要素价格来刺激农民;控制农村规模,用所有权和经营权合一的、能适应市场变化的家庭农场来改造传统农业。"阿尔钦和德姆塞茨(1973)通过研究12世纪英格兰的圈地运动以及土地转让后发生的地权现象,发现圈地运动大幅度的减少土地使用者在进行土地流转行为中的交易费用,同时促进了土地资源生产效率的有效配置。阿尔钦表示,产权可以帮助决策者在与他人交易时达成合理预期,明确的产权可以降低交易费用。

众多国外学者(斯蒂格里茨,1986;费达、菲尼,1993,Bromley D W,

2000;Basu Arnab K,2002)认为,私有化的土地产权并不必然创造出有效的土地市场,清晰的土地产权才是农地交易的前提。规避风险、非农就业的发展和劳动力转移等也是影响农户进行土地流转的重要因素。Dwniz Baharaglu(2002)认为灵活的农地金融体系不应该受到土地产权结构的影响,土地的归属问题不能影响土地使用权的实现。此外,土地资源配置中最普通常用的是土地租赁,土地租赁是提高土地资源分配效率的有效方式,且这种方式比土地买卖的方式更加有效率。舒尔茨(1968)表示:"传统农业改造最重要的制度保证是以经济刺激为基础的市场方式,通过农产品和生产要素价格来刺激农民;控制农村规模,用所有权和经营权合一的、能适应市场变化的家庭农场来改造传统农业。"阿尔钦和德姆塞茨(1973)通过研究 12 世纪英格兰的圈地运动以及土地转让后发生的地权现象,发现圈地运动大幅度的减少土地使用者在进行土地流转行为中的交易费用,同时促进了土地资源生产效率的有效配置。

2.农地市场失灵及政策的干预的必要性

20 世纪 90 年代后期,学者开始关注对农地市场化交易与市场失灵问题。Jean Olson Lanjouw(1999)通过土地租借市场上的一般均衡模型来阐述土地市场失灵,并分析信息对农村土地市场弥补的有效性问题;Douglas C Macmillan(2000)主张对农地市场失灵进行必要调节,他指出在公开、自由的市场交易过程中会出现土地资源无法进行优化配置的情况,使土地市场失灵,进而产生经济和社会的动荡,因此,政府弥补土地市场交易中出现的市场缺陷并对其进行适当干预是必要的。E R Alexander(2014)指出土地产权具有不同于一般商品的有限的可置换性。由于土地位置的固定性、土地资源的稀缺性、地域因素导致的土地质量差异性使土地及房地产投资面临投机风险,因而土地市场化流转需要公共干预缓解消极的社会后果。

二、国外关于农村土地金融的研究情况

20 世纪 80 年代以前,传统的信贷补贴论(Subsidized Credit Paradigm)在西方农村金融理论界占据主导地位。20 世纪 80 年代,农村金融市场论(Rural Financial Market Paradigm)逐步替代农业信贷补贴论占领主流地

位，该理论认为，农村金融改革的重点应该是发挥市场机制调节的作用，主张建立自由竞争机制。20世纪90年代出现了不完全竞争市场论（Imperfect Market Paradigm），以斯蒂格里茨为首的经济学家们（Stiglitz&Well,1981;Stiglitz1989）认为需要政府适度干预以弥补市场机制的失灵，如政府适当介入金融市场以及采取诸如借款人的组织化等非市场措施。

美国耶鲁大学经济学家休·帕特里克（Hught Patrick,1996）提出了"需求追随"和"供给领先"两种模式。他认为，在经济欠发达的农村地区只有很少一部分的农民能够从正规的金融组织中获得贷款，应选择"供给领先"模式发展这些地区的农村金融较合适。他认为农村金融市场的深化需要配套的措施，包括优化市场发展的宏观经济、政策、政治环境，还要改革发展中国家现行的金融监管方式。

90年代后，国外学者对农地金融产品和金融机制创新研究比对农地金融制度本身的研究要多，主要以信托和土地证券化为主。费达和菲尼（1990）通过模型研究了地权稳定性对土地价格、耕作力度以及信贷的影响，发现土地产权制度的明确能够减少不确定性，提高土地市场的效率。Julie Ann Gustanski（1993）认为农村土地信托流转能提高土地利用效能，与土地租赁等传统业务比土地信托是一种更高效率的流转形式。Elizabeth Brabec and Chip Smith（2002）从土地流转的交易成本方面进行研究，发现土地信托模式可以将交易成本降到最低，有助于提高土地金融效率。同期，有不少学者（Simon wolfe,2000）对土地证券化的主要模式进行设计，从技术性层面对土地证券化中遇到的一些问题进行分析并解决。Ambrose and Lacour—Litte（2005）、Stiroh（2006）等学者对土地证券化的主要影响因素进行了一系列的分析。Besley（1995）通过对加纳农村土地产权制度与投资激励之间关系的分析，证明了农户对土地的产权拥有程度越完整，农民对土地的长期投资就越大；同时土地交易性的增加也提高了土地的投资价值，农户对土地投资的积极性也随之提高。Lerman（2007）通过研究摩尔多瓦共和国小规模土地经营的状况，得出农业生产的联合经营可以减少土地交易障碍的结论。

三、国外关于土地流转的金融支持研究

国外学者很早就开始了对土地市场和金融市场之间关系的研究，Bell(1988)认为两个市场为"关联市场"。多数发达国家对本国农地流转的金融支持是以普惠制金融和政策性金融为主的，尤其是在土地金融方面，普遍采用的是农地抵押的方式获取长期的信贷资金支持，其主要包括：建立专门的普惠型金融机构保证小额贷款、农业贷款；以优惠的贷款利息和贷款期限来扶持生产者进行规模投资；政府或政府授权的机构为农户贷款提供抵押担保；中央或地方采取财政政策对农业贷款进补贴等措施。

一些农地产权市场属性不完全的社会主义国家，在农地金融运行机制方面也做出了积极的探索。Santurnino M Borras JR(2005)利用菲律宾的调研数据，实证检验了灵活的土地流转机制与金融支持体系是保证农业效率的关键。Field等(2007)认为不明晰的土地产权制度抑制了各种土地交易行为，土地流转的市场化程度影响了土地与金融资本的转化。农地产权的不完整、不稳定以及市场机制的不完善会降低交易双方的潜在收益，降低了资金需求者的借贷能力。但也有学者认为，金融机构单方面的增加金融供给对农户信贷获取能力没有产生显著的影响(Boucher et al.,2007)，农户信贷能力与信贷主体自身财富和金融市场竞争程度等因素相关(Pearce,2004)。Katerina等学者(2011)通过对中国农地流转与劳动力迁移间的内在关系进行分析，发现农村土地产权的不完全性影响了农村劳动力进城务工的积极性，而完善农地产权制度，增进对土地安全的预期，促进农地流转可以解决这一问题。

四、国外学者对中国土地流转金融市场的研究

众多研究者(Guo li, Scott Rozelle, Loren Brand；1998)对中国农地流转的实证研究发现：农地流转对提高农户收入和农业生产率有明显的作用。目前中国土地产权缺乏安全性和可转让性也一定程度上抑制了以土地为基础的信贷业务的发展，影响农村土地金融市场的绩效。此外，农村

土地市场缺乏有效的资源配置机制,农村土地金融市场不健全,劳动力市场、社会安全保障体制不完善等其他相关制度也限制了中国农地流转金融市场的发展。

此后,国外有关学者对我国农地金融方面的研究开始增多。FEDER 指出,目前中国缺乏一个既能满足农户的有效需求又能使金融机构或资金供给一方的权利得到有效保障的信贷市场(FEDER,1998)。土地使用权或所有权的转移会使资源配置变得更有效,并能刺激人们对土地资源进行深度开发利用和投资,比如进行土地生态环境建设,也能减少农户的风险规避行为(Chengri Ding ,2003)。Claudio Gonzalez Vega(2003)认为农村金融市场的深化需要配套的措施,包括优化市场发展的宏观经济、政策、政治环境,还要改革发展中国家现行的金融监管方式,对各项法规制度要进行改进以完成金融结构的调整、深化金融服务功能、扩大金融的总需求及总供给。除此之外,作者还分析了我国之所以贷款难,主要是因为正规金融机构的信贷供给不足。

近年来,西方学者开始关注中国的土地金融市场绩效问题并分析原因,提出了产权残缺论和低效论。E Kerselaers、Scott Rozelle(2013)认为目前中国土地产权缺乏可转让性和安全性,影响农村土地金融市场的效率。D Hodge(2013)、Long H(2016)认为目前中国土地产权的不完整,抑制了以土地为基础的信贷业务的发展,降低了效率,限制了中国农地流转金融市场的发展。

第二节　国内相关研究现状

伴随着我国城乡统筹战略的提出和实施,建立包括土地市场和金融市场在内城乡统一的资源要素市场成为战略重点之一,关于土地和资金这两种生产要素在推进农村经济发展中的作用及影响的研究开始受到众多学者的青睐。2009 年以来,一些专家学者就农地流转金融支持也从多个角度进行了一些开创性研究。

一、农地流转的金融供求现状研究

学者们调查了农村金融对农地流转的供给现状,提出加大农村金融对农地流转支持的建议。杨雄(2002)调查了江西丰城的农地流转现状,分析了农地流转金融支持的必要性,认为目前我国农村金融在贷款数量、结构和制度设计方面尚不能满足农地流转日益增长的需要。农地流转后出现的土地集中规模化耕作、产业战略转移、城乡一体化建设和城镇化建设都需要金融支持。金融要素促进了农村经济的规模发展,同时,农地流转也为金融业的健康发展提供了广阔空间(刘安琪,2009)。

罗进华(2005)对四川省21个市州农地流转金融需求情况进行专题调查后得出,流转地区农户对金融的需求随着农地流转的发展呈现:贷款对象由单个农户向规模业主转变;贷款方式由信用贷款向抵押担保类转变;贷款期限由短期周转变为中、短期并存,金额由小份额分散转变为大份额集中;贷款风险控制难度加大,风险由分散向集中转变等新变化(张瑞怀,2009)。农地流转刺激了包括对贷款、资金结算、理财服务、金融咨询服务等业务在内的金融需求,农地流转需要增加资金量的供给和金融服务的创新(张振中、张璐,2009)。

中国人民银行达州市中心支行课题组以四川达州市为例,对农地流转的现状、特点及政策效应进行深入研究,从需求和供给角度分析了现有农地流转中金融支持的问题,认为市场化的农地流转离不开金融支持,农地流转不仅需要农村金融总量的扩张,而且对金融产品的种类、期限和服务方式也提出了新的要求。马晓青等(2012)发现中国农村金融市场存在严重的信贷需求抑制现象,且农户信贷需求抑制程度从东部到西部呈递增的趋势。

大多数学者认为我国农村金融在需求和供给两个方面都存在一定的结构性失调,金融供给与需求不匹配(魏岚,2014),因此出现"贷款难"和"难贷款"的双重困境。政府在调节农户与金融机构之间的供需矛盾时能起到积极的作用,应该将政府干预市场法制化(李喆,2013;刘慧,2012)。

二、农地流转金融支持的问题和困境研究

有学者提出农地流转后,农村金融需求在需求主体、需求规模、需求用途和需求风险等方面发生了重大变化,呈现出多样化、多层次、差异化的特征;而在满足农村金融需求方面,农村金融在组织体系、金融产品与金融服务以及相关配套政策等方面表现出了不适应性(张营州,2010)。有的认为农地流转后农业新的经营方式对农村金融产品与服务提出了更高的要求,但我国的农村金融正处于改革与深化的进程中,自身还存在许多制度性的障碍,如农村金融机构的利率管制、风险控制主体缺位、正规金融单一缺乏竞争机制组织僵化、非正规金融发展又受其限制、农业保险制度缺位等难以适应需求方式的转变(李尚蒲,2011)。又有人从制约"三农"发展的融资难问题入手,分析了农地流转的制约因素:缺乏配套财政金融支持;农地流转的多样性与目前商业银行信贷体制硬约束之间的不适应(肖承发,2010);中国人民银行曲靖市中心支行课题组调查发现农村土地经营权作为抵押品处置难度较大;农地流转后的贷款需求期限与银行贷款期限不适应;专业评估机构缺乏;信贷产品单一等。经过多年的实践改革,我国农村金融已经形成了一套以财政金融、银行金融和民间金融为主的有中国特色的金融市场体系(陈元澈,2015)。但农村金融整体发展严重滞后,金融资源数量严重缺乏,金融生态环境恶化,农业贷款难的问题十分严重(任碧云等,2015)。

三、农地流转的金融服务方式创新研究

目前,为解决农地流转过程中的资金瓶颈,国内各地金融支持农地流转的服务模式出现了多种创新和探索。如 2007 年 3 月,河南省信阳罗山县信用社利用土地经营权作为质押进行贷款率先进行金融创新尝试;2007 年福建三明明溪县农村信用联社为了满足农户规模化经营的资金需求,出台了《明溪县农村土地承包经营权抵押贷款业务试点办法》,开展农村土地承包经营权抵押贷款业务。2008 年,重庆农村土地交易所挂牌,农村宅基

地及其附属设施用地、乡镇企业用地、农村公共设施和农村公益事业用地等农村集体建设用地,经过复垦验收后以票据的形式通过重庆农村土地交易所在全市范围内公开拍卖,为农地转化为资本创新了一种途径。2009 年成都浦江县成立担保公司统一为农地流转提供担保,如果土地经营公司跑路或者破产使转出地的农户土地收益受损,将会由担保公司给予一定的保障,这种对农地担保的金融创新能够有效化解农地流转的风险。2009 年 3 月,浙江省允许通过"农地入股组建农民专业合作社"的方式推进农地流转,这种方式既可以激活土地,也可以为农民带来大量生产资本或生活资金。

同期还有些研究者提出了一些农地流转金融支持的创新方式:其一,部分学者主张将农村土地证券化,基于对农地证券化的可行性研究,朱玉林认为发行土地证券有助于解决农地流转的资金困难问题(郭步超,2009)。还有部分学者进一步对农地证券化的模式和具体方案进行了深入的研究,为农地证券化的具体操作提供了依据。其二,有些学者提出设立专门的农地流转金融机构,在农村设立土地银行为农民提供土地担保、办理土地抵押贷款、"土地信托"等业务还可以在政府支持下发行土地债券(崔慧霞,2009)。其三,建立一个制度规范、体系完善的流转市场,保证抵押物处置、抵押权利的实现。林乐芬基于泰州市 14 个村土地流转情况调查的数据,提出了深化和推进农村土地承包经营权抵押贷款制度的政策建议(林乐芬,2009)。有的学者提出抵押担保在一定程度上是防止农村信贷市场逆向选择,要着力推进制度创新,保证抵押物处置、抵押权利的实现(王越子、杨雪,2010)。还有的学者主张变革现有的农地产权制度,完善农地产权的市场属性,才能提高农村金融的供给意愿,提高农户获取信贷的能力(陆文聪、余新平,2014)。

四、农地流转金融支持问题的对策研究

针对农地流转金融支持问题,研究者们从各个层面提出了诸多对策建议,主要围绕政策法规、加强对农地流转的金融支持的具体对策、金融服务配套措施等几方面展开:

在完善政策法规方面,一方面是修改与完善农村土地流转法律制度赋予土地承包经营权抵押权,允许农地承包经营权依法进行流转和抵押。比如,修改《土地管理法》、《农村土地承包法》、《物权法》等现行法律来完善农村土地流转法律制度和进行土地承包经营权依流转的专项立法等建议(丁关良,2011)。另一方面是要赋予农民对其所承包土地的完整的土地产权,实现"四权"统一,即实现农民对所承包农村土地的所有权、经营权、收益权和处分权,只有这样农地流转的各种形式如出租、转让、抵押、质押、入股才能顺利进行。

不少学者提出加强对农地流转的金融支持具体对策建议,主要观点有:一是金融服务机构要创新信贷品种,推出适合农地流转需求的金融服务产品,如实施社区担保、政府担保、农户联保等多种新贷款担保方式,更好地满足农地流转对金融服务的需求。二是增加对"三农"的信贷投入,建立有效的资金回流机制,规定商业银行从农村吸收的资金必须按照一定比例用于农村或农业建设。三是完善农地流转的金融服务体系;建立新型农村金融组织以满足农地流转对金融的需求,如大力发展社区银行、农村资金互助组织和小型金融担保公司。四是建议政府加大财政资金投入来扶持农地流转;采取减免营业税、政府注资或补充涉农金融机构的资本金等措施来加大财政资金对农地流转金融支持力度。五是设立专门的农村土地金融机构,为农民提供各类土地金融服务业务,如土地担保、土地抵押贷款、农地流转信贷业务和"土地信托"等,开办"土地银行"在政府引导下发行土地债券等。郑旭、张琴(2015)通过对新绛县、温江区、杨陵区和益阳市四个典型地区金融支持农地流转的个案分析,比较了不同模式下金融支持农地流转中存在的制约因素,即:法律制度因素、确权因素、农村土地价值评估因素、农地流转中介因素和风险担保因素,在此基础上提出了金融更有效地支持农地流转的政策建议。

五、农地流转绩效相关的评价指标体系的研究

虽然现有文献对农地流转效果的研究较多,但是构建系统的评价指标对农地流转系统地进行评估的研究还较少。有学者将土地产品价格、非生

产性收益、生产性成本、土地使用成本、土地交易成本、现有土地经营规模等因素作为考量指标来分析对农地流转供求的影响(钱忠好,2003)。罗必良等学者结合2007年广东省211个乡(镇)511个小组的农地承包经营流转调查数据,通过筛选选出相应的统计指标,运用主成分分析得到相应的因子,最终核算出影响农地流转的交易效率大小主要因子(罗必良、吴晨,2008)。有学者从农地流转方式角度考核农地流转绩效,用网络层次分析、熵权法等计量方法来构建农地流转绩效评价指标体系,从经济和社会两个维度入手,共建立16个经济绩效和社会绩效评价指标(刘莉君、岳意定,2010)。许建明与邓衡山(2016)对安徽省凤阳县东陵村和小岗村的典型个案分析发现对土地流转方式的选择会影响效益,诱致性农地流转比强制性农地流转更有利于实现公平与效率的统一。但是,针对不同区域、不同流转模式设计一个适合本区域特色的指标评价体系并且进行全面评估的研究,还需要进一步深入。

六、金融支持农地流转绩效方面的研究

随着金融对农地流转支持力度的逐渐加大,农地流转金融支持模式不断创新并在试点地区实践和推广,近年来国内有学者开始关注金融支持农地流转绩效状况,但目前可以查阅到的关于农地流转金融支持绩效评估的理论文献和实证分析资料还很少。

阚立娜、李录堂、文龙娇(2015)等基于金融支持对农地流转效率影响的理论分析,以陕西省杨陵示范区为例,利用DEA－Tobit模型对普通和新型农业经营主体的农地流转效率进行测算,同时分析财政补贴、正规借贷和民间借贷对农地流转效率的影响程度。他们得出的主要结论是:样本区域内农地流转效率普遍较低,但是新型农业经营主体的流转效率高于传统农户;不同类型的金融支持对农地流转效率的影响程度不同,其中财政补贴的影响系数最大。据此提出根据经营主体特征实行差别化的金融支持策略。

曾雅婷、吕亚荣、王晓睿(2018)基于我国粮食产区346个农户的调查数据,采用"一步法"随机前沿函数(SFA)检测了有无金融支持及农地流转

农户的粮食生产技术效率,并检验了影响两类农户技术效率的主要因素。研究表明:农地流转、农业劳动力质量、土地规模、资金投入对技术效率有正向影响,农地细碎化程度、农地离城镇的距离对技术效率则有负向影响。

第三节 启示、借鉴与研究展望

一、国外研究的启示和借鉴意义

通过对国外文献资料的整理和分析可以发现,国外学者对农地交易市场化、规模化经营、金融配置和土地流转等问题进行了深入研究,对发展中国家特别是中国的农村金融机制和土地流转制度也给予了广泛的关注,总结上述已有文献研究成果,对我国有如下启示和借鉴:

第一,国外关于农地贸易、农地地租和土地产权制度相关理论的研究是建立在土地私有、产权明晰以及土地自由流通的前提和背景下的,完全有别于我国土地法律制度模式,国外研究成果对我国建立农地流转制度虽有一定的借鉴意义但不宜照抄照搬。国外学者关于土地资源优化配置的理论主要包括:土地使用权或所有权转移对资源配置的影响、产权问题对农村生产力的影响以及土地的金融功能对农地流转或农民的影响。这些研究大多针对土地自身特性而言,其目标在于优化土地资源配置,更多的还处于理论讨论层面。

第二,国外关于金融配置、农地流转理论研究成果比我国现有的研究更加深入细致,其研究方法和测评评估模型比较多,对我国的相关研究有指导性意义,但并没有一个统一的标准说某一种方法一定优于其他方法,因此在具体研究中采用哪一种方法,需要根据所研究的对象的特征加以借鉴和创新。

第三,国外关于农村金融机制及农地金融配置的相关研究表明,农村土地金融对经济增长、农业发展包括农地资源配置的作用具体表现在:一方面,无效率金融制度以及金融服务的滞后对农地资源合理配置的约束作用是极其明显的,超过了科学技术、劳动力、土地、资本等生产要素的影响。另一方面,有效率的金融制度及金融服务创新有利于促进农地资源的优化配置,因此探寻适合我国农地流转需要的金融服务体系为农地流转提供有效的金融支持有助于提高农地资源配置效率。

二、国内研究的特点和尚存的问题

中国农地流转问题已有一定的研究规模,国内近年来关于农地流转方面的研究比较广泛,对于农地流转金融支持方面也进行了基础性和开创性的研究。目前研究取得的成果呈现出以下特点:

一是农地流转金融支持的重要性得到了普遍认同。学者的理论模型研究均表明金融要素促进了农村经济的规模发展,同时,农地流转也为金融业的健康发展提供了广阔空间。各个省市的实证数据分析也和各类金融业务在内的金融需求,农地流转需要增加资金量和金融服务的供给。二是农地流转金融支持现实问题和困境得到了共同关注。学者们普遍认识到了当前农地流转金融支持的供给与需求呈现数量与结构的双失衡的问题,以及农地资产流动性差、农地金融业务开展和创新缺乏法律的依据和配套制度的支撑等困境。三是农地流转的金融创新得到了高度重视;针对当前农地金融产品单一、金融体系僵化、金融配套服务措施薄弱等问题,提出了一些创新建议。如:探索新的农地经营抵押、担保方式,创新适合农地流转后农业发展需求的信贷产品,实行土地债券化,创新金融服务;建立新型农村金融组织,大力发展社区银行、农村资金互助组织和小型金融担保公司;创新发展农地流转的政策性保险业务,来化解和分散农地流转形成的各种风险包括规模经营业主的风险和涉农金融机构的经营风险等。

当前的研究在取得以上成果的同时仍然有些问题值得关注:第一,研究的视角主要集中在农地流转中的金融供求现状和意愿、金融服务农地流转面临的困境、金融服务农地流转的对策建议和农地流转中的金融创新等方面,研究视野有待于开拓。例如:农地流转金融支持的绩效评估;农地流转金融支持的运行机制研究和设计还未得到关注。第二,由于目前农地流转金融支持及创新的实践尚处于试点阶段,所以关于农地金融研究所涉及的样本范围比较窄,大部分的研究基本上是以某个乡镇、试点单位典型案例或者是单独以某个乡镇的调查数据为样本进行分析,省级层面的分析一般也是建立在该省的某个地区或乡镇的数据。第三,目前的研究和分析停留在简单描述和纯理论假设的层面,要么对农地流转及其金融支持情况进行调查做表象性的描述,要么进行纯理论的农地金融模式创新方面的假设和探讨,理论和实践的结合的研究尚需进一步开展。

三、研究展望

农地流转(交易)金融支持与服务问题是国内外理论和实证研究的热点问题众多学者对其进行了大量卓有成效的研究,并针对农地流转金融支持困境提出了诸多富有建设性的对策建议,这些研究为完善我国农村金融制度和推动我国农村土地依法、合理、有序地流转夯实了基础,但以下几个方面问题仍有待于进一步探讨并作为未来的研究关注方向:

首先,我国农村金融制度如何高效地满足农地流转对金融的需求?农村金融制度如何与现有的农地流转制度一起协同进行深化改革?目前国内对农地流转金融支持的研究相对比较分散,未来需要对农地流转金融支持的运行机制进行系统化的研究,并综合经济社会的宏观层面和农户家庭的微观层面对农地流转的金融运行机制精心研究和设计。

其次,到目前为止,国内关于农地流转金融支持的绩效评估的理论文献和实证分析资料较少,有待进一步丰富,且尚未建立起一个完善的指标评价体系对农地流转金融支持服务功能进行评价,即使是现有不多见的满意度评估研究,也只停留在描述性分析,没有进一步探求其决定因素,以上研究领域值得未来进一步关注和深入。

最后,在研究方法上需要进一步创新。可根据农地流转金融服务的实际情况和已有的各项指标进行绩效指标评价体系的设计,同时需要进行大量的实证调查收集各方面数据,运用计量经济学的技术方法如层次分析法和数据包络绩效评估法对农地流转金融支持的绩效进行全面评价(黄振香、谢志忠,2013)。

◆ 第三章 ◆

农地流转金融支持绩效理论基础

第一节 相关概念的界定

一、农地流转

关于农村土地流转的内涵,专家学者们有不同的理解。从广义上讲,农村土地流转包括农村土地权利的流转和土地功能的流转。从狭义上讲,农村土地流转是指农村土地权利的流转。如图3-1所示,土地权利主要指土地承包经营权,以及由此派生的对承包地使用、收益和土地承包经营权流转的权利。土地功能的流转主要是指对土地使用功能的改变,如将农业用地改变为非农建设用地。根据《中华人民共和国农村土地承包法》的定义:农村土地是指农民集体所有和国家所有依法由农民集体使用的耕地、林地、草地,以及其他依法用于农业的土地。[①]

此后,我国《农村土地承包法》和《物权法》[②]中规定了农村土地流转主要指依法引起的农村土地产权在不同经济实体之间的流动,包括土地征收、出让、转让、出租、农村集体建设用地流转、农村集体土地承包经营权的流转。可见,农村土地流转对象既可以是农业用地,也可以是集体非农建

---

① 参见《中华人民共和国农村土地承包法》第2条。
② 我国《农村土地承包法》第32条规定:"通过家庭承包取得的土地承包经营权可以依法采取转包、出租、互换、转让或者其他方式流转。"《物权法》第128条规定:"土地承包经营权人依照农村土地承包法的规定,有权将土地承包经营权采取转包、互换、转让等方式流转。流转的期限不得超过承包期的剩余期限。未经依法批准,不得将承包地用于非农建设。"

设用地。因此,农村土地流转内容包括农业用地内部流转、非农建设用地内部流转,以及农业用地向非农建设用地流转。

然而,2009年中央一号文件《关于促进农业稳定发展农民持续增收的若干意见》指出了农村土地流转过程中的三条红线,即不得改变农村土地的集体所有性质,不得损害农民的土地承包权益,不得改变农村土地的用途。① 这就明确了农村土地归集体所有,农地流转的对象只是承包经营权,为了维护农村集体利益和农民个人利益,不能在流转中变更土地所有权性质。综合各方观点与我国现实情况,本书所研究的农地流转是指:遵循依法、自愿、有偿的原则,在不改变农村土地农业用途前提下的农村土地承包经营权(使用权)流转。本书主要研究的是农村土地中不包括林地、园地、山地等其他农村土地的使用权流转。

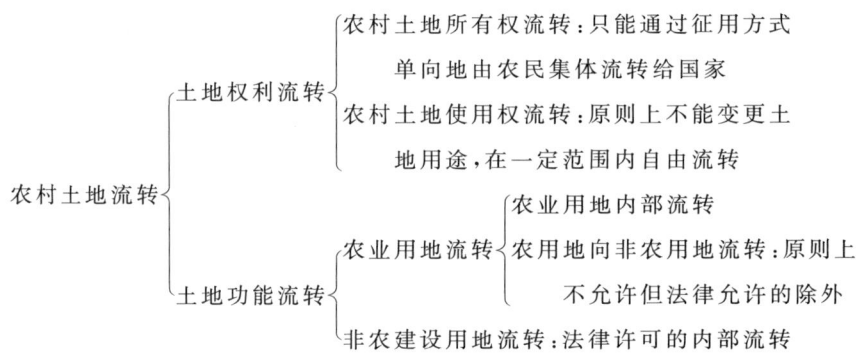

图 3-1　农村土地流转内涵

二、农地流转金融支持

所谓金融支持,是指为实现特定产业发展的目标和要求,金融业通过间接和直接融资及保险保障等金融资源的配置,从资金供给到金融服务对支持对象进行主动的、有计划的和全方位的扶持和推动。②

---

① 新京报.中央一号文件再度锁定三农[EB/OL].http://news.qq.com/a/20090202/000097.html.2011-06-11.
② 姚增福.黑龙江省农业产业化金融支持体系研究[D].黑龙江八一农垦大学博士学位论文,2008:21.

所谓农地流转金融支持,是指为了促进农地流转,实现农村土地的适度规模经营,在政府部门调控监管和政策支持的前提下,通过市场机制对农地资源直接配置的作用,结合农地流转过程中的具体特征,在保证金融机构自身最大利益的基础上,最大限度地满足农地流转过程中对金融产品和金融服务的需求,从而实现金融产业和农地流转自身的快速发展这两者之间的协调互动。

三、农地流转金融支持绩效

"绩效(performance)"一词来源于管理学,其定义和内涵一直在发展变化。起初绩效被定义为"成就",即"行为的效益"(Ryle,1949),此后"绩效"被视为"功绩"(Gilbert,1974)。也有学者把"绩效"定义为"行为的结果"(Niekols,1978)。[①] 根据《世界审计组织绩效审计指南》的定义,绩效通常包括经济性、效率性、有效性三个基本要素。经济性(economy),也就是节省的程度,是指以最低的资源耗费,获得一定数量和质量的产出。效率性(efficiency),是确保以最小的资源投入取得最大数量的产出。有效性(effectiveness),是指一项活动预期的影响与实际影响之间的关系或既定的目标实现的程度。根据国际绩效促进协会的解释,绩效是一种活动和可测量的结果,是一种行为过程以及该行为所产生的结果。绩效有可能是正绩效,也可能是负绩效。

综上所述,绩效是指成绩与成效的综合,即一定时期内的工作行为、方式、结果及其产生的客观影响。它是一个可以度量的结果变量,其核心的内容应该是人们行为的业绩和效果。根据研究层面的不同,可将绩效划分为宏观绩效、中观绩效、微观绩效;根据研究具体内容的不同,可将绩效分为经济绩效、政治绩效、文化绩效、社会环境绩效等。

本书研究的农地流转金融支持绩效是指金融业通过间接和直接融资及保险保障等金融资源的配置,从资金供给到金融服务对农地流转进行的

---

① Yoto Poulos, Gilbert. Economies of Development: Em2 Percale Investigations [M]. NewYork: Harper and Row, 1976.

扶持和推动行为对农地流转与农村社会经济发展结果的影响,具体体现为农地流转金融支持的经济绩效、公众满意度和社会绩效,并综合体现为综合绩效(如图 3-2 所示)。

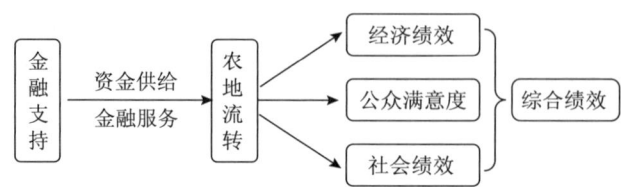

图 3-2　农地流转金融支持绩效图

四、农地流转金融支持绩效评价

进行绩效评价通常有两种分析范式:一种是 SSP 分析范式,即"状态(situation)—结构(structure)—绩效(performance)";另一种是 SCP 分析范式,即"结构(structure)—行为(conduct)—绩效(performance)"。这两种绩效研究范式都是以行为的结果为评价对象的,绩效评价就是对这种行为产生的结果进行衡量和分析。绩效评价的目的在于从程序和结果等方面为决策者提供必要的参考和科学的决策依据,帮助其更好地进行决策。

农地流转金融支持绩效评价是指在科学理论的指导下运用具体评价方法、评价标准、量化指标对农地流转金融支持所产生的经济效率、公众满意度和社会绩效,及这几方面的综合绩效进行科学严谨的评价。农地流转金融支持绩效也可以按不同的金融支持模式对其绩效做出科学的分析和判断,其流程如图 3-3 所示。

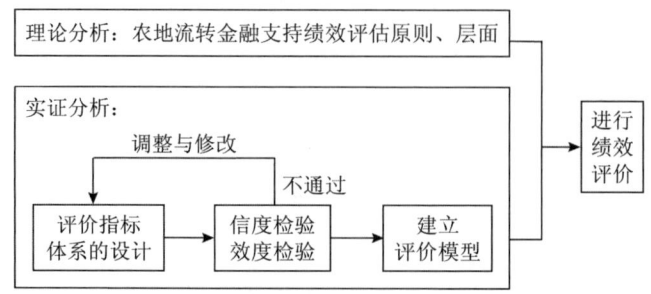

图 3-3　农地流转金融支持绩效评价流程图

第二节 相关理论基础

一、金融发展与经济增长关系理论

(一)货币职能与经济增长

金融发展和经济增长的贡献主要是通过货币的基本职能(或资本要素)对经济增长产生作用,因此,研究金融发展与经济增长的关系,也离不开对货币职能作用的研究。古典经济学派认为金融机构的建立和发展对经济发展具有重要的促进作用,其中,古典经济学家亚当·斯密在《国富论》中指出:"慎重的银行活动,可增进一国产出。"[①]这是对银行活动促进经济发展作用的充分肯定。亚当·斯密这一理论对后世经济学家产生了深远影响。20 世纪 60 年代,雷蒙德·W.戈德史密斯等经济学家在宏观上肯定了金融对经济发展的促进作用。他们认为,一个国家的金融发展对经济增长具有重要作用,即在生产技术水平既定的条件下,若人们的储蓄偏好、投资风险不变,则金融机构、金融资产越丰富,金融活动对经济的渗透力越强,经济发展水平就越快。提高储蓄、投资总水平与有效配置资金是金融结构促进经济增长的两条有效途径。

(二)金融抑制与金融深化理论

一些经济学家把金融与经济结合起来研究,发现金融发展滞后成为许多国家特别是发展中国家经济发展的障碍。如罗纳德·工·麦金农和爱德华·S.肖提出的"金融抑制与金融深化"理论,该理论指出,为了经济的快速发展而采取牺牲金融的做法不但不会促进经济持续增长,反而会导致金融发展停滞不前,并严重制约经济发展,从而形成金融抑制经济的恶性循环。为克服这一问题,有经济学家提出"金融深化"的理论,认为金融发展对经济增长的关系表现为金融产业对实体产业发展的促进作用,即发达的金融产业才能够提供丰富的金融资本、金融商品和服务来支持、推动实

---

① 亚当·斯密.国民财富的性质和原因的研究[M].郭大力,王亚南,译.北京:商务印书馆,2004:26.

体产业的发展。没有金融产业的支持与推动,实体产业就会因资金瓶颈而导致发展减速甚至停滞不前。

具体到农业这样一个国家基础产业部门,要推动传统农业向现代农业转变,就必须实现农业产业化发展。金融对经济发展、金融产业对实体产业发展具有重要作用,因而金融支持农业产业化发展具有科学的理论依据。由柯布—道格拉斯生产函数 $Y=f(K,L,M,A)$ 可知,农业资本(K)、劳动力(L)、土地(M)和农业技术(A)等生产要素共同决定了农业产出水平的高低,因此,促进农地流转进行规模生产必然涉及土地、劳动力、资本、技术等生产要素的整合。这些生产要素中,资本是核心生产要素,劳动力、土地和农业技术等生产要素的获得也离不开资本的支持。对农地流转进行金融支持是农村土地制度与金融制度二者相互结合、相互统一共同促进农村经济发展的要求。这样可以充分发挥土地的资产功能,盘活固定在土地上的资金,使其转化为开发经营性的流动资金,实现社会资金的合理聚集,也有利于促进农地流转,提高农地资源配置效率。

(三)供给领先型金融与需求追随型金融

针对发展中国家金融发展与经济增长问题,美国耶鲁大学经济学家 Hugh T. Patrick(1966)结合发展中国家农业和农村经济发展实际,研究了农村经济与农村投融资体制的关系,总结出"需求追随"和"供给领先"两种模式。"需求追随"模式是经济的增长会催生更多的金融服务的需求,金融服务需求的增加会促进金融机构的增设和金融服务的拓展,金融体系也会因金融机构的增设和金融服务的拓展而不断发展和完善;金融体系的发展和完善又会推动农业和农村经济的发展。这种模式一般是进入经济成熟阶段之后的金融支农模式,如美国得克萨斯州农业金融局(TAFA)的需求追随型金融。"供给领先"模式是指金融服务的供给先于金融需求,充裕的金融供给会刺激金融需求,金融需求反过来又会拉动投资增长,进而促进农村经济增长。这种模式强调金融服务供给对经济的拉动作用,如苏丹国民伊斯兰银行的"公司+农户"模式、格莱珉银行的"小额信贷"模式等供给领先型金融。"需求追随"模式和"供给领先"模式的选择应与一国社会经济发展水平的不同阶段相适应,供给领先型金融模式比较适用于经济发展早期阶段或者经济欠发达的农村地区,需求追随型模式比较适用于经济发展比较成熟的阶段和地区。农村金融机构供给领先型模式与需求追随型模式优缺点比较如表3-1所示。

表3-1 农村金融供给引领模式与需求追随模式比较

模式类型	优点	缺点
供给领先型	进入阻力小,风险易控制	提供金融服务的数量有限,资金投向容易受到地方政府的干预
需求追随型	十分灵活,能满足大量且多样化的融资需求	风险大,不易控制

农地流转与农村金融协调发展是农村经济发展的目标之一。根据我国目前农村社会经济发展现状,我国政府已经出台了一些相关的法律法规和政策措施,这在一定程度上为农地流转提供了法律依据和政策保障。目前农村金融市场的发育不完善,没有形成农地流转与农村金融发展之间的良性循环,成为农地流转发展的主要制约因素之一。我国支持农地流转的农村金融体系还不健全,配套服务措施还跟不上,农村金融抑制现象还较为严重。农村的市场主体常常被排除在金融市场之外,在资金紧张时,很难从金融机构获得贷款,资金短缺减缓了农地流转速度,成为农地流转进一步发展的障碍。农业是个收益低、投资风险大的弱质产业,农村金融机构为了规避风险,对支农贷款往往持慎重态度。因此,各国政府往往把农业产业作为重点行业加以支持和保护,对农业实施保护的关键是资金投入。据专家测算,中国农业总产值每增加1%,需要农业贷款增长2.2%。因此,国家应该加强对农村经济的宏观调控,通过货币政策和财政政策为农地流转提供足够的资金支持,达到促进农地流转的目的,以弥补市场机制在农业领域金融资源配置不足的缺陷。

二、农地产权理论

(一)马克思的土地产权分离理论

马克思的土地所有权,是由土地终极所有权及所有权衍生出来的占有权、使用权、处分权、收益权、出租权、转让权、抵押权等权能组成的权利束。其核心在于土地的终极所有权,其他衍生权利都受此约束。马克思在《资本论》等著作中对土地及其产权问题做了大量的研究,这些研究构成了马克思土地产权理论。甚至可以说"其理论比现代西方产权理论的鼻祖(R. Coase)还早100多年"[1]。马克思土地产权的实质是一种为自我意识所支配的物品并对在社会公认的情况下,对于他人意识具有排他性的权利。马克思在其经典的著作当中,对土地产权权能的结合与分离及其权能分离后的独自运行做出了相关表述。

首先,在土地产权权能结合的情况下,最为单一的产权主体在拥有土地终极所有权的同时,也拥有了土地的占有权、使用权、收益权。其次,以土地终极所有权为核心的权利束可以与其他权能相分离。土地所有者拥有其土地的终极所有权,为了获得私有土地的租金,把土地转租给农户经营,农户便在租赁期间得到了对其土地的占有权与使用权。这样一来,土地分支出了不同的独立产权主体,使得产权主体具有多样性的特点。最后,马克思在考察亚细亚所有制的土地所有形式时发现:"亚细亚的(至少是占优势的)形式中,不存在个人所有,只有个人占有,公社是真正的实际所有——所以,财产只是作为公共的土地财产而存在。"[2]土地公有产权制度下的各权利的分离,公社作为了土地终极所有权的产权主体。其权利束所分离的土地使用权、收益权等权利变为农民所有。

结合我国目前农地产权制度来看,我国推行的家庭联产承包责任制就是马克思土地产权理论中产权分离的公有产权制度。[3] 而从"两权分离"到"三权分置"的过程实际上也是马克思关于"土地产权作为一束土地权利的集合体,只要权利结合体中的终极所有权不变,将其分解为不同的权能之时,也拥有其独立的价值"。这样的理论在中国特色的土地产权制度设计过程中得到了具体应用。

---

[1] 卫兴华.资本论的研究对象、结构和学习的意义[J].当代经济研究,2002(11):36-43.
[2] 马克思,恩格斯.马克思恩格斯全集(30)[M].北京:人民出版社,1995:475.
[3] 赵翠萍,陈琨.马克思土地产权理论视域下的农地流转问题探析[J].广州社会主义学院学报,2017(2):45-48.

(二)西方现代产权理论

西方现代产权理论的主要代表人物是罗纳德·科斯,其产权理论是以交易成本为理论核心,以产权界定和资源配置等为主要研究内容。现代产权理论以交易费用为出发点深刻揭示了产权与效率的关系,通过著名的"科斯定理"深刻反映产权的界定对资源配置效率的影响。以科斯、诺斯、阿尔钦、德姆塞茨和费达等学者为代表的新制度经济学派关于制度变迁理论和产权理论对促进农地流转理论的研究起到了重要作用,对我国土地制度的研究也产生了深远影响。(阚立娜,2015)当市场的交易费用为零时,最初的权利分配从效率角度看是无关紧要的;但当市场的交易费用为正时,权利的分配会影响到效率。产权对效率产生影响,是通过产权是否被清晰界定来实现的。

农村土地流转就是一种产权的转让,这种制度安排实质上是一种人们行使一定行为的权利。在我国市场机制不完善的情况下,农地作为商品自由交换的条件还不成熟,且交费成本比较高。因此,为了提高我国农地资源的利用效率,必须对农地产权在不同权利主体之间进行清晰而正确的界定。对农地产权进行清晰界定有利于减少农地流转过程中的交易费用,农地产权主体之间明确的权、责、利关系有利于建立激励与约束机制,从而提高农地流转效率和农业生产效率。首先,产权有激励功能。不同的农地产权安排所含的激励效应不同,进而影响农地权利主体做出不同的行为选择,有效的激励能充分调动农业经营主体的生产积极性,使农业活动收益最大化。其次,产权具有约束功能。任何产权都是有边界的,产权主体的利益边界和权能空间都是有限的。产权赋予了行为主体某种权利,同时也限制了他获得其他权利的可能性,从而对产权主体的行为产生了一定的约束性。再次,产权明晰界定可以优化资源配置。当全社会的资源没有实现帕累托最优化配置时,可以通过产权市场的交易活动实现帕累托最优。农地产权能帮助农业生产者在农地流转中对土地收益形成合理的预期,有利于将外部效应内部化,并通过农地的货币价格表现出来,从而使农地和资本要素在市场机制的作用下得到最有效的配置和合理的转化。

(三)我国农村土地产权制度创新的理论探索

我国经济学界和法学界的学者们在吸收、学习马克思主义产权理论和西方产权理论的基础上,为了推进我国农村产权制度的创新,提出了很多改进农地制度的主张。总结学者们的观点,主要有四个方面,即农地国有化、农地私有化、农地所有权多元化和完善农地集体所有制(阚立娜,2015)。

1.农地国有化

农地国有化是指对农村土地在所有制上全部实行国家所有,在经营使用制上实行国家租赁制、国有永佃制、国有股份制或国有承包经营制等多种形式,赋予农民永久性的农地使用权(李觐,2012;文迪波,2005;康晓光,1995)。在我国,由于人多地少的特殊国情,农地作为一种稀缺资源,对于保证国家粮食安全和农业现代化的发展都起着举足轻重的作用。因此,实行农地国有化有利于国家对土地资源的高效管理(杨勋,1989)。

2.农地私有化

农地私有化是指将农村土地在所有制上实行全部私有化,即农地所有权由农民个人所有并自主经营,并允许农民进行土地的自由买卖,通过建立土地市场形成有效的流转机制,实现土地的规模化经营(陈志武,2011)。只有让农民拥有完全的土地产权,才能抓住刘易斯拐点带来的历史机遇,加快农业的现代化转型(王文龙,2011)。土地私有可以使农民拥有的产权是完整、独立、可自由交易的,这种产权结构可以激发农民的生产积极性,减少农民弃耕抛荒行为,提高土地利用效率;其次,农民可以用其进行抵押贷款、入股、出售等,实现了土地的资本化和融资能力,使土地市场完全开放,这样各种资源会自由地向高效率行业流去。

3.农地所有权多元化

农地所有权多元化是指对农地在所有制上实行国家所有、集体所有和农民所有三种所有制并存;在使用制度上实行家庭联产承包、租赁经营和股份合作等多种经营形式(徐国元,2006;徐汉明,2012)。由于我国各地的经济发展条件差异较大,实行多层次的农地所有制符合农村的经济发展水平,有利于实现土地分层分类管理。农地产权的多元化调和了国有化和私有化两种极端制度的矛盾,既保证了产权的明晰化和自由交易,同时在一定程度上避免了土地兼并和贫富差距的拉大。

4.完善农地集体所有制

完善农地集体所有制是指保持农村土地集体所有,赋予农民长期稳定的承包经营权和更加完整的农地处分权,强化农地使用权的物权性质,建立农地产权交易市场,完善土地流转机制,形成农地的规模化经营和农业现代化(周其仁,2011)。从人类社会的发展历程来看,农地制度不管是国有、私有还是集体所有,都必须与国家当时的基本国情、经济发展水平以及政治体制相适应,脱离国情来评价一种制度的优劣是片面和主观的。农地产权集体所有制虽然存在着很多弊端,但却是我国广大人民在长期的社会实践中总结和摸索出来的,是符合中国目前基本国情和农民根本利益的具有中国特色的农地产权制度。此外,集体所有并不一定意味着产权不清,集体所有只是产权的一种实现形式,其内涵和外延都是非常明确的,存在的问题只是如何在实现集体所有的同时还能保证农户的利益。因此,应该在坚持农地集体所有的前提下,对农地的承包经营权进行改革,克服集体所有的各种弊端,协调国家、集体和个人的利益关系,充分发挥市场机制在土地资源配置中的作用,完善国家的社会保障体系,弱化农地的社会保障功能,增强其经济财产功能,增加农民的财产性收入。[①]

农地产权安排对农地市场流转效率以及金融支持效率起着重要的影响。农地产权在国家、集体和农民之间界定得越清晰、越合理,就越有利于经济效率的提高。在坚持农地集体所有的原则下,土地承包经营权成为农地流转的产权基础。承包经营权的权能包括农户对承包地的长期占有权、使用权和有限流转权,而有限的流转权就决定了承包经营权不具备完全的物权属性,进而导致农地承包经营权不能作为金融市场接受的合理抵押物。因此,在实践中银行机构开展农地经营权抵押贷款的意愿并不强烈,大部分农业经营主体由于缺少抵押物普遍受到正规金融的信贷约束,从而抑制了银行金融对农地市场流转的支持效应。因此,只有通过农地产权制度的创新,在法律和实践层面明确承包经营权完整的物权属性,同时通过

---

① 阚立娜.农地市场流转的金融支持研究——以农地产权比例化流转为突破口[D].西北农林大学博士学位论文,2015:25-26.

市场机制对土地和资本等要素资源进行有效配置,实现土地与资本的自由转化和合理流动,才能真正解决农地流转金融支持不足的现实问题。

三、地租理论基础

地租理论经历了漫长的发展历程,亚当·斯密、李嘉图、马克思、马歇尔等一大批经济学家都对地租提出了自己的观点。简单地说,地租就是土地所有者凭借土地权利获得的收入。农地流转以土地为依托,农地流转效益中的一部分就来自地租。关于地租的理论有以下几个流派:

1.古典经济学的地租理论

古典政治经济学家威廉·配第(1662)通过对实物表现和货币表现两方面的系统考察,在劳动价值论基础上提出了地租理论。他最早看到劳动与土地对使用价值产生关系,对地租理论做出了开拓性的贡献。亚当·斯密(1776)在以"经济人"为核心的自由市场理论的分析框架中研究了地租理论,视农业为国民经济的基础,并指出:"作为使用土地的代价的地租,自然是农户在土地实际情况下所支付的最高价格。"杜尔哥(1766)首次提出了地租与土地所有权的关系。被马克思称为现代地租理论真正创始人的詹姆斯·安德森(1777)依据土质肥沃、贫瘠程度的不同,创立级差地租理论,通过分析级差地租Ⅰ和级差地租Ⅱ,提出了土地收益递减原理。法国古典经济学家大卫·李嘉图(1803)以劳动价值论为基础、分配论为理论体系,研究了地租的起源、定义以及存在的原因,创立了差额地租学说。德国农业经济学家、农业区位理论的创始人约翰·杜能(1826)运用经济现象和科学的抽象法进行研究,首次系统论证了土地位置与地租的关系,运用边际生产力概念分析地租理论,创立区位地租理论。萨伊(1803)从效用价值论考察地租提出的"生产三要素论"成为我国在土地极差估价法中测定土地级差收益的基本方法之一。马尔萨斯(1815)继承了亚当·斯密的工资、利润和地租三种收入决定价值观的观点,他在《地租的性质与发展及其支配原则的研究》中表明:"地租是自然对人类的赐予;垄断不能决定地租的形成,其增长是社会发展的必然现象,是国家繁荣和财富增长的'标志。'"①(文龙娇,2016;夏玉莲,2014;张溪,2017)

2.马克思主义政治经济学的地租理论

19世纪,马克思(1867)对地租理论进行深入系统的研究,在《资本论》第三卷中,探讨了前资本主义地租,论述了中世纪农奴制下的三种地租形态:"劳役地租(力役地租或劳动地租)是最单纯原始的形态;实物地租是它的通例形态;货币地租是它的最后的、邻近消灭的形态。这三种形态在实际场合中往往是关联的,很少以纯粹的形态存在,由地租的原始形态向其通例形态的过渡中,会出现一些反映历史前进的变化,如直接生产者(农民)的经济地位,会因其有所升降。"马克思在批判和改造早期地租观念的基础上,对级差地租理论加以完善,提出了绝对地租理论,创立了系统的地租理论。具体分为三种形式——级差地租、绝对地租和垄断地租;提出了土地价格公式(土地价格=地租+还原利息率)和地租公式(地租=市场价格-个别生产价格)。马克思主义政治经济学的地租理论,是从"质"与"量"的两个方面进行分析的。"质"的方面表现在:只要土地所有权存在,无论土地的状况如何,土地使用者在使用土地期间,地租的存在是必要的,绝对地租体现了土地所有权的集中。"量"的方面表现在:因土地自身状况和使用者投资力度的不同而导致地租量的差异。所以地租形成级差地租Ⅰ和级差地租Ⅱ两种形式,级差地租理论体现了土地与其产品价值形成过程以及利润再分配过程。马克思主义政治经济学的地租理论对中国土地资源配置、农村土地流转模式与契约形式选择等诸多实际问题的研究具有重要的理论指导意义和现实意义(夏玉莲,2014;张溪,2017)。

3.新古典经济学的地租理论

19世纪后期以后,农业用地与城市用地之间的矛盾日趋明显,通过利益对比,大量的农业用地变更为城市用地,此阶段是将地租理论放到市场经济体系中进行研究。英国经济学家、现代地价理论创始人阿尔弗雷德·马歇尔(1890)认为土地是一种特定形式的资本,并创造性地提出了"稀有

---

① 文龙娇.农地流转公积金制度研究——基于激励与保障视角[D].西北农林大学博士学位论文,2016:30.

地租"的概念,丰富了现代西方地租理论。美国的经济学家约翰·贝茨·克拉克(1900)用生产要素贡献分析了地租理论,他认为:"地租可以在土地这个生产要素数量不变的前提下,通过分析劳动力的价格计算出地租的大小;地租被认为与资本无本质差异,被视为土地资本的利息,是利息的派生形式;地租的确定要根据边际生产力原则,按'剩余法'确定。"威廉·阿郎索是新古典地租理论的开创者,他将杜能的农业土地利用模型引入城市,论证了城市内部土地价值与土地利用之间的关系。新古典经济学的地租理论打破了之前一成不变的分析方法,其中边际产品价格与生产要素价格的比较,区位因素的引入增强了地租理论的实际应用价值,以及将土地市场作为"非完善市场"的阐述均有其独到之处,对今后农地流转的市场化、交易绩效等方面模型的建立和理论研究奠定了坚实的基础[1](夏玉莲,2014;张溪,2017)。

4.现代西方经济学的地租理论

美国经济学家保罗·萨缪尔森(1948)认为,地租是为使用土地所付的代价,决定于供求关系形成的均衡价格;在完全竞争条件下,土地供给数是固定的,缺乏价格弹性,需求是唯一的决定性因素,地租的多少取决于土地需求者的竞争。简言之就是利用地租和生产要素的价格,对稀缺资源进行有效分配。美国当代土地经济学家雷利·巴洛维(1989)用土地产值曲线和成本曲线图分析了不同等级土地上地租额度的差异后得出:"地租可以看作是一种经济剩余,即总产值或总收益减去总要素成本或总成本之后余下的那一部分,各类土地上的地租取决于产品价格水平和成本之间的关系。"[2](夏玉莲,2014;张溪,2017)。

---

[1] 张溪.契约选择与农村土地经营权流转形式的创新研究[D].山东大学博士学位论文,2017:26-32.

[2] 夏玉莲.农地流转的效益研究[D].湖南农业大学博士学位论文,2014:23-24.

四、农地货币化、资本化及农地融资相关理论

(一)农地货币化理论

1.农地的货币化

农地货币化是以货币补偿形式完成的农村集体所有农地为主的土地产权的转让过程。[①] 农地货币转让的是以全部或部分的农地所有权、经营权、承包权等一组农地产权,其实质是将凝结在农地中的各种农地产权价值和预期性收益用货币形式体现出来,并在资本市场上自由流通。农地是一种特殊的商品,对其货币化后将成为最具信用等级的抵押物,也将成为金融信贷系统中特殊的货币。农地货币化的前提是进行产权界定,由村集体对农户的土地产权进行分配和确认,土地管理部门对分配的产权关系予以审查、确权后发放权利证书。土地确权之后由具有资格的农地价格评估机构根据市场行情确定的各种农地产权的收益分配率来对农村土地进行评估。最后,计算出农地各产权所包含的货币值。[②]

2.农地产权价格的计算

农地产权价格的计算是农地货币化过程中最基础也是最重要的环节。农地产权的不同内涵和形式分别对应不同的计价方式。

(1)级差地租。根据马克思的级差地租理论,地租包括绝对地租和级差地租(级差地租Ⅰ与级差地租Ⅱ),它是土地所有权在经济上的体现。因此,农地价格应该由地租的货币化、承包经营权的货币化、农民投入资本折旧的货币化以及时间价值所构成。[③] 如果用 U 表示农地的地租价值(包括绝对地租和级差地租),i 为利率,t 为转让的承包权的年限,n 为农户拥有的承包经营权总期限,则地租货币化价格为: $\sum_{i=1}^{n}\dfrac{U}{(1+i)^{t}}$。

[①] 高彦彬.论市场经济条件下农地金融实现形式的变迁[J].农业经济,2009(6):92-93.

[②] 韩冰华.建立以土地产权货币化为基础的农村社会保障体系构想[J].农业现代研究,2004(6):435-437.

[③] 邓大才.农地流转的交易成本与价格研究[J].财经问题研究,2001(9):52-56.

(2)农地承包权价格。农地承包权是指公民、集体对于集体土地或国家所有集体使用的土地进行占有、使用、收益的权利。对于农民来说,农地承包权的价格是其生存保障、就业和社会福利功能等综合权利所包含的社会价值的货币表现。依据马克思地租理论,农地承包权的价格是农民基本生活收入的货币体现。如果用 V 表示农民维持基本生活费用标准,则农地承包权的价格为: $\sum_{i=1}^{n}\frac{V}{(1+i)^{t}}$。

若用 W 表示农民投入在土地上的固定资本年折旧价值,那么这种资本折旧货币化的时间价值为: $\sum_{i=1}^{n}\frac{W}{(1+i)^{t}}$。

(3)农地使用权价格。农地使用权价格是交易相对人为取得土地使用权而必须支付的一定货币数量,由承包权价格和使用权者投入资本的折旧货币化的收入构成,即

$$\sum_{i=1}^{n}\frac{V}{(1+i)^{t}}+\sum_{i=1}^{n}\frac{W}{(1+i)^{t}}=\sum_{i=1}^{n}\frac{V+W}{(1+i)^{t}}$$

综上所述,农地价格 P 可以表示为:

$$P=\sum_{i=1}^{n}\frac{U}{(1+i)^{t}}+\sum_{i=1}^{n}\frac{V}{(1+i)^{t}}+\sum_{i=1}^{n}\frac{W}{(1+i)^{t}}=\sum_{i=1}^{n}\frac{U+V+W}{(1+i)^{t}}$$

农地货币化后,成为一种特殊的商品,不但可以经营、开发,还具有融资、获利的功能,对其进行资本化运作成为必然趋势。农地资本化就是指通过投资银行或金融机构把农地作为资本来经营,土地以股份化或证券化等方式进行投资和整合实现土地财产权利流动化并获取一定报酬的过程。资本化后,农地不仅是商品而且是资本品,能给土地所有者(或使用者)带来收益。土地这种自然资源的稀缺性使其具有较高的收益预期,有助于投资者进行融资活动以筹措资金并获得利润。农地货币化的具体形式包括农地租赁、农地信托、农地股份制合作等形式。

(二)农地融资理论

1.农地抵押融资理论

农地抵押融资理论是一种间接融资,是指以农地的使用权作为担保以从银行等金融机构获得资金的过程。农地抵押融资包括直接抵押模式和

反抵押担保模式。

直接抵押模式是指借款人在向金融机构申请贷款时，直接将农地的经营权作为抵押物而获取贷款的一种间接融资方式。一般包括以下几个步骤：①农地使用权人作为抵押人向银行提出抵押申请，提供相应的有关抵押农地的信息；②对被抵押土地使用权的抵押担保价格进行科学评估，为抵押方获得合理的贷款数额提供依据；③农地抵押人和抵押权人双方签订抵押贷款合同，并进行农地登记；④银行等金融机构向农地抵押人放款，农地抵押人获得了需要的资金，完成了融资行为。

反担保抵押模式是指农户申请贷款时将农地经营权抵押给金融机构之外的组织或机构，由这些组织或机构为农地的贷款做担保，从而完成贷款的融资模式。根据担保的组织和机构特点，反担保抵押模式又可分为公司性、协会性和村集体性模式。

2.债券融资理论

目前有代表性的债券融资理论是 MM 理论和融资偏好次序理论。Modigliani 和 Mille 分别于 1958 年和 1963 年在《美国经济评论》上联名发表《资本成本率、企业财务和投资理论》和《企业所得税和资本成本：一项修正》两篇论文，提出了具有开创性的 MM 理论。最初的 MM 理论在做了一些重要假设后认为，由于所得税法允许债务利息费用在税前扣除，融资者负债越多，融资者价值越大。由于该理论的某些假设在现实中并不能成立，其推导出的结论也并不完全符合实际。后来，有学者将破产风险与成本因素引入原来的分析中，提出了税负利益、破产成本的权衡理论，以及融资者资本结构平衡理论。1984 年，梅叶斯根据不对称信息理论，提出了融资先后顺序理论，即融资者在新项目融资愿望的驱使下形成融资结构，依次是内部融资、债务融资、股票融资。

我国的直接融资市场目前还不发达，农地债券融资理论在我国更是一个新鲜事物。我国农地金融市场应借鉴西方发达国家的融资理论，发展出适合我国国情的农地债券融资理论。我国发行的债券都是公募发行，存在诸多条件的制约，现行债券品种和发行条件还不适合农地融资者的债券融资，迫切需要进行金融创新，政府应给予政策支持，增加新的债券品种以及发行方式，并结合我国具体国情和西方发达国家的融资债券融资理论来解决我国农地组织融资者的债券融资需求问题。

五、制度变迁与土地金融效率理论

（一）制度变迁与创新理论

制度创新与技术革新同作为社会进步和经济发展的原动力，有着一定程度上的相似性，特别是在激发人们的主观能动性与创造性方面（诺斯，1971）。一种制度形成的过程往往也伴随着各种纵横交错的社会既得利益关系的形成，而制度变迁方式的选择主要受制于一个社会的利益集团之间的权力结构与社会的偏好结构（罗必良，2006）。根据制度创新理论，生产技术进步、预期收益、市场规模变化等因素是制度创新的主要动因，而随着社会经济的发展和科学技术的进步，对新制度的需求也不断产生。政府作为制度创新主体出现，通常基于以下情况：获得潜在利益受私人财产权的阻碍、私人市场未得到充分发展、潜在利益归全体社会成员以及制度创新涉及强制性收入再分配。拉坦（1978）首先给出了诱致性制度变迁的投资模型，并将技术变迁的研究方法引入制度变迁理论。林毅夫（1989）在借鉴西方经济学及结合我国国情的基础上，将制度变迁划分为诱致性变迁与强制性变迁。按发起主体在变革中的地位和作用，可将制度创新的形式划分为诱致性制度创新与强制性制度创新，前者是个人或团体自发进行的自下而上的制度变迁，后者则是由政府通过行政命令或法律形式发起的自上而下的制度变更。而国家（或政府）推行强制性制度变迁的主要依据是：国家的一项基本功能是制度供给，掌权者需要通过维持一套规则来降低和减少统治国家的交易费用；考虑到国家生产比私人生产公共物品更有效，制度安排作为一种公共物品，一般由国家"生产"。

我国的土地流转制度也随时间和社会经济基础的变化进行了制度的创新和变迁，先后经历了由禁止农地私自流转到逐步开放农地流转，由农地的限制流转到支持农地流转阶段，农地产权也由"两权分离"发展到"三权分离"。无论是哪个阶段，农村土地流转的主要目的都是适应社会生产力的发展要求，通过对土地资源的重新配置，实现农地资源优化配置与农业生产效益增加,促进农业专业化经营和产业化调整,增加农民收入,提高农民家庭生活水平。所以,推动多样化、适度规模化的农村土地流转模式和促进农村土地流转市场的完善,对于实现规模化、集约化和专业化的现代农业经营体系起着重要作用。

(二)制度环境金融效率机制的 AK 模型理论

现代金融理论中资本市场的经济增长机制理论模型——帕加罗模型(简称 AK 模型)(Pagnao,1993):设新的生产函数为 $Y=AK$,A 为反映技术水平的常数,K 为资本存量,则人均产出为 $y=Ak$,k 为人均资本存量,如图 3-4 所示。帕加罗模型以内生经济增长理论为基础,假设生产率是总资本存量的增函数,物质资本和人力资本能够以相同的技术被生产出来,也就是说,只要能扩大资本存量,就一定可以实现经济增长。

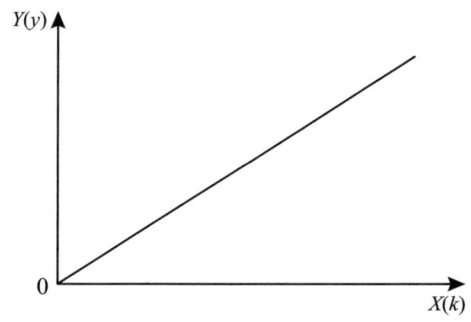

图 3-4　帕加罗模型

AK 模型是现代金融理论中比较有代表性的模型之一,通常用来解释资本市场是如何促进经济增长的机制模型。在 AK 模型的基础上,学者们引入制度安排理念,对 AK 模型进行改进并用来描述制度安排对金融效率的促进机制。将 AK 模型中描述的经济增长理解为金融宏观效率,假设在一个封闭的社会经济系统中,将资本市场扩展到整个金融系统中,则总产出是资本存量的线性函数:

$$Y_t = AK_t$$

在现代金融体系中,资本总是在不断积累和增加,假设资本积累的方程式为:

$$K_{t+1} = I_t + (1-d)k_t$$

其中，d 表示资本折旧率。将储蓄转化为投资是现代金融机构体系的主要功能之一，假定储蓄投资转化率为 e。整个社会制度中对金融体系有影响的基础制度包括法律制度、政治制度、金融产权制度、监管制度、审计会计制度和社会文化等。从制度安排的角度来看，微观经济主体（金融部门、企业、个人等）的预期收益受金融法律制度、金融产权制度、金融监管制度、会计审计制度和社会文化制度的影响。对于这些制度完善，微观经济主体（金融部门、企业、个人等）的预期越高，越稳定，从而储蓄的投资转化率也会越高，金融效率也就越高。简言之，制度安排越完善，金融效率越高。因此，假设 F 为储蓄转化为投资的比例，R 为制度完善程度，S 为储蓄量（s 为储蓄率，$s=S/Y$），则：$F'(R)>0$，于是有：

$$F(R)S_t = I_t$$

而经济增长率 g（宏观金融效率）可以表示为：

$$g_{t+1} = Y_{t+1}/Y_t - 1 = K_{t+1}/K_t - 1$$

将上式简化后得出下列公式：

$$g = AF(R)s - d$$

将上述制度安排的完善程度 R 分解为产权制度 U、法律制度 L、政治制度 P、金融监管制度 G 和社会文化制度 C，则得到制度安排下的金融效率机制模型：

$$g = AF(U, L, P, G, C)s - d$$

这一模型表明了与金融体系相关的社会制度安排越完善，金融效率越高。因此，完善农村金融法律制度，适当地进行农地金融支持模式创新，构建明晰安全的农地产权制度、健全的农村金融监管制度，完善农村社会信用文化体系以及规范政府支持策略，将有利于提升农地流转的金融支持绩效。

（三）农地市场流转与政府制度供给

1. 农地的准公共物品属性

公共物品是相对私人物品而言的，具有效用的非可分割性、消费的非竞争性及收益的非排他性，而不完全具有非竞争性和非排他性的是准公共物品。农地是一种准公共物品,其本身没有公共性,它的公共性是伴随着人类对它的利用而产生的。农地是农村人口经济收入的主要来源和生存保障,农地的生产经营状况也关系到一个国家和地区的粮食安全和社会整体生态系统的质量和结构。由此可见,农地资源本身与农地生产不仅仅关系着从事农地生产经营的农民的切身利益,更涉及社会的公共利益。我国在法律上也充分表述农地的公共物品属性,在《宪法》、《土地管理法》、《农村土地承包法》等中均规定农村土地归集体所有,集体所有也就是集体成员共同所有。

2.农地市场化流转的外部性问题

市场经济学认为,在完全竞争的状态下,通过市场供求调节可以使资源配置达到最佳状态。然而,完全竞争的状态只是一种理论上的市场机制,在现实生活中无法同时具备完全竞争市场所需的必要条件,尤其是在对于具有公共产品性质的物品供给上,单靠市场机制就难以兼顾公平与效率。而农业的公共产品性质和农民的弱势地位决定了国家需要对转入农地发展适度规模经营行为给予相应政策性激励,以减小农业生产经营中的正外部性,保障国家粮食安全。而完善对农地转出(退出)方基本生存权利的保障是实现农地适度规模化经营的前提,农民离地后的基本生活、再就业、养老等生存和发展权利保障项目均是具有公共产品性质的社会保障品,都决定了其生产和消费不能完全由市场机制来解决,而是需要政府直接供给或政策干预。

3.政府制度供给

制度安排是公共物品供给中尤为重要的一种,而公共产品存在着消费的非竞争性、收益的非排他性及效用的不可分割性,因而政府被视为公共物品的主要供给主体。此外,由于外部效应、自然垄断、信息不对称、分配不公等原因,单靠市场调节无法使资源配置达到帕累托最优,这都为政府干预提供了依据。经济学家庇古对有益品的概念分析为政府干预提供了有力支持,认为有益品的提供能帮助个人获得更高层次的满足,而竞争市场无法保证在任何情况下能帮助个人获得更高层次满足,这种物品供给可以纠正消费者不利于自身最佳利益的选择行为。尼古拉斯·巴尔(Nicholas Barr)表示政府干预市场通常有两种意图:一是为了维护社会公正而干预,二是为提高效率而干预。农地的准公共产品属性及农地市场的外部性决定了农村土地流转市场不同于一般的商品市场,为促进土地资源合理化流转的同时充分保障农民权益,需要通过政府干预加以调节。

综上可见,尽管政府干预存在诸多不利,但在农地市场化流转中农业适度规模经营和农民权益保障方面,既十分必要又相对有效。农地社会保障和政策性金融相结合的新制度安排,是对不适应当前经济发展现状的旧制度的一个发展和创新,在当前以及在较长一段时期内将成为解决我国农地市场化流转外部性问题的有效途径。我国人多地少,农地资源稀缺,而农业资金投入严重不足及生产呈超小型规模严重制约农业现代化、市场化发展。在我国农业转型过程中,农地适度规模发展更需要大量资金的投入,而农村金融信贷市场是农户获取农地适度规模经营资金支持的一条重要途径,但实际运作中商业性金融以利益最大化、风险最小化为目标的经营策略,对农地市场的金融支持十分有限。因此,农地市场化流转、适度规模经营发展离不开政策性金融支持。

◆ 第四章 ◆

农地流转金融支持现状分析

第一节 我国农地流转现状及金融支持的必要性分析

一、我国农地流转现状

在现有的土地制度框架下,我国许多农村地区在20世纪90年代初对农地流转开展了不同程度、不同形式的探索和实践。近些年,中央和地方出台了诸多促进农地流转的相关法律、法规和政策,各地也在不断进行农地流转模式的探索和实践。农村经济体制改革促进了农业产业化和规模化发展,农地流转得到快速发展,具体说来,呈现出以下几个特点。

(一)农地流转速度和规模呈现加快发展趋势

1990年全国发生转包、转让土地的农户数仅占农户总数的0.19%,转包、转让耕地面积占全国耕地总面积的比例只有0.44%(农业部农村合作经济研究课题组,1991)。1996年,每个农户经营的耕地中,转入地平均仅占3%。到1998年参与流转的耕地占总耕地的比例也只有4%(陈锡文和韩俊,2002)。到2000年,这个比例上升到7%。2007年之后,随着系列农地流转鼓励政策的出台,农地流转比例不断增加。如图4-1所示:土地流转比例从2007年的5.2%猛增到2016年的35.1%,呈现出逐年稳定上涨的趋势。

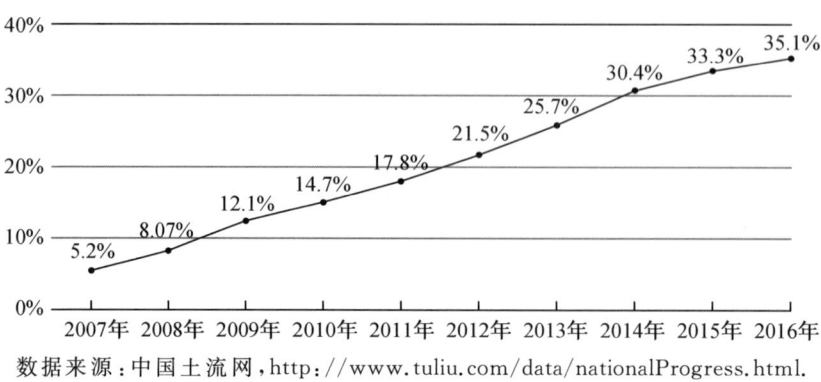

数据来源：中国土流网，http://www.tuliu.com/data/nationalProgress.html.

图 4-1　农地流转比例图

随着金融支持农地流转力度的加大和农地流转鼓励政策的出台，农地流转得到快速的发展。如图 4-2 所示，2007 年全国土地流转面积仅 0.64 亿亩，此后，截至 2011 年全国土地承包经营权流转总面积达 2.28 亿亩，占所承包耕地总面积的 17.8%。截至 2012 年 12 月底，全国土地流转面积达到 2.78 亿亩，占家庭承包耕地总面积的 21.5%，经营面积在 100 亩以上的专业大户、家庭农场超过 270 多万户。① 2014 年底，全国家庭承包耕地流转面积达到 4.03 亿亩，比 2013 年底增长了 18.2%；流转面积占家庭承包经营耕地面积的 30.4%，比 2013 年提高了 4.7 个百分点。流转出承包耕地的农户达 5 833 万户，占家庭承包农户数的 25.3%，比 2013 年上升了 2.4 个百分点。截至 2016 年底，全国家庭承包耕地流转面积达到 4.6 亿亩，与 2012 年比增长了 85.2%；流转面积占家庭承包经营耕地面积的 35.1%，比 2013 年提高了 9.4 个百分点。总之，近年来我国农地流转得到快速发展，流转速度不断加快，流转规模不断扩大，实现了农业集约化、规模化经营，节约了生产成本，促进了现代农业发展和农民增收。

---

① 顾仲阳. 至 2012 年底全国土地流转面积 2.7 亿亩［EB/OL］. http://www.tdzyw.com/2013/0305/27218.html，2013-03-05.

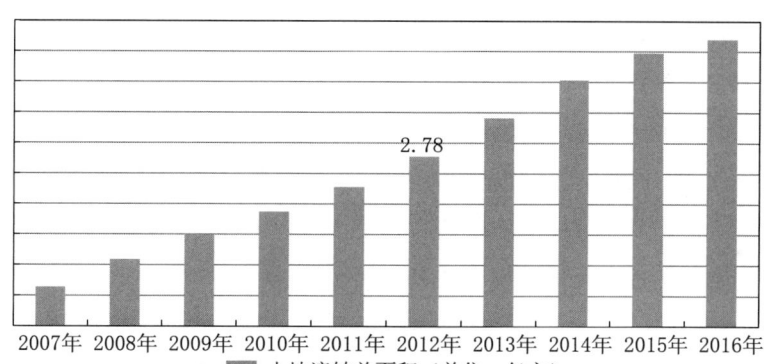

数据来源：中国土流网，http://www.tuliu.com/data/nationalProgress.html－20180203.

图 4-2　农地流转面积柱状图

（二）农地流转规模与区域经济发展水平呈明显正相关

农地流转规模与所在区域经济发展水平呈现明显正相关关系，农地流转具有明显的区域不平衡性。相比于经济发展水平落后区域，经济发展较快区域的农地流转规模更大，流转速度更快，流转的动力和积极性也更高。

表 4-1　各省土地流转比例

地区	上海	北京	江苏	浙江	重庆	黑龙江	广东/安徽	…	贵州	西藏
2012年	58.2%	46.2%	41.2%	40.3%	38.2%	30.5%	25.8%	…	6.7%	3.6%
2016年	71.5%	52.0%	58.4%	48.0%	39.7%	50.3%	41.0%	…		

数据来源：中国土流网，http://www.tuliu.com/data/nationalProgress.html－20180203.

分省看，2012年初，耕地流转面积占耕地承包面积比例较大的前10个省（市）分别是上海（58.2%）、北京（46.2%）、江苏（41.2%）、浙江（40.3%）、重庆（38.2%）、黑龙江（30.5%）、广东（25.8%）、湖南（23.6%）、河南（20.6%）、福建（19.3%），比中西部的部分省市如贵州（6.7%）、西藏（3.6%）要高得多。如表4-1所示。截至2016年，耕地流转面积占耕地承包面积比例较大的前10个省（市）分别是上海（71.5%）、江苏（58.4%）、北京（52.0%）、黑龙江（50.3%）、浙江（48.0%）、安徽（41.0%）、重庆（39.7%）、河南（37.1%），这些省市家庭承包耕地流转比例超过35%。

总体看来，虽然今年我国农地流转的速度明显加快，比例都明显提高，但空间发展并不平衡。我国东部地区的农地流转速度和规模明显地大于中部和西部地区,中部地区又明显地高于西部地区。在同一省份中,经济发展较快地区的农地流转量要高于经济相对落后的地区。原因在于经济发展水平较快地区对第一产业农业的依赖程度较低,经济发展更多地依赖于第二、三产业。此外,经济发展水平较高地区的城镇化速度较快,带来更多的城镇建设用地需求,土地价值比经济发展水平低的地区更高,因此,更注重对农地资源的优化利用,也更热衷于对农地流转模式的创新。相关数据也显示从2011—2013年东部沿海地区的股份合作制流转模式发展速度明显大于中西部地区,其中2011年东部沿海地区的股份制流转模式比例超过10%,2013年增长到11.26%,中部和西部地区股份合作制流转模式仅占流转面积的6.11%和3.81%(刘守英,2016)。

(三)农地流转形式呈现多样化

目前,农地流转的主要形式包括转包、出租、互换、转让、股份合作5种,其中转包和出租是最主要的流转形式。目前我国土地流转形式多样,比例不均,全国来看,呈现出以转包和出租为主,以转让、互换、和股份合作为辅的流转特征。由于农村社会保障制度不完善,农村公共产品供给不足,农民将土地当成养老田和失业保险田,强烈地依赖着土地;即使进行粗放经营或弃耕或从事非农产业的经营,农民也不愿意"失去"土地。所以农户在选择农地流转模式时,更倾向于转包、互换、出租的流转模式。据农业部统计资料调查显示,农村土地流转模式呈现出以转包、出租为主,互换、转让和股份合作为辅的特征。例如,2007年农地流转模式占总流转面积的比例分别为:转包和出租为78%,互换为4.5%,转让为8.3%,股份合作制为3.8%,其他流转模式为5.4%。

表4-2 我国农地流转模式占比数据

年份(年)	转包(%)	出租(%)	互换(%)	转让(%)	股份合作(%)	其他形式(%)
2007		78	4.5	8.3	3.8	5.4
2008	50	17.88	7.58	8.83	5.71	10
2009	52.89	25.69	4.39	4.54	5.42	7.07
2010	51.61	26.34	5.38	4.84	5.91	5.91
2011	51	27.1	6.4	4.4	5.6	5.5

续表

年份(年)	转包(%)	出租(%)	互换(%)	转让(%)	股份合作(%)	其他形式(%)
2012	49.28	28.78	6.47	3.96	6.12	5.39
2013	46.92	31.67	6.16	3.23	7.04	4.99
2014	46.6	33.1	5.8	3	6.7	4.8

数据来源:①农业部经管司、经管总站(2012);②张溪.契约选择与农村土地经营权流转形式的创新研究[D].山东大学博士学位论文,2017:60.

被认为是现代化流转模式的土地银行、土地信托、土地股份制或专业合作社等,虽然具备良好的制度优势、组织优势,并且上升空间和上升趋势较大,但是所占比例很小,优势无法凸显。也就是说,理念上先进的流转模式在现实农村地区的普及程度和农民对其接受程度并不高。如图 4-3 显示,截至 2014 年,全国土地流转的主要形式有:转包比例 46.6%,出租比例 33.1%,转让比例 3%,互换比例 5.8%,股份合作比例 6.7%,其他形式比例 4.8%。全国土地流转的主要形式中转包和出租形式仍占主流。

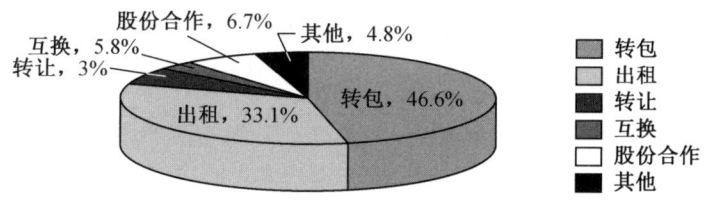

图 4-3 2014 年农地流转形式比例图

农地流转带动了种养大户、工商企业、农业龙头企业不断创新经营机制,流转形式呈现多样化趋势。此外,在原有的流转形式外还出现了集体合作农场、农地股份合作社、农地信托等新形式。例如,江苏太仓市从 2009 年起在土地股份合作制基础上探索发展村集体合作农场;福建沙县 2012 年开展农地信托的新型金融支持的农地流转模式;2015 年部分东部沿海地区有超过 1/2 的农地发生流转,经营农地面积超过 50 亩的规模化农地经营者约 350 万户,家庭式农场、农村合作社、农业产业化龙头企业等新型农业经营主体数量在 270 万家以上(李佳,2016)。2016 年大连市土地流转探索了土地股份合作社、土地全程托管、园区租赁经营等多种经营方式,涌现了一些"农户股份制企业"的土地股份合作经营、"农户合作社"的土地托管经营、"农户园区(基地)龙头企业"的园区经营、"农户集体企业"的土地入股集体经营等典型经营模式。

(四)流转市场逐步规范,流转收益逐步提高

近几年随着农地流转数量的日渐增多和规模的日渐扩大,对农地流转信息与服务的需求也日益加大,一些地区相继发展了农地流转市场,流转市场逐步规范。流转市场的主要形式包括农地流转交易市场、农地流转交易所、农地流转服务中心等。据农业部消息,截至 2016 年 6 月,全国有 1 231 个县(市)、17 821 个乡镇建立了农地流转服务中心,初步形成了村有信息员、乡镇有服务窗口、县市有流转大厅的流转管理服务体系。[①] 以往农民土地流转主要依靠口头协议的模式也逐渐转为书面和电子协议的形式。土地流转交易也由传统模式进入了互联网时代,信息化过程涉及了信息发布、价格发现、测量计价、撮合交易、合同登记等环节。

随着土地的升值和流转市场的规范化,农地流转收益也逐步提高。得益于农村土地制度改革,通过土地财产权利的完善和经营权流转,增加了农民来自土地的租金收入。根据中国土地流转网的统计调查,2016 年我国农户亩均农地租金为 290 元,即农业生产中农地要素成本为 290 元/亩。截至 2016 年 12 月底,全国农地流转面积约 4.6 亿亩,按每年亩均农地租金 290 元算,每年农地租金总量为 1 334 亿元。依此推算,全国 18 亿亩耕地每年的农业地租总量可达到 5 220 亿元左右。有数据显示,甘肃、四川、重庆等省份农民收入构成中来自财产性收入的比例仅 1%~3%。而在上海、温州、深圳、广州等局部地区,农民收入构成中来自财产性收入的比例大约在 20% 以上,财产性收入还有较大的增长空间。

同时,土地流转和新型经营主体的发育以及节本降耗等技术的应用,将有利于家庭经营收入的增长,由此带来规模化产生的规模收入结构调整产生的效益收入将会上升。根据国家统计局公布的粮食产量数据,2015 年全国粮食总产量 62 143.5 万吨(12 428.7 亿斤),比 2014 年增加 1 440.8 万吨(288.2 亿斤),增长 2.4%,粮食产量实现十二连增。

---

① 数据来源:中国土流网,http://www.tuliu.com/read-38558.html.2018-02-10.

二、农地流转金融支持的必要性分析

从现代农业发展来看,农业流转的发展离不开合理的农地制度安排。反过来,若没有金融制度的支撑,农地流转的效果也会受到限制。

(一)充裕的资金投入是农地流转和农业发展的前提

贺振华(2003)对湖南省永兴县 2000 年农地流转情况进行了调查统计和回归分析,认为农地流转并不是土地生产效率提高的因素,除非原有的生产要素发生了质的提高或者流转后增加了新的生产要素。根据国内外众多学者对农户信贷与农户收入(何广文,1999;曹力群,2000)、农村人均生产性固定资产投资、农村基础设施投资与农村经济发展的关系(史清华等,2002)等进行实证研究可知:现阶段我国农户信贷与农户收入、农村投资与农村经济发展之间存在很强的正相关关系。现阶段我国农民融资难,农村经济发展缓慢,原有生产要素没有得到质的提高,农地流转也没有增加新的生产要素,其原因就是缺乏现代农业资本要素的投入。金融资源是农村经济发展的"血液",在农地流转规模明显加大和速度明显加快的背景下,农地流转的发展离不开金融的支持。加快农地流转进程,促进农业规模化生产,仅依靠农村家庭的自身积累和农村金融机构提供的小额信贷还远远不够。因此,加大农地流转金融支持力度是农村土地大规模流转和农业现代化经营的前提条件之一。

(二)金融支持提升了农地流转的效率

加大农地流转金融支持力度,可以为农地流转拓宽融资渠道,加快农地流转发展的速度,从而提高农地流转的效率。农户获得金融支持的主要渠道有政府的补贴、正规金融机构的贷款、民间借贷。这三种金融支持方式一般都分别通过影响农地流转和农地经营的资金成本来影响农户的行为,进而影响农地流转市场和农地流转效率。

1.政府补贴对农地流转效率的影响

政府为了发展现代农业、促进农地流转、发展适度规模经营,会通过财政补贴的方式对土地流转双方和流转平台给予一定的资金补贴。根据供求平衡理论模型,假设初始状态下,D_1 表示农地的总需求曲线,S 表示农地总供给曲线,当市场实现均衡时,均衡价格为 P_1,均衡需求总量为 Q_1。当政府对大规模经营者提供流转补贴,每亩补贴额度为 t 元,导致规模经营者的土地需求增加,因此总需求曲线向右上移动到 D_2。假设农地供给曲线不变,由图 4-4 可以看出,农地流转市场的均衡价格上升到 P_2,农地总供给量上升到 Q_2,补贴前后的均衡价格之差即为单位土地流转补贴 t。

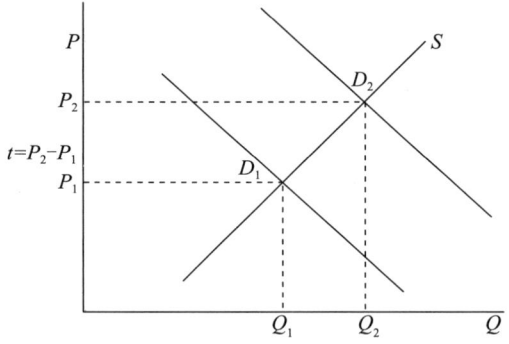

图 4-4 流转补贴对农地流转市场的影响

从图 4-4 中可以得出:流转补贴使土地流转市场的流转价格上升,土地供给规模也增加,因此土地转出方的流转收益会增加,农户更愿意将农地流转出去。对于土地转入方,流转补贴降低了生产成本,极大地调动了农业经营主体转入土地从事规模经营的积极性。同时流转补贴使得农地转入价格上升,获得补贴的大规模经营农户会将一部分小规模经营户挤出农地流转市场[①],这在客观上推动了农地向规模化经营主体集中,提高了土地的利用效率。故政府设置的补贴额度越大,补贴的规模标准越低,对农业的规模化经营越有利,农地流转效率越高。

2.正规金融机构金融支持对农地流转效率的影响

以银行为主的正规金融机构主要通过增加贷款、降低利率、减少手续费和创新服务等提高效率的方式加大金融支持。银行贷款主要是对农地转入方产生影响,农户经营规模的差异主要取决于转入土地的数量,银行

---

① 黄祥芳,陈建成,陈训波.地方政府土地流转补贴政策分析及完善措施[J].西北农林科技大学学报:社会科学版,2014(14):1-6.

贷款在一定程度上放松了农户的农业生产预算约束。银行贷款利率增加，农户转入土地的数量会下降。此外，农户从正规金融机构贷款还要面临着手续费、搜寻费用等其他交易成本，这些信贷成本相当于间接地提高了银行的贷款利率。银行贷款利率越高，贷款程序越复杂，贷款手续费用越高，就越会减小农户转入土地的规模。因此，银行贷款获得越容易，农地流转效率就越高，正规贷款利率越低，手续越简单，规模经营主体可获得的贷款数量就越多，从而可以转入更多的土地，发展规模经营。①

3.非正规金融对农地流转效率的影响

由于经营主体在一定程度上会受到正规金融的信贷约束，正规金融交易成本和其他隐性成本的存在使农户信贷需求受到较强的限制，无法满足农地流转的资金需求，因此只能寻求民间金融市场进行借贷，从而产生了非正规金融对正规金融的替代效应。② 非正规金融既是对正规金融信贷的有限替代，又是对正规金融满足农户信贷需求的有益补充，对满足小规模经营农户、小农场和中小型涉农企业的资金需求起着重要的作用；同时在推进农业规模经营、促进经济增长方面也发挥了积极的效应。可见，经营主体获得民间借贷越容易，相对于银行金融的借贷成本就越低，从而会选择用更多的民间借贷来替代银行借贷，发挥金融对农地流转的支持作用。③

（三）农地流转为农村金融发展拓宽道路

实践证明，传统小规模的农业生产以及自发的农地流转都无法实现农村产业化、规模化经营，对资金的需求量也很小。此时农村金融机构较少，农村金融产品较为单一，农村金融体系还不完善，较小的资金需求还不足以成为农业金融机构改善服务、创新产品的推动力。

农地流转的规模和速度加快促进了农村土地规模化经营，提高了劳动生产率和土地产出率，增加了农民收入。在此背景下，农户及农业企业的

---

① 阎立娜,李录堂,文龙娇.金融支持对农地产权流转效率影响的实证研究[J].华东经济,2015(8):55-61.
② 李茜,谷洪波.中国农村非正规金融组织的绩效分析与政策规范[J].经济与管理,2010(1):68-71.
③ 阎立娜,李录堂,文龙娇.金融支持对农地产权流转效率影响的实证研究[J].华东经济,2015(8):55-61.

生产性融资需求不断加大,对农村金融产品以及金融服务的需求也不断增加。这种较大规模的需求为农村金融机构提供了极具发展潜力的盈利空间,也就成为农村金融机构改善金融服务、创新金融产品以满足多样化和规模化的融资需求的动力。可见,农地流转的发展为农村金融发展拓宽了道路。其关系如图4-5所示。

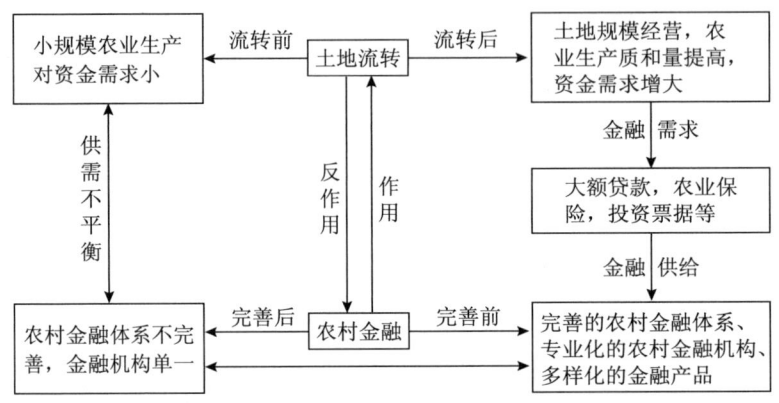

图4-5 农地流转与金融支持体系图

农地流转的规模发展也催生了农村金融产品和金融服务需求,包括农村信贷、投资、保险、期货、票据、清算、兑现等。这种大规模的农村金融需求为农村金融机构开拓业务提供了一个巨大的发展空间和市场,是一个难得的发展机遇。

第二节 农地流转金融供求现状分析

农地流转意味着土地作为一种生产要素要进行重新配置,为了实现农地收益最大化,就需要遵循市场经济规律,充分发挥市场机制在农地流转中的基础性作用。目前农地流转正处初步发展阶段,关于农地流转金融支持行为、农地金融制度的构建正在探索中,因此难免出现各种市场失衡的现象,其中农地流转金融支持的供求关系是值得我们充分关注的问题之一。

一、农地流转金融需求分析

依照需求领先型金融发展理论的观点,实体经济的发展催生出对金融产品和金融服务的需求,这种需求成为推动金融业发展的动力。在农业经济领域,农地流转数量的增加和规模的扩大也催生出一系列农村金融制度和服务的需求。

(一)农地流转金融需求主体

农地流转金融需求的主体主要包括农户、农业企业、农民专业合作经济组织等。

1.农户

农户包括农民个体和农民集体。我国不同地区的农户或同一地区的不同农户之间的收入水平和资产状况存在明显差异。他们当中大部分是资金短缺的个体农业从业者,有的是专业户或者有一定规模的专业种养大户。农户从事金融活动的能力和方式各不相同,具体金融需求也不同。目前,学者们普遍将我国农户分为贫困型农户、维持型农户和市场型农户三类(见表4-3)。

表 4-3 农地流转农户资金需求情况

农户类型	收入来源	资金需求特征	资金获得渠道
贫困型农户	传统农作物种植,非农收入少	基本生活开支,少量生产需求,金额少,期限短	民间借贷、财政性扶贫资金、政策性金融优惠贷款、国际金融组织或非政府组织的无偿援助
维持型农户	种植、养殖为主,有一定非农收入	维持和发展小规模的农地经营,借款金额相对较大,期限较长	自有资金、民间借贷、小额贷款、信用贷款
市场型农户	规模化、技术化、专业化生产,较多非农收入	农地的流入大户,支付租金及扩大再生产的需要,金额大,期限长	自有资金、民间借贷、农村信用社贷款

2.农业企业

农业企业可以是生产加工企业,包括规模较小的农村中小企业和规模、影响力较大的农业产业化龙头企业,也可以是专业批发市场等流通企业,还可以是中介组织。农业企业对金融资源的需求占农村金融需求的比例很大。总体来说,农业企业的金融需求具有季节性、长期性、零散性等特点。但是,不同规模、不同发展阶段的农业企业的金融需求也有所不同(见表4-4)。

表4-4 农地流转农业企业的资金需求情况

农业企业类型		资金用途	主要资金渠道
中小企业		农地流转费用、生产经营资金、市场启动和生产周转	商业贷款、政策性贷款、民间借贷
龙头企业	发展初期	农地流转费用、扩大再生产、开拓市场	政策性贷款、商业贷款、风险投资、政府补贴
	成熟期	生产经营、市场维护	自有资金、商业贷款、资本市场融资

3.农民专业合作经济组织

农民专业合作经济组织是农民自愿参加的,以为成员提供服务为宗旨,以农户生产经营为基础和纽带,以增加成员收入为目的,实行生产、加工、资金、技术、购销等互助合作的经济组织。农民专业合作经济组织主要包括农民专业协会、农民专业合作社、农民股份合作公司、行业协会、农村经纪人队伍等。新型农村合作经济组织基本涵盖了种植业、加工业、渔业、畜牧业等各个农村产业,基本上能够满足农民生产经营的多样化服务需求,能有效发挥抵御市场风险、促进专业化生产和产业结构调整、推进农业产业化经营等积极作用。

(二)农地流转金融需求特征

1.金融需求的规模增大

随着农地流转的发展,对资金需求数额也逐步增大。随着土地向种粮大户、专业合作组织等集中,资金、土地、技术等要素投入更加规模化,生产逐步向机械化、产业化发展,农业生产行为和生产主体更组织化,资金的需求规模也随之增大。就单笔贷款而言，贷款金额比传统农户的需求大大增加，早期几千元的小额贷款无法满足规模化生产，贷款金额明显由小额、分散向大额、集中转变。

2.金融需求的领域拓展

农地流转拓宽了资金需求的领域，增加了资金需求数量，产生了一系列金融需求。首先，为了更好地流转农地，必须提高土地的品质和加大招商吸引力，从而派生出资金信贷需求，如对农地进行总体规划、重整改良、综合治理、农业基础设施建设等资金需求。其次，农地流转后规模化生产的现代种养殖农业的资金信贷需求，如农业机械设备、新型农业技术引进以及种子、化肥、劳务等支出的流动资金需求。再次，农地流出的农民离开土地从事其他行业或者进行二次创业所需要的间接信贷资金需求。

3.金融服务的需求种类增加

随着农地流转的扩大，农户对金融产品和服务的需求由传统的存贷、信用结算业务向电子钱包、移动支付、资金结算、农地证券、保险、理财等方面的业务扩展。农地流转的发展催生了对农业投资、农地抵押贷款、政策性贷款、土地债券、土地信托投资、市场信息咨询、财务管理咨询、期货、票据兑现、清算等衍生性金融服务的需求。为金融机构提供服务的评级、担保、信息共享等社会中介业务需求也随此产生。如表4-5所示。

表4-5 农地流转金融产品需求表

产品性质	产品名称
存取款	各类储蓄存款、信用卡、电子钱包
贷款信用	贷款、农地抵押贷款、政策性贷款、合作投资
结算	移动支付、现金结算、转账结算、代收代付、汇兑、银行商业票据贴现与承兑
有价证券	土地债券、金融债券、土地信托投资
理财	投资理财、保障型理财
咨询	市场信息咨询、财务管理咨询
保险	政策性保险、商业性保险

二、农地流转的金融供给分析

(一)农地流转的金融供给主体

经过一系列的农村金融体制改革,农村金融机构数量明显增加,截至2015年12月末,批准开业的农村金融机构共计3 676家,其中农村合作金融机构(农村商业银行、农村合作银行、农村信用社)共计2 303家,新型农村金融机构(村镇银行、贷款公司、农村资金互助社)共计1 373家。从结构上看,以正规金融机构为主导,包括商业性、政策性、合作性金融机构等,以准金融机构为介质,以农村信用合作社为核心、其他农村金融机构为补充的多层次农村金融组织体系基本形成,具体如图4-6所示。

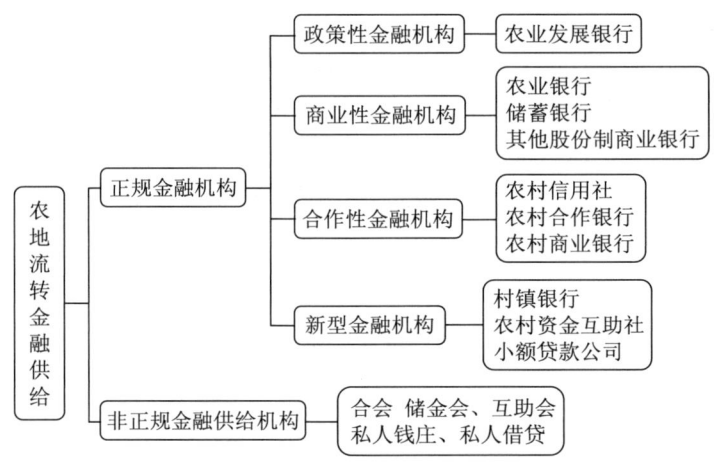

图 4-6 农地流转金融供给体系

(1)中国农业发展银行。1994年成立,是国务院直属的农业政策性银行,以贯彻国家产业政策和区域发展政策为目的、不以盈利为目标的金融机构。其主要职责是根据我国法律法规,以国家信用为基础,代理财政支农资金的拨付,承担国家规定的农业政策性金融业务,为农业和农村经济发展服务。其资金来源为中国人民银行的再贷款,同时发行少量的政策性金融债券。

(2)中国农业银行。1951年成立,是新中国成立的第一家国有商业银行。1979年,中国农业银行重建,其初衷是为农村经济发展提供服务和资金支持。但是中国农业银行股份制改革为商业银行后,其非农倾向明显,导致大量基层分支机构逐渐撤并,因此提供的农地流转金融支持业务有限。

(3)中国邮政储蓄银行。2007年3月成立,是在改革邮政储蓄管理体制的基础上组建的商业银行,其充分依托和发挥邮政网络优势,为城市社区和广大农村地区居民提供城市和农村基础金融服务,以中间业务和零售业务为主,主要包括小额贷款、个人商务贷款、个人信用贷款、个人质押贷款等。

(4)农村合作金融机构。包括农村信用合作社、农村合作银行和农村商业银行。农村信用社资本由农民入股,信贷由社员提供,干部由社员选举,合作制性质明显,是向农村经济和农业发展提供金融服务的重要金融力量。农村合作银行是由辖内农民、企业法人、农村工商户和其他经济组织入股组成的股份合作制社区性地方金融机构,主要任务是为农民、农业和农村经济发展提供金融服务。[①] 农村商业银行是由辖内农民、农村工商户、企业法人和其他经济组织共同入股组成的股份制的地方性金融机构,是在农村信用社基础上改制组建而成的,其突破了原有农村信用社治理模式,可以加快业务的拓展和为辖区内"三农"提供更加优质的金融服务。

(5)新型农村金融机构。主要包括村镇银行、贷款公司、农村资金互助社等。为解决农村地区金融机构覆盖率低、资金供给不足、竞争力不强等问题,2006年12月,银监会调整放宽农村地区银行业金融机构准入政策,降低准入门槛,加大政策扶持,促进形成投资多元、种类多样、治理灵活的农村金融服务体系。之后,村镇银行、贷款公司、农村资金互助社等新型农村金融机构就相继成立。这些金融机构的设立有利于更好地改进和加强农村金融服务,对于推动农村产业结构调整、增加农民收入以及推进社会主义新农村建设产生了积极而深远的影响。

(二)涉农金融服务供给情况

1.财政支持力度加大

2009年开始中央财政实行涉农贷款增量奖励,拨付奖励资金为5.17亿元,2010增加至12.10亿元,2011达到27亿元。同时,中央财政对涉

---

① 参见:银监发〔2003〕10号文件《农村合作银行管理暂行规定》。

农地流转和农业产业化经营行为给予费用补贴,2007年至2012年底累计安排各类补贴资金137亿元。① 2014年中央农业三项补贴总额大约1 436.45亿元,2015年1 434亿元,2016年达到了2 011亿元,创历史新高。② 2017年我国在13个试点省份开展了土地流转财政补贴专项工作,通过以奖代补的方式,只要是符合条件的土地流转方均可以获得每亩100元的补贴金额,中央财政要求省级财政部门加大支持力度,市、县也给予必要支持,且是一次性奖励。在2018年施行的《农业生产发展资金管理办法》的12类补贴中,与农地流转和规模经营有关的高达7项:耕地地力保护补贴、农民专业合作社补贴、新型职业农民培育补贴、适度规模经营补贴、农机购置补贴、优势特色主导产业发展补贴、绿色高效技术推广服务补贴。③ 另外,国家对农村金融机构制定并实施了一系列优惠政策,减少税收负担,降低存款准备金率,比大型商业银行低2%~7%;免除农村中小金融机构监管费,设立农村网点和涉农金融产品市场准入绿色通道,实施弹性存贷比、降低农户贷款风险等。

2.涉农贷款持续增长

近年来,在各项政策措施支持下,农村金融机构继续发挥支农服务主力军作用,涉农贷款持续增长。《中国农村金融服务报告(2016)》称,自2007年创立涉农贷款统计以来,全部金融机构涉农贷款余额累计增长361.7%,9年间平均年增速为18.8%。涉农贷款余额从2007年末的6.1万亿元增加至2016年末的28.2万亿元,占各项贷款的比例从22%提高至26.5%。债券股票等直接融资也有较快发展,农产品期货市场从无到有,功能逐渐显现。2007年至2016年,我国农业保险保费收入从51.8亿元增长到417.1亿元,参保农户从4 981万户次增长到2.04亿户次,承保农作

---

① 资料来源:中国银监会网站.农村金融改革发展工作情况报告[EB/OL].http://www.cbrc.gov.cn/chinese/home/docView/2C08078B4A5845EBB24DFC07FEEC1490.html. 2013-06-27.

② 数据来源:中国土流网,http://www.tuliu.com/read-21672.html.2018-02-10.

③ 资料来源:新浪网,2018年农业补贴政策公布[EB/OL].https://www.sohu.com/a/214077265_282412.2018-02-10.

物从 2.3 亿亩增加到 17.2 亿亩,分别增长了 7.1 倍、3.1 倍和 6.5 倍。①

3. 农村金融服务网络覆盖范围扩大

农村金融基础设施日益完善,金融机构网点已覆盖了全部县(市)和绝大多数乡镇。2009 年以来,累计解决 1 249 个乡镇的金融机构空白和 708 个乡镇的金融服务空白问题。截至 2012 年年末,县域服务网点数量达到 11.3 万个,年均增长超过 1 000 个;乡镇新布设 ATM 机、POS 机等电子机具 231.7 万台,较 2007 年增长 29.5 倍;在 40 万个行政村设置了助农取款服务点,小额取现转账网点覆盖 30.4 万个行政村。全国约有 3.8 万个农村金融机构网点接入人民银行跨行支付系统,4 万个农村地区银行营业网点开办农民工银行卡特色服务。② 截至 2015 年年末,主要涉农金融机构营业网点总数为 81 397 个,其中农村信用社网点数为 42 201 个,占比为 51.85%;农村商业银行网点总数为 32 776 个,占比为 40.27%;农村合作银行、村镇银行的网点数分别为 3 269 个、3 088 个,占总网点数的比例分别为 4.02%、3.79%。③

4. 涉农金融产品和服务创新

近年来,针对农地流转金融需求,各地涉农金融机构在农村金融产品和服务创新方面进行了一些有益探索,方式灵活多样,如"合作组织+农户"的统一贷款方式、"五位一体"的综合服务方式、订单农业质押贷款等,这些方式为解决农地流转资金困难提供了一个很好的解决方案,取得了较好成果。农村信用社、邮政储蓄银行、新型农村金融机构、小额贷款公司等金融机构在探索开办各种形式小额贷款业务。小额贷款的基本特征是非抵押信用贷款,针对农户资金需求而言,小额贷款具有很强的适用性。近年来,互联网金融也开始向农村渗透。2016 年,京东金融充分发挥京东在渠道下沉、电子商务方面的优势,以"京农贷"为核心,设计和打造具有京东

---

① 资料来源:央行:2016 年全国涉农贷款余额增至 28.2 万亿元[EB/OL]. http://news.cnwest.com/content/2017-08/29/content_15332791.htm, 2017-08-29.

② 数据来源:国务院委托尚福林向十二届全国人大常委会做报告,多层次较完善的农村金融服务体系已初步形[J]. 中国金融家, 2013(7):15.

③ 数据来源:中国市场调研在线, 2017-2023 年中国农村商业银行行业深度调研及投资战略咨询报告[EB/OL]. https://wenku.baidu.com/view/0a715ddda1116c175f0e7cd184254b35eefd1aad.html, 2018-02-10.

特色的农村金融模式;中华联合财产保险充分发挥农险经营、销售网络和农户资源的优势,为农户提供"保险+融资"的一站式金融服务。2017年,阿里巴巴也推出"蚂蚁金服",把互联网技术、渠道与农村金融相结合,不仅提供小额供信贷服务,还提供信贷、保险、支付的一篮子解决方案。2017年"蚂蚁金服"的旺农贷、旺农保、旺农付已经取得了一些成绩。

表 4-6 农地流转金融产品和服务一览表

金融产品	业务简介	业务性质	主要地区
小额信用	采用"一次核定,余额控制,周转使用"等办法发放小额贷款	小额信贷创新	全国
信用互助	成立信用互助协会,协会会员联合担保"余额控制,周转使用"发放联保贷款	小额贷款、信用联保	福建、河南、湖北、山东等地
"公司+农户""公司+协会+农户"	利用农业产业化组织(公司、专业协会、经济合作社)等开展综合金融服务	信贷担保创新	全国
农作物、林木、果树、花卉等抵押	指合法持有"林权证""果园证"的自然人以其林木、农作物所有权申请评估,借款人以其评估价格向当地金融机构申请贷款	抵押贷款创新	福建、湖北、山东等地
农、林地承包经营权	以农地承包经营权、林权等经营权作为抵押物申请贷款	抵押贷款创新	福建、江浙、重庆、宁夏、湖北、山东等地
"保险+合作社+信贷"等模式	以政策性保险为支持,合作社、专业协会等为平台,提供信贷服务	金融服务综合创新	安徽、江浙、重庆等地
"电商+农户+保险"	把电商渠道、销售网络、互联网技术和农户资源优势结合起来为农户提供"保险+融资"服务	金融服务综合创新	全国(京农贷)
"电商+农户+普惠"式金融	电商信贷、保险、支付的一篮子解决方案	金融服务综合创新	全国(蚂蚁金服)

资料来源:根据《2016年中国农村金融服务报告》和中国银监会网站资料整理而得。

第三节 农地流转金融支持存在的问题分析

一、农村金融涉农贷款总量少，不能满足农地流转的需求

农地流转后的规模经营需要进行大量投资，比如土地整理、大型农业机械设备购买、农业基础设施建设等，都需要大量的资金。但现有农村金融机构对农业贷款的总量不够，难以满足农业生产规模经营投资的需求。近年来，涉农贷款虽然持续增长，但我国农村金融服务供给总量仍然不足，涉农贷款占全部金融机构贷款比例仍然比较低。截至 2007 年年末，在金融机构约 30 万亿元的总贷款中，农村金融机构的贷款额约占不到 20%。其中，涉农贷款 2.36 万亿元，仅占总贷款的 9%，另据程郁、罗丹(2010)的研究，有借贷需求的农户比重超过 70%，平均信贷缺口达到 4 420 元。[①] 2014 年，我国农村金融缺口达 3.05 万亿元，"三农"金融有效供给严重不足，但农村资金还源源不断地流出。在市场化改革进程中，由于农业比较利益低，向农村提供贷款的农村正规金融机构主要为农村的中小企业和专业大户服务，很难覆盖到普通农户。四大国有银行信贷重心不断向城市倾斜，陆续撤并了县域营业网点；中国农业银对农业贷款不断减少，大规模撤出农村市场；邮政储蓄银行直到 2007 年才陆续开展小额贷款的试点工作，之前一直扮演农村资金"抽水机"的角色；而新型机构相对较少、市场份额又小，目前还是以示范效应为主。以现有商业银行为主导组建村镇银行和贷款公司，商业银行进入农村金融市场的目的是获得经营特许价值，因而仅是国有金融资本的低效扩张，由于成本太高、利润稀薄而没有动机为农村提供更合适的金融服务。农业发展银行主要为国家粮棉收购服务，资金封闭运行，并不对农户发放贷款。据统计，农村中有金融需求的农户中仍有 46% 以上不能获得正规的贷款，现有农村金融机构涉农贷款总量不能满足农地流转的要求，无法满足农户大规模扩大生产的需要。

[①] 程郁,罗丹.信贷约束下中国农户信贷缺口的估计[J].世界经济文汇,2010(2):69-80.

二、农村正规金融配置效率低，不能满足农地流转需求

农业存贷比是金融机构把从农村地区吸纳的存款转化为农业贷款的比例，它反映了农村自有资金支持农村经济发展的状况，也能反映农村金融体系配置资源的效率。从图4-7可以看出，近十年来农业存贷比在5%～6%的低水平上徘徊，最高不超过7%，且从2004年之后这个比例呈逐年下降的趋势。① 2016年底的贷存比为0.69，存款余额为151万亿元。②

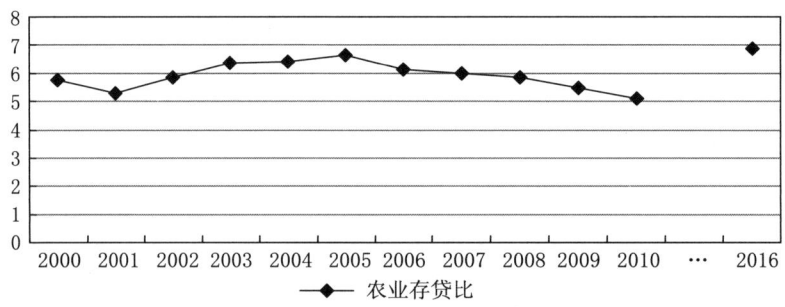

图 4-7　农业存贷比趋势图

这也验证了现有的金融体系配置资源的效率低，不仅没有解决农地流转资金短缺、农户和农村企业融资难等问题，反而使农村金融市场上的稀缺要素"资金"大量流向非农产业和城市。改革开放以来，农村资金通过财政和信贷两个渠道向农外行业流出：1978—2012年，财政渠道农村净流出资金达5.2万亿元，年均净流出0.1万亿元；通过农村信用社、农村商业银行、中国农业银行和中国邮政储蓄银行从农村净流出的资金规模达7.3万亿元。相比较而言，1991—2000年10年的全国财政收入才7.32万亿元。就连我们寄予厚望的涉农贷款的主力军农村信用社也不例外，根据农村信用社对农户贷、存款业务数据对比发现，农村信用社似乎更多的是从农村抽走资金，且存贷比近年有不断降低之势。2015年，存款类金融机构在农

---

① 数据资料来源：根据《2012年中国农村金融服务报告》整理而得。
② 数据来源：新浪网，黄益平，农村金融服务覆盖率仍然偏低[EB/OL]. http://finance.sina.com.cn/zl/china/2017-08-11/zl-ifyixtym0725875.shtml, 2017-08-11, 14:19.

村吸收的总存款达到 12 万亿多元,而全部涉农贷款却只有 5 万亿元,也就是说有大约 7 万亿元的净流出。长期以来,我国的农村金融体制吸收存款额远远大于发放贷款额,农村资金逆流入城市的现象非常普遍,造成农地流转缺乏资金支持,长期处于"贫血"状态。

三、金融产品供给结构性失衡,不能满足农地流转的需求

根据帕特里克的"需求追随型模式理论"(demand-following),经济主体在经济增长过程中产生金融需求,催生了金融机构的增加和金融服务的创新。本书第二部分对农地流转的金融需求分析表明,在农地流转背景下,农户的生产经营在原有农业生产领域将逐步向农副产品生产、农副产品加工、休闲农业等多个领域扩展,其对金融产品的需求量将不断增加,结构逐步多样化。然而,农地流转金融供给并未向需求跟进。从制度上看,农村金融供给的安排维持刚性,农村金融业务逐渐萎缩。很多商业银行的金融业务从农村金融市场撤退,开办涉农个人业务的银行业金融机构只剩下邮政储蓄、农村信用社、农业银行 3 家。农地流转的信贷业务也很少,主要是农户小额信用贷款、农户联保贷款,部分地区开展农地抵押贷款业务。这些贷款普遍存在期限短、额度低的特点,无法满足农地流转需求。虽然部分省市在试点地区进行金融创新,如抵押贷款、土地债券、土地银行、农地信托业务,但是碰到诸多制度的障碍而难以推广施行。尽管 2016 年之后,阿里巴巴和京东等电商也尝试创新农村金融服务如"京农贷""蚂蚁金融"等,但电子商务的农村真正用于农业的非常少。农地金融机构的单一性、农地金融服务品种的单一性很难满足农地流转的需求。农村金融特别是农地金融供求呈现出明显的总量与结构的双重失衡。

四、农地金融相关制度缺乏,不能满足农地流转的需求

我国农地流转金融支持体系中缺乏一系列的基础性制度安排,使得农村金融市场的作用无法正常发挥,无法缓解农地流转的资金压力。

首先,农地承包经营权抵押缺乏法律和制度的保障。随着农地流转加

快,农业生产经营的规模逐渐扩大,对资金投入量随之增加,贷款逐步大额化,金融机构为了审慎经营,对于大额贷款要求借款人必须提供相应的抵押或担保。在现行的法律框架下,土地承包经营权作为农户最大的资产却不能抵押。农村土地承包经营权属于物权中的用益物权①,但在目前的法律框架下,农民尚不能自主地处置其农地承包经营权,以承包经营权作为抵押物进行投资、融资等也缺乏法律依据,使农民的土地承包经营权陷入尴尬的境地,也难以适应农地流转发展的现实需要。

其次,缺乏健全的风险防范机制。随着经营规模的扩大,自然风险和市场风险将进一步加大,需要有风险防范和补偿机制来控制风险。但目前农业保险的法律制度缺失,农业保险效能发挥欠佳,商业银行开展农地金融业务,其发放贷款的风险几乎全部由银行自行承担。农村风险防范和补偿机制尚不健全,一定程度上影响了商业银行对农村金融放贷的积极性。

最后,农村大部分地区尚未形成统一规范的农地流转市场。目前土地流转中心的运行机制不顺畅、机构不健全、流转信息不畅、流转中介组织少、缺乏农村土地价值评估机构和专业资质评估人员、抵押登记制度不完善等问题尚未解决。以上制度的缺陷严重挫伤了金融部门放贷的积极性,影响了农地流转金融服务的发展。

第四节 本章小结

农地流转刺激了金融需求,金融资源是经济发展的"血液",农地流转的发展离不开金融支持,农地流转和规模化经营也派生了金融需求,为农村金融业提供了巨大的市场。对农地流转金融支持现状的分析发现:关于农地流转金融支持、农地金融制度的构建正在探索中;农村信贷供给数量不足无法满足农业和农地流转发展的需求;农村正规金融配置效率低,不能满足农地流转需求;农地金融相关制度缺乏,不能满足农地流转的需要。供求分析结果表明,现有的金融供给和支持力度无法满足农村金融需求,导致农地流转金融供求数量和结构双失衡。

---

① 《中华人民共和国物权法》第2条规定:本法所称物权,是指权利人依法对特定的物享有直接支配和排他的权利,包括所有权、用益物权和担保物权。

◆ 第五章 ◆

农地流转金融支持模式比较分析

随着农地流转的推进,农地金融支持模式也在不断创新。近年来,为解决农地流转过程中的资金瓶颈,支持和引导农村土地的合理流转,国内各地进行了多种农地流转金融支持模式的创新和探索,主要包括农地股份合作、农地银行、农地信托、农地抵押贷款、农地融资融券和证券、农地质押等模式。从土地经济学理论以及国际上农地金融运行实践来看,农地金融的创新模式可以为农地流转提供更多合理的金融支持,但也存在着制度创新成本和风险。分析比较主要模式的运行机理和绩效情况能为农地流转金融支持实现提供可行性参考。

第一节 农地流转金融支持模式及其运行机理

一、股份合作制模式及其运行机理

股份合作制是指农民作为集体成员以土地的使用权作价入股,当地政府机构将土地集中之后,村集体再代表农民与转入方谈判协商,农民凭借土地承包权可拥有公司股份,并可按股分红。

股份合作制流转模式主要在一些沿海发达地区、大中型城市及其边缘区以及一些大规模建设拓展地区的农村实施。一般地,股份合作制流转的具体做法是(如图5-1所示):①成立特定经济合作组织(股份合作社或其他股份合作组织)与村集体与签订合同,接受由本村集体发包的农户承包地的入股和村集体中一些未发包集体土地的入股。②村集体接受农户的入股后,统一将土地交由特定经济组织进行整合、改造并将土地推向农地流转市场,收取土地使用费,扣除成本后提取土地股份基金并对基金进行管理和投资,使其保值增值,最后根据营利情况向村集体和农户分红;③农户的股份可以依法进行抵押、继承。在合同规定的期限内,土地使用权也可以依照法律规定进行有偿流转。流转时,本集体成员享有同等条件下的优先权利。

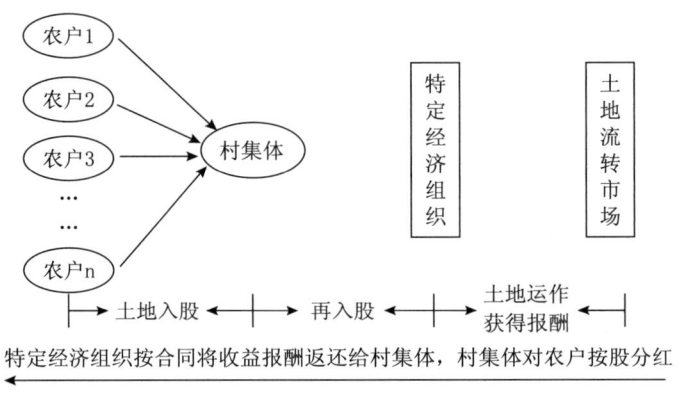

图 5-1　股份合作制流转图

二、土地使用权信托模式及其运行机理

土地使用权信托是指土地信托服务组织按照"依法、自愿、有偿"转让原则,接受土地承包者的委托,在所有权不变、承包经营权稳定的前提下,在一定期限内将土地使用权托转给其他个人或单位的行为。土地信托组织的信托服务主要有:一是接受信托申请进行实地调查做出土地综合评价;二是村委会与全体农户签订《土地承包经营权委托协议》进入正式信托程序后,与其签订《土地承包经营权信托合同》;三是通过信托土地信息发布,公开竞标,招商引资等农地流转服务。最后,向农业行政管理部门办理信托登记并进行农地流转后的跟踪服务和纠纷解决。其运行流程为(如图5-2所示):①信托申请。村民把小块土地集中到村委会或农村经济合作社,向土地信托公司提出书面信托申请。②实地调查。土地信托公司收到村委会的信托申请后进行实地调查,核实并决定是否接受信托申请。③签

订《农村土地承包经营权信托合同》，进入正式信托程序，发布信托土地面积、土地状况、产业重点等信息。④采取公开竞标、招商引资等方式，由土地信托公司与租赁方(种养大户、专业合作社、农业专业公司)签订租赁合同。最后向农业行政管理部门办理信托登记。

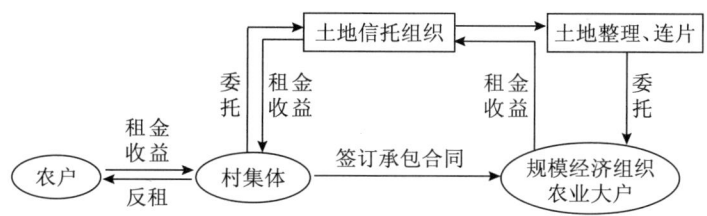

图 5-2　土地信托流转图

三、土地银行模式及其运行机理

土地银行是引入金融机构的存贷机制，通过"土地银行"为中介把农民的土地承包经营权像存款和贷款一样进行流转，其机理类似于银行资金存贷业务，只是存贷的对象是土地承包经营权。不耕种的农户将其农地存到"土地银行"获得类似于存款利息的"存地费"，需要耕种者作为农地流入方支付类似于贷款利息的"贷地费"从"土地银行"贷出农地。土地银行所得收入为"贷地费"扣除支付农民的"存地费"后的剩余，从剩余的营利中提存一定的比例用于发展农村经济与公共事业。其运行的流程如图 5-3 所示：首先，农地评估中介组织根据农户的土地的地理位置、土地肥沃程度、升值潜力等条件评估确定一个合理的储存价格；接着，农户在自愿的前提下，将自己的土地定期"存入"土地银行；然后，土地银行在维持基本农业用途不变的情况下，将农户存入的土地进行整合、改造、打包，贷给农业企业、种养大户或其他土地需求者。土地需求者向银行支付土地的储存价值、整理开发价值以及前两者之和的同期"贷地"利息，银行再把储存价值以"存地费"形式兑现给农户。这既实现了土地开发的效益最大化，又促进了土地的适当集中和规模化经营，也保护了农民利益，达到"三赢"的目的。

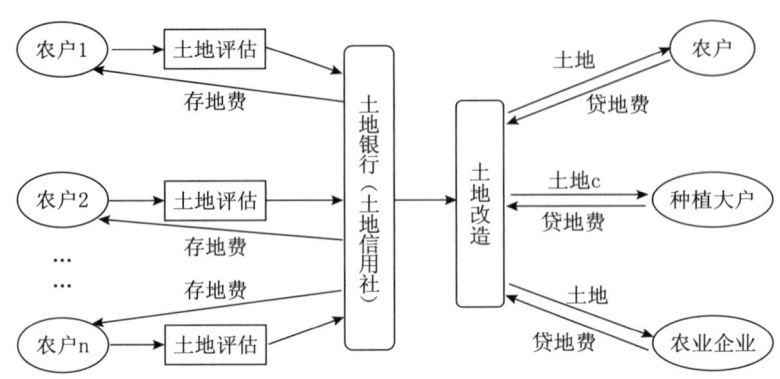

图 5-3 农地银行运行机理图

四、农地承包经营权抵押贷款模式及其运行机理

农地承包经营权抵押贷款是指农民将其拥有的农地承包经营权证作为抵押物进行抵押担保融资,到期不能还款时,贷款人可按规定程序拍卖受偿的一种行为。比较典型的农地承包经营权抵押贷款模式有两种:农地承包经营权直接抵押贷款模式和担保公司担保贷款模式。

农地承包经营权直接抵押贷款是指农民将其拥有的农地承包经营权证作为抵押物直接抵押给农信社进行贷款。具体操作程序如图 5-4 所示:①借款农民向贷款人(银行)提出农地抵押贷款申请。②评估机构按照土地承包经营权抵押条件和范围并对抵押的农地进行现场勘验、评估,确定农地流转承包经营权的抵押价值并出具评估报告。③贷款人根据评估报告与借款农民签订借款合同和抵押合同,在对农地承包经营权评估值之内进行授信,农民不能按期还款时,农信社可按规定程序拍卖受偿。④凭抵押贷款合同在县农业行政主管部门进行抵押登记。抵押登记后,将情况抄报乡(镇)农村土地管理部门和村集体经济组织备案,并在村委会进行公示。

担保机构担保贷款模式是指为解决农民大额借款需求,由第三方(担保机构)为农民向农信社提供担保,而农民将自己拥有的农地承包经营权向第三方进行反担保的一种贷款模式。具体操作程序是:①借款农民向担保机构提出农地抵押贷款担保申请。②担保公司根据评估机构对抵押农地的评估报告提供担保额度,并与借款农民签订农地承包经营权反担保合同,同时,担保公司与银行社签订担保合同。③农信社根据担保公司签订的担保合同及农地承包经营权管理机构出具的农地抵押登记证明,与借款农民签订借款合同。④借款农民到相关部门办理农地承包经营权抵押登记手续。

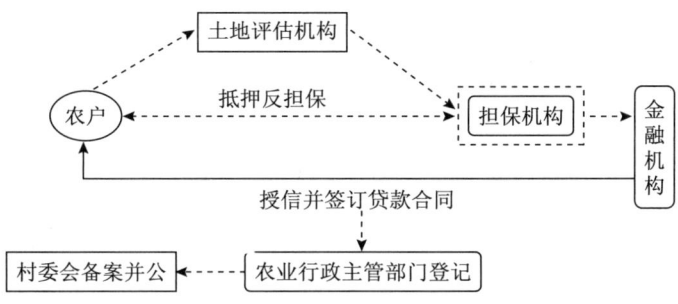

图 5-4 农地承包经营权抵押贷款模式运行机理图①

第二节 农地流转金融支持模式典型案例

一、农地股份合作制典型案例——江苏溧阳市

1.江苏溧阳农地股份合作概况

江苏开展村级集体经济发展试点,重点试点土地股份合作经营,盘活农村土地资源要素,让"土地变股权、农民当股东、有地不种地,收益保底分红",发挥了土地效益,让农村土地"活"了起来。江苏省溧阳市土地总面积1 535平方公里,人口78.2万,农地股份合作工作起步较晚,但发展较快。2008年7月,溧城镇大林村农地股份合作社创立,成为该市首家农地股份合作社。到2011年年底,全市已成立农地股份合作社31家,股东成员

---

① 无虚框的为农地承包经营权直接抵押贷款运行机理图,加入虚框内容是农地经营有权抵押担保机构担保贷款模式运行机理图。

6 355个,其中农户6 292户,入股土地面积22 554亩。① 农地股份合作社数量和规模均达到了地区前列。

2.主要经营方式

溧阳市农地股份合作社最主要的经营方式有以下几种:

(1)招租经营。合作社将农户作价入股土地向社会进行公开招租,通过竞标择优确定承租人。这种形式公开透明、操作简易,而且租金相对较高。本社社员、具有经营能力的外地个人或经济组织都可以成为承租人。

(2)分户经营,统一服务。合作社将农户作价入股土地分户承包,实行家庭经营。合作社为农户提供产前、产中、产后服务。如为农户提供种苗、肥料、耕种、技术、销售、结算等服务。

(3)合作经营。这种经营方式主要存在于企业改制型农地股份合作社。企业改制型农地股份合作社的生产设备、知识产权等企业资产具有整体性,产供销紧密衔接,具有流水作业特性,因此农户一般很难介入生产经营活动,入股土地一般由企业直接经营。

3.利益分配方式

农地股份合作社利益分配一般按合作社章程实施,具体表现为三个结合。

第一,资金分红与土地分红相结合。农地股份合作社中土地股与资金股同等分红。桂林村茶场组建农地股份合作社时,农地1 000亩折算为20股,资产300万元折算为20股,土地股与资金股各占股金总额50%,保底分红每年每股7 500元。②

第二,保底分红与二次分红相结合。溧阳全市农地股份合作社实行保底分红,入股土地有稳定的保底收入,这样可以保障入股社员的基本权益。对盈余部分,合作社还可以进行二次分红。如梅庄农地股份合作社共有社员56个,入股土地2 950亩,计2 950股,每年每股保底分红600元,合作社统一销售生产的粮食。粮食销售后进行第一次结算,按市场价向社员支付

---

① 资料及数据来源:夏火林,管华松,吴志芳,杨国庆.农地股份合作增收增活力[M].农村经营管理.2012(9):6.

② 资料及数据来源:夏火林,管华松,吴志芳,杨国庆.农地股份合作增收增活力[M].农村经营管理.2012(9):6.

货款。年终粮食部门优惠奖励的资金到账后,再进行二次分红。2012年分红金额15万元,折合每亩分红51元。①

第三,劳动报酬与股份分红相结合。合作社将有工作经验的社员聘为职工,职工在合作社工作领取工资报酬,年终则以社员身份享受分红。大林村农地合作社常年种植大棚蔬菜,每人劳动报酬一般每年可得2万元,入股土地每亩分红800元。②

4.社会经济效果

溧阳市所践行的农地股份合作制改革,是一种全新的经营机制和组织形式。它整合小规模、分散的土地资源,进行集中经营和规模经营,是对农村劳动力、土地、技术和资金的优化组合,为农村土地经营注入活力,取得显著的社会经济效果。

第一,提高了经营效率,也增加了农民收益。至2012年全市已经累计分红1 939.06万元。③ 2016年全市农村居民人均可支配收入21 899元比流转前增加了16.5%。土地使用权与承包经营权的分离,也促进了农村劳动力转移,增加了农民工资性收入。村民人均收入由2012年的2.1万余元,增至2016年的31 651元。土地流转平均收益由2011年的每亩750元增至2016年的1 050元。部分农民入股后,通过参加合作社农业劳动结算薪酬,全年可增加工资性收入约2万元。切实的收益,让群众有了更多的获得感。④

第二,促进了农业生产规范化和产业化。2016年全市建成水稻绿色高产高效创建示范区14个,小麦万亩示范区7个,油菜万亩示范区1个;新增高效农业面积3万亩,其中设施农业面积5 600亩,设施渔业面积5 100

---

① 资料及数据来源:同上。
② 资料及数据来源:夏火林,管华松,吴志芳,杨国庆.农地股份合作增收增活力[M].农村经营管理.2012(9):6.
③ 料及数据来源:夏火林,管华松,吴志芳,杨国庆.农地股份合作增收增活力[M].农村经营管理.2012(9):6.
④ 数据来源:2016年溧阳市国民经济和社会发展统计公报[EB/OL].http://www.liyang.gov.cn/default.php?mod=article&do=detail&tid=8604786,2018-02-09.

亩。全年扶持结构调整、产业转型升级农业企业19家。①

二、土地使用权信托模式典型案例——福建沙县

1.福建沙县农地信托概况

沙县市,隶属于福建省三明地区,位于福建省中部偏北,全市6个镇、3个乡、2个街道办事处、2个省级开发区,183个村委会。总人口25.31万,其中农业人口17.5万人,县域面积1 815平方千米,耕地1.25万公顷。②

早在2006年,该县就组织开展土地流通试点,到2011年,该县率先开展农村土地承包经营权信托流转试点工作,由政府指导摸索土地信托流转模式,逐步形成福建"沙县模式"。政府出资在乡镇设立土地信托机构,农民在自愿的前提下,签订土地信托合同将名下的土地承包经营权委托给土地信托机构,农业大户或龙头企业再从信托公司手中连片租赁土地从事农业开发经营活动。

2.主要操作流程

(1)由县级政府设立土地信托流转服务中心,政府注资150万元成立土地信托基金。再用信托基金成立沙县源丰农村土地承包经营权信托有限公司和沙县金茂农村土地承包经营权有限公司。

(2)农民申请土地流转,由村委会进行信托调查,村委会向信托公司提出书面信托申请,由村委会与农户签订信托委托协议,然后由村委会与信托公司签订信托合同,最后由土地信托公司向县农业行政管理部门办理土地信托登记。

(3)土地信托投资公司将相当于土地使用权转让费的固定信托收益从信托基金中支付给委托方(农户),从而获得委托方土地并对土地进行整理开发,调整成片,提升地力。

(4)土地信托投资公司通过招标、竞拍等方式确定受托方,即土地经营

---

① 数据来源:2016年溧阳市国民经济和社会发展统计公报[EB/OL].http://www.liyang.gov.cn/default.php? mod=article&do=detail&tid=8604786.2018-02-09.

② 数据来源:百度百科.沙县[EB/OL].https://baike.baidu.com/item/%E6%B2%99%E5%8E%BF/10945818? fr=Aladdin.

者,获得土地信托直接收益。

(5)土地信托投资公司将部分土地信托直接收益返还给土地信托基金,用于基金滚动经营使用。

(6)利用土地信托收益权,并依托信托平台进行投融资。

3.收益分配

土地信托流转过程中主要涉及农民的利益分配,而农民得到的收益主要有:

(1)固定收益,即土地租金,用稻谷计算,大约每亩可获得600元左右的租金,在签订土地流通合同15天内,业主将会支付农户一年的租金。

(2)浮动收益,即土地溢价收入,在流转过程中,对土地进行改造改良将会产生增值溢价,信托公司将这部分的60%分给农户,剩余的40%作为信托发展基金,用于信托公司未来的运作。

(3)三是二次分配,由信托公司申请对接的市、县项目配套资金,其中60%用于无偿扶持项目业主,剩余部分作为信托发展基金,项目业主到信托年限到期时逐年偿还配套资金,偿还的资金由村集体对流转农户进行"二次分配"。

4.主要社会经济效益

农地流转使用权信托模式取得明显成效,对于深化农村改革、推进农业现代化具有重要示范意义。

(1)实现了农业增产农民增收。进行土地使用权信托流转后,农业产值增加和土地流转总面积和土地流转率得到大幅提升,2016年,沙县全县农林牧渔业完成总产值49.36亿元,粮食种植面积23.75万亩,全年粮食产量93 666吨。农地流转面积14.35万亩,土地流转率高达72.3%。进行土地使用权信托流转后,每年人均增收1 000多元,农户有稳定的土地租金保障,还可成为受托方的职工,在自家地里就业。流转后全县农村居民人均可支配收入由5 000元左右增加到2016年的15 736元。[①]

(2)推动了农业规模化、产业化和集约化发展。土地信托流转后,提高

---

① 数据来源:2016年沙县国民经济和社会发展统计公报[EB/OL].http://www.fjsx.gov.cn/zwgk/tjxx/tjgb/201801/t20180102_1064052.htm.

了土地产出率和劳动生产力,实现了"三个推进":一是推进了农业规模化。以沙县西霞村为例形成规模经营500亩以上的大户12户,1 000亩以上的大户6户。二是推进了农业机械化。农地流转促进技术、资本的积聚,大幅提高了农业技术装备水平。如富口镇姜后村农民姜发灶,在本村流转耕地1 000亩,投资26万元,购置联合收割机、插秧机、旋耕机等各种农业机械16台(架),成为远近闻名的种粮大户。三是推进了农业产业化和标准化。沙县南霞乡农业合作社对流转的土地进行统一的规划和管理,完善高标准农业建设项目,投资1 046万元,新建拦河坝2座、水渠15 123米、排洪沟770米和道路4 201米、硬化水泥路面2 509米,新增和改善灌溉面积283.71公顷,建立油菜观光基地和新品种油菜示范区、油菜榨油厂,改造老油菜品种,大力发展有机稻、优质稻等特色农业。①

(3)吸引了外部资金,带动产业集聚。土地信托流转后,吸引了银行、企业和社会等各方面的资本投向农业生产和农产品基地建设。推动农村土地承包权信托产品抵押贷款服务,主要采取"农户联保+土地经营权抵押"、"基金担保+土地经营权抵押"、"土地承包经营权作股权抵押"、"公司+土地经营权抵押"这些具体综合授信业务,目前共成立67个村级担保基金,截至2015年底,沙县农行、农商行等机构累计为184个实施土地承包经营权流转的农业项目仅发放贷款19 359.28万元。

三、土地银行模式典型案例——陕西杨陵市

1.陕西杨陵土地银行概况

陕西省杨陵区位于陕西关中平原中部,总人口18万,城市人口8万。大寨乡西小寨村依据《土地银行章程》于2009年4月成立全区第一家具有示范意义的土地银行。全村总耕地面积89.3公顷,经村土地银行流转土地84.7公顷,其中企业租赁24.7公顷,专业合作社租赁60公顷,进行现代设施农业经营,年租金10 500元/公顷,租期20年,每4年递增10%。土地银

---

① 曹瑾,郭素芳.农村土地信托流转模式的调查与思考——以福建沙县为例[J].安徽农学通报,2016(9):3-6.

行与村委会属一套人马两块牌子,土地银行理事长由村主任担任,4名理事为村委会成员,村支书担任监事长,2名监事为村委会委员,监事会负责监督理事会日常工作。① 杨陵农业示范区以行政村为单位组建土地银行,2011年7月,成立土地银行36家,涉及3个乡镇36个行政村万余农户,累计流转土地3.5万亩,占总耕地面积的35%,占总农户数的30%以上。② 截至2017年8月30日,杨陵示范区已累计流转土地6.3万亩,占耕地面积的73.3%,下半年还将再流转1万亩,到年底,全区土地流转率将达到90%以上。土地银行的发展有力促进了新型农业经营主体持续发展壮大,截至2017年8月30日,全区涉农企业达到34家,农民合作社171个,现代农庄30个,家庭农场65家。③

2.运作方式

土地银行的建立是为了推动农地流转和规模经营而不以营利为目的,其运作方式是:①土地银行通过公开选举的方式从拥有原土地使用权的农民中选举产生董事长、监事长、理事长,组织管理机构按企业方式运营管理。②政府成立土地流转服务中心和土地流转仲裁委员会,并建立土地流转风险基金,为土地银行运转提供保障和支持。③农民以一定的价格将土地存入土地银行,企业、本村村民或外地农民再以相同的价格从土地银行租用土地,土地银行作为中介方与土地流入方直接签订合同,以集体信用的形式为农地流转提供担保。

3.主要经济效益

杨陵示范区土地银行是在村两委领导下的农村集体合作组织,为农地流转提供了组织保障和资金支持,实现农业规模经营和集约经营,推动了农业生产向规模化、专业化和标准化转变,为引进资金、技术和人才发展现代农业铺平了道路。近两年来,示范区共引进国内外30多家知名企业和

---

① 数据来源:文龙娇,苏楠,杨学军.陕西省杨陵示范区土地银行发展研究[J].湖北农业科学,2011(10):11.

② 数据来源:刘慧.杨陵土地银行对现代农业发展的实践作用[J].价值工程,2012(3):28.

③ 数据来源:陕西新闻网杨陵:土地流转+农村产改让沉睡的农业资产活起来[EB/OL].http://news.cnwest.com/content/2017－08/30/content_15337502.htm,2018-02-09.

科研机构和,形成了从新品种引进、新技术研发,到生产、加工、储存、销售和物流的产业链条。示范区生产总值从 3.9 亿元增加到 118.98 亿元,农业科技成果转化率达到 67%,签约项目 349 个,总金额 1 060.7 亿元。[①] 流出土地经营权的承包农户增加了财产收入,新型经营主体实现了效益倍增,从 1997 年到 2016 年,农民人均纯收入从 1 369 元[②]增加到 2016 年人均收入 14 959 元,至 2017 年杨陵区农民人均纯收入已连续 6 年增速位居陕西省第一。

四、农地抵押贷款模式典型案例——宁夏同心县

1.同心县农地抵押概况

宁夏回族自治区同心县是国家级贫困县之一,总人口 38 万,其中回族人口占 84%。当地农户普遍贫困急需生产资金,农户向当地农信社贷款却拿不出抵押物,信社"难贷款"与农户"贷款难"矛盾突出。2003 年前农民赊购一袋尿素,原价 22 元,秋收要还 35 元,4 个月时间,要多花 13 元,贷款利率竟高达 160%。王团镇北村村支书王友云觉得这种"高利贷"太不划算,就召开村民大会提议并表决通过用土地承包经营权作为抵押向农信社贷款。在农信社的支持下选了 50 户信用比较好,还款能力比较强的农户作为试点。2003 年同心县农村信用联社在此基础上开始探索抵押土地经营权进行贷款的农地金融支持创新模式。

2.主要运作方式

土地经营权抵押贷款是在现有法律政策框架下的一种"抵押+信用+保证"的贷款方式。其运作方式是:①村委组织成立农户土地抵押协会,以土地抵押协会为媒介间接实现土地经营权抵押贷款。②农户以土地承包经营权为信用保证方式成为会员,贷款会员与其他会员多户联保并与协会和担保人签订土地承包营权抵押协议。③农户向信用社申请贷款,土地抵

---

① 2016 年杨陵示范区国民经济和社会发展统计公报[EB/OL].http://www.shaanxi.gov.cn/jbyw/ggjg/tjgb/fggb/78033.htm,2018-02-08.

② 数据来源:刘慧.杨陵土地银行对现代农业发展的实践作用[M].价值工程,2012(3):28.

押协会进行总担保,若贷款农户不能还贷,由担保人替其还贷,同时获得该抵押的土地承包经营权。基本操作流程见图 5-5。

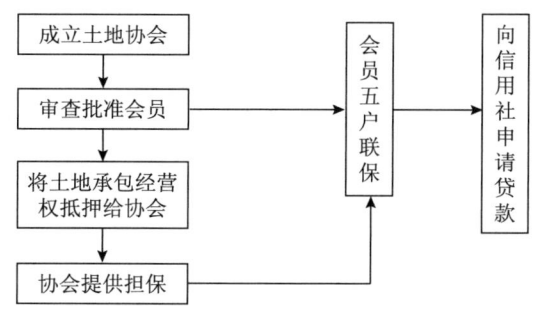

图 5-5　农地抵押贷款操作流程

3.主要经济效益

通过土地经营权抵押贷款,增强了土地融资功能,产生了巨大的经济效益。

首先,有效解决了"贷款难"和"难贷款"问题。以该县河西镇为例,2006 年河西镇贷款农户数和户均贷款金额分别是 500 户和 0.2 万元,到 2010 年分别增加了约 4.6 倍和 8.7 倍,达到 2 819 户和 1.94 万元。2006 年,土地抵押贷款总额 290 万元,2010 年增加到 10 158 万元,增长了 34 倍,[①]2016 年的农地抵押贷款总额 15.90 亿元是 2010 年的 15 倍。

其次,降低了各方的风险。从农户的角度看,其承担的风险可控。土地经营权抵押的比例是 30%～40%,即便违约基本生存不受影响。另外,受让人只限于本村的协会或者担保人,土地承包经营权还在村里。从农信社的角度看,如果农户违约,担保协会负责还贷,农信社的风险就降低了。

再次,促进了农民收入的增加。农民贷款成功后,将其投到诸如幼畜、种子、饲料、化肥等生产环节之中,有效增加了农业产出与收益。以王团镇北村为例,随着早期试点的成功,北村贷款总额、贷款农户数量不断增加,村民人均收入突破 4 000 元。

至 2016 年 6 月底,同心县信用联社累计投放抵押贷款 15.90 亿元,受

---

① 资料来源:伍振军,张云华,孔祥智.土地经营权抵押解决贷款问题运行机制探析——宁夏同心县土地抵押协会调查[N].农业经济与管理,2011(2):9-15.

益农户达 75 442 户,抵押土地 46 万亩。该县土地经营权流转合作社已有 37 家,农户土地承包经营权反担保贷款 3.77 亿元,抵押土地 8.2 万亩,惠及 1.35 万农户。①

第三节 农地流转金融支持模式特征及绩效比较研究

一、农地流转金融支持模式特征比较

农地股份合作制、土地银行、农地使用权信托、农地承包经营权抵押贷款这几种模式是根据不同农地金融实现方式进行农地金融支持模式的创新,在目前的金融支持农地流转实践中,均初步实现了科学引导农村土地的合理流转,为农地流转提供可行性的金融支持。各个模式的主要特征区别如表 5-1 所示。

从业务内容上看,股份合作制模式以农地等生产要素入股,股份合作组织进行企业化经营;农地使用权信托模式将农地委托给受托方依法进行统一经营管理;农地银行模式下农户自愿"存地",并集中统一借贷给规模经营主体;农地经营权抵押贷款农户以农地经营权作为抵押获得资金,到期不还,贷方可拍卖农地经营权来受偿(如表 5-1)。

功能定位上看,这些模式的功能定位区别在于是否为盈利机构。农地股份合作制是商业化的运作模式,成立追求利润最大化的股份制农业生产企业。农村"土地银行"和农地使用权信托是由政府组织成立、不以盈利为目的的农地流转中介机构。② 而农地经营权抵押贷款是以农地经营权为抵押物担保的借贷金融业务平台。

从风险及收益分配方式上看,"土地银行"风险最小,收入固定但利润少;土地信托模式中,信托机构扮演代理人的角色,所获利益扣除经营费用后归委托方所有,风险小,收入固定但利润少;股份合作制模式中吸引农户

---

① 中国财经网:同心县农地抵押贷款势头强劲[EB/OL].http://finance.china.com.cn/roll/20160624/3780949.shtml,2018-02-07.
② 谢根成,付露露.农村土地承包经营权信托的必要性与可行性分析[J].农村经济,2011(9):12.

的是预期收益,收益额度浮动,风险较大;农地抵押贷款的风险和成本及收益完全归于农户。

从推行条件及适用区域看,世界银行的研究表明,当一个社会人均GDP小于500美元时,农民以分散的自给自足式经营土地为主,这种传统方式的目标实现只能是单纯循环的自然经济;当人均GDP大于1 000美元之后,农村土地的商业运作和市场价值才能开始体现出来。[①] 股份合作制是典型的商业化运作模式,推进该模式的经济基础和社会发展条件要求比其他模式高,农地信托模式和农地银行的要求次之,农地经营权抵押贷款的要求相对较低,如表5-1所示。如推行农地股份合作制要求人均GDP大于1 000美元;农业产值占社会总产值比例小;非农收入高,非农劳力数量大于60%,而农地经营权抵押贷款的推行条件相对低得多。

表5-1 各模式主要特征比较

支持模式类型	农地股份合作制	农地使用信托	农地银行	农地抵押贷款
业务内容	农地等生产要素入股,股份合作组织进行企业化经营	农地委托于受托方,受托方依法进行统一经营管理	农户自愿"存地",并集中统一借贷给规模经营主体	借方以农地经营权作为抵押获得资金,到期不还,贷方可拍卖农地经营权来受偿
功能定位	商业化模式;成立股份制的农业生产企业	信托化模式;提供信托服务的农地流转中介平台	金融中介模式;提供"存贷"服务的农地流转中介平台	物权担保模式;以农地经营权为抵押物的借贷金融业务平台
收益分配	所获利润按股分红	获益扣除经营费用后归委托方所有	"存地"付息"借地"交租	抵押,借款付息拍卖,贷款收息

---

① 张照新.中国农村土地流转市场发展及其方式[J].中国农村经济,2002(2):19-24.

续表

支持模式类型	农地股份合作制	农地使用信托	农地银行	农地抵押贷款
风险管理	利益共享 风险同担	信用担保 法律保障	仲裁机构 农业保险	物权担保 制度保障
适用区域	经济发达地区，农民对土地不依赖	经济较发达，农地对土地依赖小	经济次发达地区，对土地依赖小	适用面广，各类地区，对土地依赖小
推行条件	人均GDP高，大于1 000美元；农业产值占社会总产值比例小；非农收入高，非农劳力数量大于60%；经济作物种植比例高于40%以上	人均GDP大于100美元；农业产值占社会总产值比例小；非农收入高，非农劳力数量大于50%；经济作物种植比例高于30%以上	人均GDP大于500美元；农业产值在社会总产值中的比例小；非农收入数量大于50%	非农收入占总收入较多，非农劳力数量较大

二、金融支持模式对农地流转的促进机制比较

几种农地流转金融支持创新模式对于促进我国农地流转都具有积极作用，但不同模式对农地流转的促进机制各不相同。

土地银行模式直接促进农地规模流转。土地银行作为农地流转的中介机构，其集中功能把分散的农地使用权集中起来，克服了农地流转的规模障碍，使大面积的农地流转更加顺畅；土地银行的资源配置功能使土地向更加有效率的生产者流动，形成规模效应，从而提高农业生产效率。在土地银行模式下，农地流转由无序向有序转变，保障了农民利益，加大了农户的供给意愿。可见，发展土地银行可以直接促进农地使用权大范围规范流转，从这个意义上说，土地银行模式对农地流转的发展具有最大、最直接

的促进作用。

农地信托模式保障农地承包经营权的安全。首先,农地信托模式下,农地承包经营权作为信托财产具备了破产保护与风险隔离的功能。无论农地信托机构的财务状况怎样,其债权人都无权向受托人主张其受托的农地承包经营权,保证了作为农民最后生活保障的农地安全;其次,信托行为所产生的收益可以采用延时计划分配方式,具备了长期规划的特点,加上农地信托机构人员的专业知识与先进的管理技术可以帮助委托的农户达到财产保值增值的目的,土地可以交给专业农业公司经营,优化了农地资源的配置效率。最后,信托流转的过程规范,有统一的制度,有法律保障,是合法有效的流转渠道,通过这种模式可以极大减少参与方的交易成本。当然,信托流转也增加了农民的收益,也便于受托人将某个地区的土地集中经营,形成规模经济,促进农地规范地流转,有效减少土地的抛荒现象。

农地使用权抵押贷款模式间接促进了农地流转。农地使用权抵押贷款模式是农地金融制度的核心。农地抵押的初始目的是为农地的价值资金融通提供担保,而不是为了农地流转,农地抵押贷款的申请人并没有农地流转的动机。但农地使用权抵押贷款模式客观上促进了农地流转市场化,体现在两个方面:一是通过抵押贷款业务解决制约农地流转市场发展的"有支付能力的需求不足"问题,为农地需求者提供资金。二是农地抵押贷款使农地抵押权得以实现,可以促使农地使用权市场的发展。因此,农地使用权抵押贷款模式本身虽然并不必然涉及农地流转,但却对农地流转市场的发展起着间接的促进作用。

农地股份合作制模式增强了农地资产的流动性。农地股份合作制模式是农地证券化的一种形式,可以为农业发展融通资金,为农地流转提供资金支持。一方面,拥有优质资产土地资源的农民或中小型农业企业自身的资信能力贷款受到限制,股份合作制以土地为资本要素不受申请人自身的资信度限制,降低了农业融资的门槛,解决了农民和中小企业贷款难问题,是一种更有效率的融资方式。另一方面,农地股份合作制也实现了农村土地收益权的流转。土地产权是由占有、处置、使用和收益等权利组成,农地股份合作制可以不改变农地的使用者,不转移占有,而以农地未来预期收益来发行股份。所以,农地股份合作制有助于克服农地位置固定所造成的流动不便问题,实现更大范围的农地流转。值得注意的是,作为一种新兴的金融工具,农地股份合作制度十分复杂,风险较大,且对整个金融市场的发展具有重大影响,在实际运用中需要建立风险防范机制。

三、农地流转的金融创新模式实践效果比较

江苏省溧阳市、陕西省杨陵区、宁夏回族自治区同心县、福建沙县分别采取了不同的金融制度创新模式来支持农地流转,进行农地经营权资本化运作。如图 5-2,从实际运行现状及效果来看,这些模式总体上都为当地农民生产经营和农地流转提供了金融支持,促进了农地流转,也增加了农地收益并促进了农民的增收。

从运作流程上看,这些模式通过制定管理章程,签订合同来规范运作流程保障供需双方的合法权益。此外,一些模式下,为了保障农户的权益并调动各方的积极性还出台了一系列的优惠补贴政策。例如,杨陵区给达到补贴标准年龄的老人发放生活补贴每人每月 60 元;对土地全被租用且不能从事生产的农户,每年每分地补贴 40 kg 小麦和玉米;此外,区政府按 200 元/亩的标准建立农地流转风险基金,对因自然灾害等原因造成损失不能支付地租的农户、企业或专业合作社,从风险基金中支付租金保障群众利益[①]。有的地区还为土地经营者设立了专项补贴。例如,沙县按"土地流转办＋银行＋财政贴息"的金融支持模式为土地经营项目量身订制相应的信贷支持方案,并进行财政贴息政策,明确贷款贴息对象、额度、贷款种类、流程等,银行按项目实行综合担保授信。2012 年 6 月底,累计为 157 个实施土地承包经营权流转的农业项目发放贷款 9 895 万元。[②]

如表 5-2 所示,不同模式的实践情况所产生的绩效是有所区别的。

从融资效果看,农地股份合作制是最有效率的融资方式,通过这种模式农地、技术、资本劳动力都可以资本化进行入股,合作形式灵活,不但有

---

① 数据来源:党菲,杨陵.土地流转"转"出农民幸福生活[BE/OL]. http://www.sxny.gov.cn/Html/2012_07_09/2168_2401_2012_07_09_551587.html,2012-07-09.

② 赵海.沙县农村金融改革试验的做法、成效与启示[J].农村金融研究,2013(1):63-68.

利于调动内部资金,更有利于吸收外部资金投资。土地信托和土地银行都是通过第三方提供农地流转和资金融通的中介服务来促进农地流转并实行招商引资,其融资功能和效果类似。农地经营权抵押以农地担保作为融资的手段进行融资,盘活了土地的资产价值,但是经营权抵押受政策和资产流动性限制,抵押所获贷款一般也不只有原土地价值的30%~50%,最高也不超过70%,土地融资功能相对较弱,吸收外来资金的功能也相对弱。

表 5-2　各金融创新模式实践效果比较

金融支持模式	农地股份合作制	农地信托	农地银行	农地经营权抵押
典型区域	江苏省溧阳市	福建省沙县	陕西省杨陵区	宁夏自治区同心县
运作流程	组建土地股份合作社——农民以土地入股——合作社统一组织招商——所得收益按股分红	设立信托中心——投资方付费获地——土地整理开发招标竞拍确定受托方——部分收益纳入基金——适时融资——收益分配	确定规划用地——组建"土地银行"——提供多元选择——达成供需协议——资料备案——发放"利息"——监督调解	成立土地抵押协会——以土地经营权为基础多户联保——签订抵押协议,向信用社贷款,协会担保——未能还贷,担保人还贷获得土地承包经营权
收益情况	651~3000元/亩·年	380斤(干谷/亩·年),约560~610元/亩·年	700(元/亩·年)	贷款利息下降约200元/亩·年
融资功能	农地与各类要素资本化,有利于吸收各类资金,融资能力强	通过信托模式实现流转和对外部资金的吸收	农地资本化,并可引进外来资金	以农地物权担保作为融资的手段。融资功能相对较弱

续表

金融支持模式	农地股份合作制	农地信托	农地银行	农地经营权抵押
运行现状	全市成立农地股份合作社31家,股东成员6 355个,其中农户6 292户,入股土地面积22 554亩。(截至2011年)	全县实现流转耕地13万亩,流转率65%,惠及5个镇,农业项目118个,是全国土地流转率的三倍多。(截至2016年12月)	全区成立"土地银行"36家,流转土地6.3万亩,占耕地面积的73.3%,涉农企业达到34家,农民合作社171个,现代农庄30个,家庭农场65家。(截至2017年8月)	累计投放农地经营权抵押贷款15.90亿元,受益农户达75 442户,抵押土地46万亩。农地流转合作社已有37家,农户土地承包经营权反担保贷款3.77亿元,抵押土地8.2万亩,惠及1.35万农户。(截至2016年6月)

资料来源:①陕西新闻网杨陵:土地流转+农村产改让沉睡的农业资产活起来 http://news.cnwest.com/content/2017-08/30/content_15337502.htm10-12.②伍振军.土地经营权抵押解决贷款问题运行机制探析——宁夏同心县土地抵押协会调查[J].农业经济与管理.2011(1):9-15.③中国财经网:同心县农地抵押贷款势头强劲 http://finance.china.com.cn/roll/20160624/3780949.shtml.④福建沙县的实地调查数据和资料整理。

从农户收益的角度看,农地股份合作制的收益不固定,根据土地股份合作的收益的变化在每年651~3000元/亩的范围内浮动。农地银行的收益固定为每年700元/亩,与其他模式相比收益也比较高,沙县的农地信托流转价格为每年350~380斤干谷/亩。(随物价而变化,按2017年市场价格计算约560~610元)而在农地经营权抵押模式下,农户和农业经营企业获得贷款更容易,与民间私人借贷相比,每年可节省利息约200元/亩。相比之下,后三种模式的收益比较固定,不过总体收益水平比农地股份合作制低。

第四节　本章小结

农地股份合作制、土地银行、农地使用信托、农地承包经营权抵押贷款这几种模式各自具有不同的特征、优势和劣势。

从融资角度看,农地股份合作模式可以吸收社会各界的投资资金,以满足农村发展所需巨额资金需求,是一种更有效率的金融支持方式。从实践效果看,农地股份合作模式能够有效地促进农地流转和农业规模化经营,也能够增加农民的收益,但推行此模式的经济和社会条件要求高,且这种模式的收益是预期收益,具有一定风险性,比较适宜农民对土地不依赖,经济发达的地区。

土地银行和农地信托模式能够有效地增强农地流动性。土地银行的农地使用权集中功能,能有效促进农地流转实现规模化运营,农地信托在促进了农地流转同时也保障农地承包经营权安全,风险较小且收益固定,是促进农地流转市场化和农地金融创新的基础。这两种模式所适用的经济和社会条件比较高,比较适宜农民对土地依赖性较小经济次发达的地区。

农地抵押贷款制度是农地金融支持的基本方式。这种模式对经济发展基础和社会发展条件没有严格的条件要求,适用面广,适应性强,各个地区都可以推广。但是,农地抵押贷款作为一种间接的融资渠道,在融资规模、融资成本和收益等方面都不如农地股份合作制和其他模式。

选择农地金融支持模式时应综合考虑制度背景、地区经济发展基础、社会环境等各种因素。宁夏同心县、陕西省杨陵区、福建省沙县、江苏省溧阳市的经济水平、地域类型各异,就分别选择了不同的模式。究其原因不难发现:经济发达省份农户愿意承担较大风险来获得较高的预期收益,是因为农地流转后的增值收益一路看涨,且农户在土地流出后,面临的非农就业机会较多。而对于经济相对落后的西部地区,农户在二次就业过程中个人能力和就业机会都不如前者乐观,抗风险的能力比较弱,更注重土地的社会保障功能,因此以固定金额进行收益分配就显得更为稳妥,采取农地银行或农地使用权抵押制度正是基于以上原因综合考虑的结果。

◆ 第六章 ◆

农地流转金融支持绩效指标体系

上一章对农地流转金融支持模式的运行机制和实践绩效进行了理论分析,接下来的章节将运用科学的评价理论和方法对农地流转金融支持绩效进行实证分析,首要任务就是建立科学合理的绩效评价指标体系。本书对已有文献的相关指标进行了归纳和借鉴,设计农地流转金融支持绩效评价指标并分类分层,通过专家调查法对指标进行筛选,在专家意见基本一致的前提下进行层次分析,采用加权算术平均法进行群决策分析,计算出各指标的权重。最后采用模糊综合评价法对农地流转金融支持绩效进行评价,整个设计流程如图 6-1 所示。

第一节 农地流转金融支持绩效评价指标设计

一、农地流转金融支持绩效评价指标设计的原则

评价指标的选取是否合适,会直接影响到绩效评价的结果,为了保证指标体系设计的科学合理,构建农地流转金融支持绩效评价体系,评价指标的选取应当遵循以下基本原则:

第一,目标性原则。农地流转金融支持绩效评价是一项复杂的系统性工程,在评价体系的构造中,目标总是起着灵魂和主导的作用。各个指标的设计要有助于实现农地流转金融支持绩效改进和制度完善的总目标。因此,要系统地规划,围绕总目标把一系列指标分门别类地组织起来。

第二,相关性原则。指标本身所具有的性质和特征,是设立综合评价

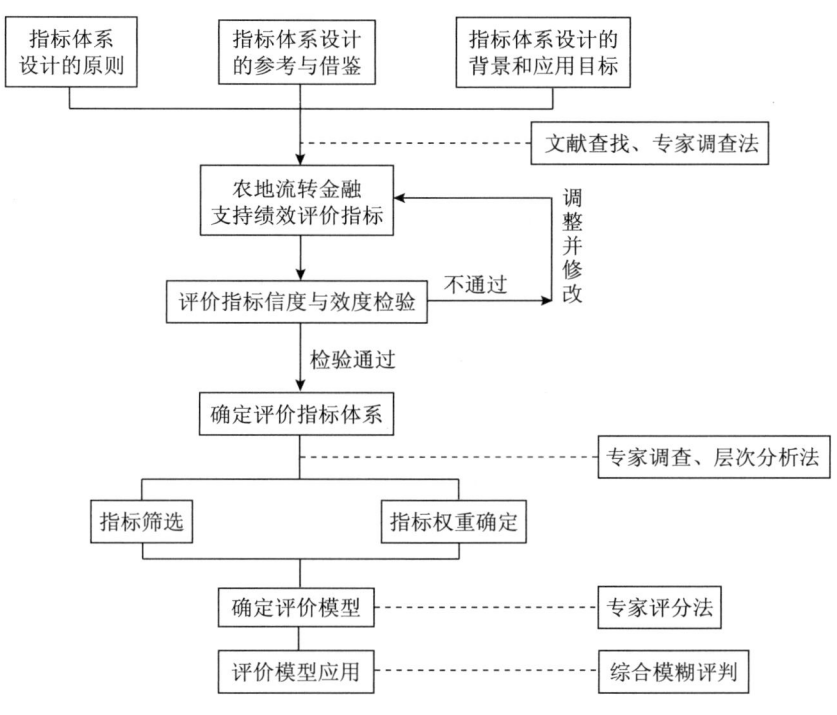

图 6-1　评价体系构建的设计思路图

体系的客观依据,选取的指标要能充分体现农地流转金融支持的功能特征。从评价的内容来看,该指标确实能够反映有关的内容,只有切实考虑评价对象的特点,才能增强评价的针对性,绝不能选取与评价对象、评价内容无关的指标。

第三,可操作性原则。所选取的指标要切实可行、便于计量,且容易获取。衡量农地流转绩效的指标不仅要科学客观,还要充分考虑数据资料的可测性和可得性,应简便实用可操作,还要考虑价值量指标与实物量指标相结合,尽量以指标的相对量来衡量,以便保持可比性和连续性。

第四,代表性原则。选取的指标要有代表性,要能确实反映评价内容,满足最小可靠原则,即在具有几乎同等代表效果的前提下,尽可能满足指标数量的最小性和数据来源的可靠性,以便指标少而精,但又能客观合理地反映农地流转金融支持绩效。

第五,全面性原则。选取的指标要尽可能全面,如果有所遗漏,评价结果就会出现偏差。指标体系要能综合反映农地流转金融支持绩效的内涵和基本特征,以反映农村经济发展、农地流转、农村金融服务水平和农业规模生产状况为主线,将经济环境、社会制度以及农民生活水平状况综合考虑。

第六,可比性原则。所选指标要便于横向与纵向的研究分析,采取前后一致的统一分类,让每个类别能发挥相应的子功能,承担相对独立的描述和反映任务,便于地区间比较,从而扩大指标体系的使用范围。

二、农地流转金融支持绩效指标设计的借鉴

由于农地流转制度的特殊性、业务上的局限性、农村金融机构服务对象的特定性,以及农地流转金融支持受国家政策的影响(扶持或者其他限制措施)等,农地流转金融支持绩效不能采用其他金融机构业务一般的衡量标准。一直以来,没有一个公认的关于农地金融或者农地流转金融支持方面的绩效的指标体系,需要构建一套新的指标来衡量农村金融机构的绩效。

周国富和胡惠敏(2007),岳意定和刘莉君(2010),周治富和郭梅亮(2011),许建明与邓衡山(2016)等众多学者对农村金融绩效相关问题进行了研究。目前,国内关于农地流转金融绩效的相关问题的评价指标体系主要有以下思路:

一是对金融效率的评价从宏观金融效率(见表6-1)和微观金融效率两个层次分别构建宏观金融效率和微观金融效率评价指标体系(见表6-2)。

表 6-1　宏观金融效率评价指标

一级指标	二级指标	指标含义
储蓄动员能力	储蓄率	金融体系的储蓄动员能力
	股票融资额占居民可支配收入的比重	金融中介机构对储蓄的动员能力
	居民储蓄存款增加额占居民可支配收入的比重	资本市场对储蓄的动员能力

续表

一级指标	二级指标	指标含义
储蓄投资转化效率	储蓄投资转化率	整个金融体系的储蓄投资转化效率
	存贷比	间接融资渠道的储蓄投资转化效率
	金融中介机构配置效率	金融中介机构配置给非国有企业的资金所占比重
	股票市场配置效率	非国有企业通过股票市场所筹措的资金占股票市场融资总额的比重
投资投向效率	边际资本生产率	GDP的增量/资本形成总额,反映宏观的投资效率
	资产贡献率	企业利用所获资金经营的效率的核心指标
	流动资产周转次数	一定时期内流动资产完成的周转次数
	净资产利润率	直接融资渠道获得融资的上市公司利用资金的效率

资料来源:周国富,胡慧敏.金融效率评价指标体系研究[J].金融理论与实践,2007.

表 6-2　微观金融效率评价指标

指标	说明
资本充足率	银行自有资本(一级资本)占总资产的比重
不良贷款率	等于银行不良贷款余额除以风险加权资产,是逆指标,数值越小越好
净资产收益率	反映微观金融企业盈利状况最直接、最综合的指标
成本收入比	反映微观金融企业经营成本和经营效率的代表性指标,是逆指标
人均利润	衡量微观金融企业每个职工所创造的经济效益

资料来源:同表 6-1。

更多的国内外相关学者以"3E"绩效评价的基本原则为基础来设计指标。"3E"原则即经济性(economy)、效率性(efficiency)、有效性(effectiveness)。如,王鹏(2012)在《新农村建设背景下的财政支农绩效评价研究》中在"3E"原则加上"可持续性"(sustainability)的原则来构建"3E+1S"的财政支农的绩效评价指标,如表6-3所示。

表 6-3　财政支农的绩效评价指标

目标层	次目标层	最底层指标
财政支农绩效	生产	单位耕地农机总动力(X_1),人均财政支援农村生产支出额(X_2),农业信贷覆盖(X_3),作物单位面积产量(X_4)
	生活	农民人均收入(X_5),农村人均用电量(X_6),恩格尔系数(X_7),等级道路修建(X_8)
	医疗	农村医疗救助普及率(X_9),农村合作医疗覆盖率(X_{10}),每千农业人口卫生员数(X_{11})
	管理	村务透明度(X_{12}),重大村务决策事项民主参与(X_{13})
	教育	农业科技推广(X_{14}),每学生生均固定资产(X_{15})

岳意定和刘莉君(2010)从农村经济发展、农业产业发展、农民生活改善三个方面选取指标来构建农地流转的经济绩效评价指标体系[①],如表6-4所示。

表 6-4　农地流转的经济绩效评价指标

评价目标	第一层	第二层
农村土地流转经济绩效（A）	农村经济发展指数（A1）	单位土地利用率指数（A11）
		单位土地产出率指数（A12）
		单位土地劳动力投入率指数（A13）
		单位土地自有资金投入指数（A14）
		单位土地外部资金吸引指数（A15）
	农民生活改善指数（A2）	农民人均纯收入变化指数（A21）
		农民人均纯收入目标实现指数（A22）
		农民农业收入占总收入比重变化指数（A23）
	农业产业发展指数（A3）	规模经营实现指数（A31）
		单位土地机械使用率指数（A32）
		单位土地科技投入变化指数（A33）

---

① 岳意定,刘莉君.基于网络层次分析法的农村土地流转经济绩效评价[J].中国农村经济,2010(8):36-47.

构建一套科学、合理的指标体系对于农地流转金融支持绩效评价至关重要,以上几种评价体系各有千秋,对本研究具有一定的借鉴意义,本研究将借鉴现有研究文献结合实地调查,充分考虑在社会主义新农村建设背景下农村金融及农地流转的各种影响因素和具体情况来设计农地流转金融支持绩效评价指标体系。

三、农地流转金融支持绩效指标的初步设计

现有的农村金融支持绩效评价,有的侧重于对金融市场的绩效进行评价,有的侧重于把金融业作为产业来进行评价,有的侧重于对金融的宏观调控作用进行评价。本书选择农地流转金融支持对农地流转及农村经济发展的贡献为评价目标,力求做到具体指标形式的灵活性与指标体系框架的统一性的有机结合。具体做法是:将所有指标区分为三个层次,其中,第一、二两个层次是较为概括的指标,是绩效评价通用的概括性指标;第三个层次是较为细化的指标,是对概括性指标体系的进一步深化,具有一定的灵活性。在开展具体评价时,可以在第一、二层次通用指标体系的指导下,参考本书给出的第三层次指标,进一步确定农地流转金融支持绩效评价指标的具体表达形式。

(一)金融支持力度

根据美国耶鲁大学经济学家休·帕特里克(Hugh T. Patrick, 1966)提出的"供给领先"模式理论,发展中国家的农村经济与农村投融资体制的关系是发展金融服务的供给必须先于金融需求,农业和农村经济发展在一定程度上依赖金融资金供给的拉动。农业政策性金融发挥作用的程度在很大程度上也取决于政府对其支持力度。加大对农地流转金融支持力度不但有利于满足农地规模经营对资金的需求,而且全面完善的农地金融供给会刺激农村金融需求,促进农地流转,拉动农业投资增长,进而产生促进农村经济增长的良好效果。因此在设计农地流转金融支持绩效指标时把农地流转金融支持力度作为一个比较重要的层面进行考量,包含了提供农地金融服务的覆盖面、农地流转资金需求方获得满足的程度等方面,用以下

四个指标来衡量。

(1)营业网点覆盖率 X_{11}。该指标反映金融机构提供农地流转金融支持方面金融业务的营业网点覆盖情况。同时提供该业务的营业网点数与该地区全部银行营业网点总数的比例。营业网点覆盖率高说明该地区有较多的银行开展农地流转金融支持方面金融业务,农户的需求相对比较容易得到满足。

$$X_{11}=\frac{该地区提供此业务的营业网点数}{该地区金融营业网点总数}$$

(2)农地流转获贷比例 X_{12}。该指标反映农地流转资金需求方获得满足的程度,指资金需求方获得农地流转金融支持的贷款与其进行农地流转和生产经营占所需外部资金的比例,所需外部资金指农户进行农地流转和生产经营所需资金总额扣除农户自有资金。

$$X_{12}=\frac{农地流转金融贷款总额}{资金需求总额-自有资金}$$

(3)农地流转贷款增长率 X_{13}。该指标反映农地流转贷款增长力度,指获得金融支持后涉及农地的贷款数额增加值与获得金融支持前涉及农地的贷款数额比例。

$$X_{13}=\frac{获得支持后农地贷款数额-获得支持前农地贷款数额}{获得支持前农地贷款数额}$$

(4)农地流转贷款相关率 X_{14}。这是反映贷款结构的指标,是通过相应的农地金融支持取得农地流转贷款占全部贷款比重。农地金融支持取得农地流转贷款占全部贷款比重较大,反映此种贷款方式在全部贷款中占重要地位,表明此项贷款方式的支持力度和实际效果较好。

$$X_{14}=\frac{农地流转贷款额}{家庭(企业)全部贷款总额}$$

(二)金融支持满意度

绩效满意度的概念从管理学中借鉴而来,反映人的一种感觉状况水平。著名的营销学权威菲利普·科特勒曾认为:满意度是指一个人通过对一种产品或服务的可感知的效果与他的期望相比较后形成的一种感觉状态。[①]企业管理学上的顾客满意度是用来衡量企业产品质量和服务态度优劣的重要标准之一,它反映了消费者对企业产品和服务的认可程度,是企业销售、营利和发展的关键。同样,能否满足顾客的需求直接关系到各类组织的生产绩效,只有产品或服务被公众接受并认可时,各类组织的行为才是有绩效的,政府和金融机构当然也不例外。19世纪80年代之后,相关公众满意度作为一个重要的评价尺度和标准被纳入西方各个国家的绩效评估过程之中。对农地流转金融支持满意程度源于农户资金需求的满足度与农地流转金融服务质量的满意,因此本书设计了支持制度(模式)的认知度 X_{21}、支持实效的满意度 X_{22}、业务设计满意度 X_{23}、业务服务质量满意度 X_{24} 指标来衡量业务对象对农地流转金融支持绩效的满意程度。

(1)支持制度(模式)的认知度 X_{21}。对农地流转金融支持进行制度创新虽在理论界有较为广泛的探讨,且政府也提倡加大对农地流转金融的支持。但在民间,特别是对信息获取能力差、文化水平低的农户而言,需要政府主动进行政策解读和指导,使农户了解农地流转的金融模式和金融政策,才能获得农户的支持产生实效。本指标包括以下内涵:农户是否了解农地流转金融支持政策;是否知道农地信托、农地银行、农地经营权抵押贷款等农地流转金融支持模式;是否听说金融机构提供农地流转金融支持服务。通过何种途径获知这些政策、模式和业务内容。对这方面的政策和宣传是否认同,是否愿意参与或支持与这些金融支持政策、模式和业务内容。

(2)支持实效的满意度 X_{22}。作为农户最关心的是农地流转金融支持政策是否给他们增加新的权益或带来实际的利益。加大对农地流转金融的支持力度,进行农地金融制度创新的最终目的也是服务三农。农户对金融支持制度或模式实施效果的满意程度也是一个重要的衡量指标,本指标包括以下内涵:基层工作人员是否将金融支持新政策执行落到实处;是否按照合同条款、政策规定为农户提供服务;农地流转金融支持政策(新制度)是否增加农民的权利和利益。

[①] 菲利普·科特勒.营销管理——分析、计划、执行与控制[M].北京:清华大学出版社,1997:442-457.

(3)业务设计满意度 X_{23}。农户和资金需求方对于金融支持制度设计的体验很重要。制度设计得好,能够最大限度地减少制度实施阻力产生良好的效果,反之,则达不到政策的预期效果。业务设计满意度指标包含以下内涵:农户对新的制度或者农地金融模式所设计的业务种类、土地流转年限、流转的费用、金融借贷年限、借贷利息、金融服务合同设计的满意程度。

(4)业务服务质量满意度 X_{24}。金融业务服务效率、服务态度也在一定程度上影响着农地流转金融支持效果,效率越高,相关公众的满意度越高,农地流转金融支持的整体绩效也越高。业务服务质量满意度指标包含以下内涵:业务人员的服务态度,业务信息的披露程度,业务服务效率,业务服务的便捷程度等。考虑到指标可操作性,本书以相关金融业务的审批时间(资金需求方提出融资申请到业务办理成功所耗的)平均值来衡量业务服务效率。

(5)业务服务态度 X_{25}。对农地流转金融支持制度模式和业务创新,最终依赖于工作人员和业务执行者直接为业务需求者提供服务。在业务办理过程中,业务主要涉及人地、地地关系,在业务办理过程中,归根结底还是人与人之间的关系。农地金融业务的业务人员的形象和服务态度等也会间接影响农户的参与与农地流转金融实际效果。

(三)金融支持效率

劳动、资本、土地、技术和制度要素在农村经济发展过程中扮演重要的角色,是推动农村经济增长最主要的因素。这些因素的变动都会对农村经济发展产生影响,农地流转金融支持绩效就是在其他要素不变的前提下,增加了对农地流转的金融支持所引发的农村经济发展的效果。从农业、农村、农民的角度来看,金融支持因素的变动对于农村金融、农民生存、农业发展会产生至关重要的影响。因此,构建农地流转金融支持效率指标体系将从农村金融发展、土地产出、农民收入增加三个角度来选取适当的指标。

(1)土地规模经营指数 X_{31}。是农地流转中实现了规模化经营的农地面积与农地流转总面积的比例,反映进行金融支持后土地经营和流转规模化程度的一个指标。确定这个指数首先要界定规模经营面积标准值,我国幅员辽阔,各地区农地面积差异较大,目前学者们如卫新等(2003)采取平均值法把土地规模经营经营面积界定在 0.67 公顷(即 10 亩)以上。当然,对于东北一些人均面积高于 0.67 公顷的省份使用 0.67 公顷作为规模经营的标准的方法还有待商榷。不过福建省的人均耕地面积远低于全国平均水平。而本书实证研究的样本均来自福建省,因此,本书选取 0.67 公顷(即 10 亩)以上的为规模经营的标准。

$$X_{31} = \frac{\text{实现规模经营的土地流转面积}}{\text{土地流转总面积}}$$

(2)外部资金吸收指数 X_{32}。表示现有的金融支持力度(模式)下,单位土地上可能获得的外部资金支持金额与单位土地上资金投入总量的比例。是衡量农地流转吸引外部资金水平的指标。

$$X_{32} = \frac{\text{单位土地可获得资金支持金额}}{\text{单位土地资金投入总量}}$$

(3)土地增产指数 X_{33}。指在剔除其他要素贡献(新技术新材料的使用)情况下,获得金融支持之后单位农地产值增加值与获得金融支持之前单位土地产值的比例。是反映金融支持对农地产出的贡献情况指标。

$$X_{33} = \frac{\text{金融支持后单位土地产值支持前单位土地产值}}{\text{支持前单位土地产值}}$$

(4)农民纯收入变化指数 X_{34}。农民人均纯收入变化指数是指农地流转金融支持引起的农民人均收入的增加值与农地流转金融支持前农民人均纯收入的比例。是衡量农地流转金融支持对农民增收的作用的核心指标。引起农民的增收因素有很多,因此该指标用于衡量农地流转金融支持绩效时要剔除其他因素的贡献。

$$X_{34} = \frac{\text{金融支持后农民人均收入} - \text{支持前农民人均收入}}{\text{支持前农民人均收入}}$$

(5)融资成本指数 X_{35}。根据产权理论和交易成本理论,降低信息成本和融资交易成本是提高资源配置效率的关键,该指标反映农地流转资金需求方进行相关金融融资的成本,即在农地流转和经营过程中进行融资及后续的资本使用过程中所需的各种成本支付,前者如融资时的交易费用等,后者如融资后历年支付的利息。本指标是个逆指标,成本越高满意度和效率越低。

$$X_{35} = \text{融资手续费} + \text{融资信息费} + \text{利息}$$

(四)金融支持结构

在农地流转金融支持的运行中,高效率的农村金融机构和金融市场能够最大限度地促使农村资金的合理流动和转移,使农村储蓄转化为投资,从而促进农地流转速度和规模。有效率的农地流转金融支持体系也要求农地流转和农业经营的资金来源、筹资渠道和金融机构的多样化。健全的金融体系结构和多样化的资金供给渠道,不但可以有效满足农民的金融需求,充分发挥金融对农村经济发展的支撑作用,而且商业性金融机构、政策性金融机构、民间合作性质的金融机构以及私人借贷之间互相促进、互为补充,可以更有效地为农地流转提供全面的金融服务并共同支持农业的发展。因此本书也设计了财政补贴额度 X_{41}、商业银行贷款 X_{42}、政策性银行贷款 X_{43}、农村新型金融组织贷款 X_{44}、民间借贷 X_{45} 等指标来量农地流转资金的来源和资金结构情况。

(1)农村合作及新型金融组织贷款 X_{41}。由农村信用社、农村邮政储蓄农村合作性金融机构和村镇银行、贷款公司、农村资金互助社等新型农村金融机构提供的涉及农地流转业务和农业经营的贷款。

(2)商业性金融机构贷款 X_{42}。我国的商业性金融机构包括四大国有商业银行、全国性股份制商业银行、城市商业银行、农村商业银行、外资银行等商业银行等。本书中的商业性金融机构贷款指上述商业性金融机构提供的在涉及农地流转的金融业务贷款。

(3)农村政策性银行贷款 X_{43}。指由农业政策性银行(中国农业发展银行)为贯彻配合政府农业政策,中长期优惠性低利贷款,促进和保护农业生产与经营而为农地流转和农业经营提供的特别贷款。

(4)民间融资 X_{44}。指金融资本产权归属于民间企业或个人的一种金融形式,是游离于国家正规金融机构之外的、以资金筹措为主的融资活动。① 主要包括:合会、储金会、基金会、互助会、信用服务站(公司),及私人金融机构提供的涉农贷款以及农民私人之间民间借贷。

(5)财政补贴额度 X_{45}。农地流转金融支持有一定的政策性,政策性的转移支付在一定程度上影响着农地流转金融支持制度的绩效。财政补贴

---

① 罗丹阳.中小企业民间融资[M].北京:中国金融出版社,2009:5,63-65.

额指农户或企业所获得的当地政府对农地流转金融业务的利息补贴、生产补助、规模化经营奖励等财政性补贴。

第二节 基于专家调查法的评价指标筛选

一、评价指标筛选方法

通过预调查对农村金融机构工作人员、土地流转办工作人员、高校研究人员面对面访谈,详细咨询农地流转金融支持绩效评价大概的评价方式和用什么指标来评价的基础上,本章上一部分对已有文献的相关指标进行归纳和借鉴,初步设计了农地流转金融支持绩效评价指标如表6-5。在此基础上采取专家调查法,笔者通过面对面调查、E-mail、电话等方式先后咨询了西北农林科技大学、江西农业大学、福建省农业厅经管处、福州大学、福建师范大学、福建农林大学、福建江夏学院等高校或研究机构中该领域的专家。依靠对该领域具有丰富知识、经验、智慧、信息的专家对已拟列出的指标进行分析、判断,对上文中所设计的指标的有效性、重要性进行判断,并对指标做出筛选。

专家调查法又称德尔菲(Delphi)法在筛选指标、确定权重中也有很好的应用,是以专家作为索取信息的对象,根据调查得到的情况,凭借专家的知识和经验进行判断直接或经过简单的推算寻求事物的特性和发展规律,并进行判断、预测的一种综合分析研究方法。此法由美国兰德(Land)公司首先于1964年技术预测中应用,这类方法的最大优点是简便直观,不需建立烦琐的数学模型,在缺乏足够统计数据或者没有先例可借鉴的情况下,也能对研究对象的未知状态做出有效的判断。

表 6-5 农地流转金融支持绩效评价指标初步设计

一级指标	二级指标	指标说明
农地流转金融支持绩效评价指标		
金融支持力度 X_1	营业网点覆盖率 X_{11}	提供该业务的营业网点数/该地区全部营业网点
	农地流转获贷比例 X_{12}	获支持贷款占所需资金的比例
	农地流转贷款增长率 X_{13}	贷款数额增加值与获得金融支持前的贷款数额比例
	农地流转贷款相关率 X_{14}	农地流转贷款占全部贷款比重
金融支持满意度 X_2	支持制度(模式)的认知度 X_{21}	农户对金融支持情况或模式的了解程度
	支持实效的满意度 X_{22}	农户对金融支持制度或模式实施效果的满意程度
	业务设计满意度 X_{23}	农户对业务种类、年限、利息、合同设计的满意程度
	业务服务质量满意度 X_{24}	农户对业务效率、业务服务信息披露的满意程度
	业务服务态度 X_{25}	农户对工作人员服务态度的满意程度
金融支持效率 X_3	土地规模经营指数 X_{31}	规模经营的土地面积占流转土地总面积的百分比
	外部资金吸收指数 X_{32}	单位土地可获得外部资金支持额与单位土地资金投入总量的比例
	土地增产指数 X_{33}	单位土地产值平均增加值与流转前单位土地平均产值的比例(剔除其他要素的贡献率后)
	农民纯收入变化指数 X_{34}	由农地流转引起农民人均纯收入的增加值与农地流转金融支持前农民人均纯收入的比例
	融资成本指数 X_{35}	融资及资本使用的各种成本支付(交易费用和利息)
金融支持结构合理度 X_4	农村合作及新型金融组织贷款 X_{41}	农村合作性金融组织及新型金融组织涉农地流转贷款额度
	商业性金融机构贷款 X_{42}	商业银行涉农地流转贷款额度
	农村政策性金融机构贷款 X_{43}	政策性银行涉农地流转贷款额度
	民间融资 X_{44}	合会、储金会等私人金融机构提供的涉农贷款以及民间借贷
	财政补贴额度 X_{45}	政府对农地流转业务的各类补贴

按照农地流转金融支持绩效评价的四大子目标层:农地流转金融支持力度、农地流转金融支持满意度、农地流转金融支持效率、农地流转金融支持结构合理度,设计问卷对子目标层下指标的重要性进行打分,用1、2、3、4、5分别表示不重要、一般、重要、很重要、极重要,分值越高说明专家认为该指标相对于子目标层的重要性越高。

二、评价指标体系的确定

将制作好的问卷,通过面对面调查、E-mail等方式发放出去,并请专家对已大致列出的指标进行筛选,对每个指标的重要性进行打分。本阶段共计发放问卷20份,回收19份,有效问卷18份,问卷回收率为95%,有效性90%。具体结果见表6-6。

表6-6 农地流转金融支持绩效指标重要性评价

各评价指标	5 极重要	4 很重要	3 重要	2 一般	1 不重要
营业网点覆盖率 X_{11}	33.3%	22.2%	44.4%	—	—
农地流转获贷比例 X_{12}	27.8%	44.4%	27.8%	—	—
农地流转贷款增长率 X_{13}	33.3%	27.8%	38.9%	—	—
农地流转贷款相关率 X_{14}	27.8%	50.0%	5.5%	16.7%	—
支持制度(模式)的认知度 X_{21}	22.2%	55.6%	16.7%	5.5%	—
支持实效的满意度 X_{22}	34.2%	39.5%	26.3%	—	—
业务设计满意度 X_{23}	22.2%	5.5%	33.3%	16.7%	—
业务服务质量满意度 X_{24}	—	27.8%	33.3%	11.1%	5.5%
业务服务态度 X_{25}	—	16.7%	27.8%	50.0%	5.5%
土地规模经营指数 X_{31}	50.0%	33.3%	16.7%	—	—
外部资金吸收指数 X_{32}	44.4%	38.9%	16.7%	—	—
土地增产指数 X_{33}	22.2%	27.8%	44.4%	5.5%	—
农民纯收入变化指数 X_{34}	16.7%	44.4%	38.9%	—	—
融资成本指数 X_{35}	27.8%	33.3%	22.2%	16.7%	—
农村合作及新型金融组织贷款 X_{41}	22.2%	55.6%	22.2%	—	—
商业性金融机构贷款 X_{42}	27.8%	22.2%	38.9%	11.1%	—

续表

各评价指标	5 极重要	4 很重要	3 重要	2 一般	1 不重要
农村政策性金融机构贷款 X_{43}	27.8%	33.3%	22.2%	16.7%	—
民间融资 X_{44}	11.1%	44.4%	27.8%	11.1%	5.5%
财政补贴额度 X_{45}	—	—	27.8%	44.4%	27.8%

资料来源:根据各专家问卷调查整理所得。①

从表 6-6 可知,专家们对所设计的农地流转金融支持绩效指标大部分都是认可的,除了业务服务态度 X_{25}、财政补贴额度 X_{45} 外,其他指标的重要性都达到 72% 以上,即有 72% 以上的专家都认这些指标很重要或比较重要。值得注意的是,如表 6-7 所示:只有 33.3% 和 27.8% 的专家认为这两个指标达到重要性要求,另有 66.7% 的专家认为业务服务态度指标对农地流转金融绩效评价不重要或者重要性一般。72.2% 的专家认为没有认可财政补贴额度指标,其中有部分专家认为尽管财政补贴是农地流转非常重要的支持措施,但其被视为政府对农地金融支持制度变迁的诱致性因素,不适宜作为绩效衡量指标。故而前文设计的指标中业务服务态度 X_{25}、财政补贴额度指数 X_{45} 指标的重要性没有通过专家的检验。

表 6-7 未通过重要性检验的评价指标

各评价指标	5 极重要	4 很重要	3 重要	2 一般	1 不重要
业务服务态度 X_{25}	—	16.7%	27.8%	50.0%	5.5%
财政补贴额度 X_{45}	—	—	27.8%	44.4%	27.8%

---

① 通过咨询中国农村金融领域比较有影响力的专家西北农林大学霍学喜教授、浙江大学黄祖辉教授、福建农林大学徐学荣教授,发放并回收了 3 份问卷。其他问卷通过电话联系、电子邮件发放并收回,分别是:江西农业大学谢教授 1 份、福州大学林柄华教授 1 份、福建农林大学王林萍教授 1 份、赖永波博士 1 份、福建江夏学院王荧博士 1 份、西北林大学黎毅博士 1 份、福建省政府发展研究院专家吴元兴 1 份、王金凤 1 份、福建省农业科学研究院专家 4 份。福建省农业厅经管处负责农地流转和农地金融的管理人员 3 份、福建千江月休闲农场林莘婉博士 1 份、福建省招宝生态农庄陈博士 1 份。共计发放问卷 20 份,回收 19 份,有效问卷 18 份,问卷回收率 95%,有效性 90%。

根据调查的结果,经过与其中几位专家讨论后,对所设计的指标进行调整＝删除业务服务态度 X_{25}、财政补贴额度 X_{45} 指标两个指标,并把业务服务态度指标所表示的农户对相关业务的工作人员服务态度的满意程度的内涵归入 X_{24} 指标业务服务质量满意度。筛选后对所有通过重要性检验的指标进行分层,确定农地流转金融支持效率指标体系如表6-8所示。

表 6-8　农地流转金融支持绩效指标体系

一级指标	二级指标	指标说明
农地流转金融支持绩效评价指标		
金融支持力度 X_1	营业网点覆盖率 X_{11}	提供该业务的营业网点数/该地区全部营业网点
	农地流转获贷比例 X_{12}	获支持贷款占所需资金的比例
	农地流转贷款增长率 X_{13}	贷款数额增加值与获得金融支持前的贷款数额比例
	农地流转贷款相关率 X_{14}	农地流转贷款占全部贷款比重
金融支持满意度 X_2	支持制度(模式)的认知度 X_{21}	农户对金融支持情况或模式的了解程度
	支持实效的满意度 X_{22}	农户对金融支持制度或模式实施效果的满意程度
	业务设计满意度 X_{23}	农户对业务种类、年限、利息、合同设计的满意程度
	业务服务质量满意度 X_{24}	农户对业务效率、业务服务信息披露的满意程度
金融支持效率 X_3	土地规模经营指数 X_{31}	规模经营的土地面积占流转土地总面积的百分比
	外部资金吸收指数 X_{32}	单位土地可获得外部资金支持额与单位土地资金投入总量的比例
	土地增产指数 X_{33}	单位土地产值平均增加值与流转前单位土地平均产值的比例(剔除其他要素的贡献率后)
	农民纯收入变化指数 X_{34}	由农地流转引起农民人均纯收入的增加值与农地流转金融支持前农民人均纯收入的比例
	融资成本指数 X_{35}	融资及资本使用的各种成本支付(交易费用和利息)

续表

金融支持结构合理度 X_4	农村合作及新型金融组织贷款 X_{41}	农村合作性金融组织及新型金融组织涉农地流转贷款额度
	商业性金融机构贷款 X_{42}	商业银行涉农地流转贷款额度
	农村政策性金融机构贷款 X_{43}	政策性银行涉农地流转贷款额度
	民间融资 X_{44}	合会、储金会等私人金融机构提供的涉农贷款以及民间借贷

第三节 农地流转金融支持评价指标的检验

为了判断农地流转金融支持绩效评价指标的合理性和科学性,需要对所设计的指标进行信度和效度检验。

一、农地流转金融支持绩效评价指标的信度检验

评价指标的信度是评价指标测验结果的内部一致性、稳定性及可靠性,信度系数愈高即表示该测验的结果愈稳定、可靠、一致。农地流转金融支持绩效评价指标由多层次组成,每个层次由多指标要素组成的,因此要通过信度检验来判断指标之间相对独立性、指标关系一致性。本书采取 Cronbach α 内部一致性系数来检验评价指标的信度。Cronbach α 信度系数方法是目前使用最为广泛的指标信度检验方法,能够准确地反映出评价指标的内部结构的良好性和一致性程度。设 N 为指标层所包含的指标个数,σ_i^2 是第 i 个指标的方差 σ,σ^2 为总方差,Cronbach α 信度系数的计算公式为:

$$\alpha = \left(\frac{n}{n-1}\right)\left|1 - \frac{\sum_i^n \sigma_i^2}{\sigma^2}\right|$$

按照这个公式计算出的 Cronbach α 信度系数越高,表示设计的指标越可靠,指标体系的可信度高低与 Cronbach α 信度系数之间的对照关系如表 5-9 所示:

表 6-9 Cronbachα 系数信度对照表

Cronbachα 信度系数	可信度
Cronbachα 信度系数＜0.3	不可信（应该拒绝）
0.3≤Cronbachα 信度系数＜0.5	勉强可信（调整到可信后才能接受）
0.5≤Cronbachα 信度系数＜0.7	可信（比较常见）
0.7≤Cronbachα 信度系数＜0.9	很可信（常见）
Cronbachα 信度系数≥0.9	十分可信（理想状态，很少见）

根据福建省三明地区农地流转金融支持调查问卷数据[①]，计算得到评价指标体系的 Cronbachα 信度系数：

$$\alpha = \left(\frac{n}{n-1}\right)\left|1 - \frac{\sum_{i}^{n}\sigma_i^2}{\sigma^2}\right| = \frac{17}{16} \times \left|1 - \frac{6139.42}{17355.68}\right| = 0.68664$$

根据以上公式计算出农地流转金融支持绩效评价指标的 Cronbachα 信度系数为 0.68664，这是经济统计与决策中常见的情况，因此从信度的角度来看，评价指标均是可信的，即本书所设计的农地流转金融绩效评价指标是比较科学合理的。

二、农地流转绩效评价指标的效度检验

评价指标的效度是指评价指标在多大程度上描述并反映了评价目标的特征范围，反映评价指标的准确性程度。在农地流转金融支持绩效评价中，如果所设计的评价指标不具有较高的效度，则无法准确地反映实践中农地流转金融支持绩效情况。评价指标的效度检验通常由专家进行经验判断，可以采取 Delphi 专家调查法或者咨询专家逐一进行直接的经验判断。本书采用"内容效度比"指标衡量指标效度，缩写为 C.V.R。农地流转金融支持绩效的评价指标效度检验公式为：

$$C.V.R = \left(m - \frac{M}{2}\right) / \left(\frac{M}{2}\right)$$

---

① 沙县的调查发出问卷 100 份，回收 100 份，其中有效问卷 92 份，问卷回收率 100%，有效性 92%。

其中，M 为调查的专家总人数，m 表示认为某个指标能够很好地反映了农地流转金融支持绩效评价目标的专家人数。当所有的专家都认为选取的指标不合适时，$C.V.R=-1$；当所有的咨询专家都认为选取的指标能够适当反映评价目标时，$C.V.R=1$，$C.V.R$ 值越接近于1，表明农地流转金融支持绩效评价指标的效度越高。

本书的农地流转金融支持绩效指标效度检验是与前文中指标筛选部分的 Delphi 专家调查法相结合进行。根据专家调查法的统计数据，设定当某个专家评语为"5 极重要、4 很重要、3 重要"中的任一项，则认为该指标通过了该专家的检验，而某专家评语为"2 一般、1 不重要"中的任一项，则认该指标没通过该专家的检验，详见本章的表 5-6 农地流转金融支持绩效指标重要性评价表。根据表 5-6 计算得出的结果，表 6-9 中的 19 个指标除了业务服务态度 X_{25} 的效度为 11.1% 和财政补贴额度的效度为 44.4% 之外，其他 17 个指标的效度均在 66.7% 之上。而这两个指标在本章"基于专家调查法的评价指标筛选"中由于指标的重要性未通过检验也已经被筛选出指标体系。可见，本研究最终确定的这一套农地流转金融支持绩效评价指标具有较高的内容效度，能较好地反映评价目标的特征范畴。

第四节 农地流转金融支持绩效评价指标赋权

绩效评价是指运用一定的评价方法、评价标准、量化指标及对评价对象的绩效目标实现程度所进行的综合性评价。绩效评价的方法有很多种，如德尔菲法、因子分析法、模糊综合评价法、层次分析法、数据包络分析法、熵权法、粗糙集理论、人工神经网络评价法、灰色综合评价法等。当评价的数据很不充分可靠或者评价指标难以用数量表示的时候，可以采用层次分析法。如前所述，数据难以获得是本研究的一大难点，所以本章在确定农地流转模式金融支持绩效的评价指标权重时采用层次分析法来进行赋权。

一、层次分析法的基本原理、步骤和方法

美国运筹学家 T. L. Saaty 教授于 20 世纪 70 年代提出层次分析法 (Analytic Hierarchy Process,简称 AHP)。该法简便、灵活而又实用,特别适用于对那些较为复杂、模糊,难于完全定量分析的问题做出多准则的决策。它将定量分析与定性分析结合起来,用决策者的经验判断各衡量标准之间的相对重要程度,并合理地给出每个决策方案的标准权数,利用权数求出各方案的优劣次序,比较有效地应用于那些难以用定量方法解决的课题。是社会、经济系统决策中的有效工具,在我国社会经济各个领域内得到了广泛的重视和应用。

(一)建立层次结构模型

应用 AHP 做决策分析时,首先要把所分析的问题层次化、根据问题的性质和要达到的总目标,构造出一个有层次的结构模型(如图 6-2)。在这个模型下,各个因素按照相互影响和隶属关系,按不同层次进行聚集组合成若干层次。上一层次元素对下一层次的各个元素起支配作用,同时它又受上一层次的支配。这些层次可以分为三类:

(1)最高层:也称为目标层,这一层中只有一个元素,一般就是决策对象及所要评价的对象、分析问题的预定目标或理想结果。

(2)中间层:也称为准则层,该层次是为了为实现预定目标而可能涉及各个中间环节,包括为了实现目标所采取的准则,它一般由若干个元素组成。

(3)最底层:也称方案层,该层次包括了为实现目标可供选择的各种决策方案、措施等。

层次结构中的层次数多少不受限制,但是每个元素支配下一层一个元素,层次数与问题的复杂程度和需要分析的详尽程度有关,每一层次中的元素一般不超过 9 个。因为同一层次中支配的元素过多会给两两比较判断带来困难。

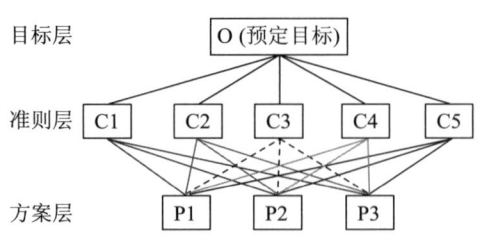

图 6-2　典型的层次结构图

(二) 构造判断矩阵

在确定各层次各因素之间的权重时,如果只是定性的结果,则常常不容易被别人接受,因而 Saaty 等人提出:一致矩阵法,即:(1)把所有因素分开来进行两两相互比较。(2)为了提高准确度采用相对尺度,尽可能减少性质不同的诸因素相互比较的困难。判断矩阵是表示本层中所列出来的全部因素针对上一层中某一个因素的相对重要性的比较。判断矩阵的元素 a_{ij} 用 Santy 的 1—9 标度方法给出。心理学家认为成对比较的因素不宜超过 9 个,即每层不要超过 9 个因素。

表 6-10　判断矩阵元素的标度方法

标度	含　义
1	表示两个因素相比,具有相同重要性
3	表示两个因素相比,前者比后者稍重要
5	表示两个因素相比,前者比后者明显重要
7	表示两个因素相比,前者比后者强烈重要
9	表示两个因素相比,前者比后者极端重要
2,4,6,8	表示上述相邻判断的中间值
倒数	若因素 i 与因素 j 的重要性之比为 a_{ij},那么因素 j 与因素 i 重要性之比为 $a_{ji}=\dfrac{1}{a_{ij}}$。

(三)检验层次单排序及总排序的一致性

1.层次单排序及其一致性检验

判断矩阵 A 对应于最大特征值 $\lambda_{\max}$ 的特征向量 W,经归一化后即为同一层次相应因素对于上一层次某因素相对重要性的排序权值,这一过程称为层次单排序。

用两两对比构造判断矩阵的办法虽能较客观地反映出一对因子影响力的差别,从而有效地减少其他因素的干扰。但对全部比较结果进行综合时,非一致性出现难以避免。如果比较结果是前后完全一致的,则矩阵 A 的元素还应当满足:

$$a_{ij}a_{jk}=a_{ik}, (i,j,k=1,2,\cdots,n)$$

$$CR=\frac{CI}{RI}$$

其中,CI 为相容性指标,RI 为平均一致性指标。当 $CR<0.10$ 时,判断矩阵的一致性检验可以通过,否则应对判断矩阵作适当修正。

2.层次总排序及其一致性检验

对层次总排序也需像层次单排序那样做一致性检验,检验仍然由高层到低层逐层进行。判断矩阵的维数越大,一致性越差。当综合考察时,各层次的非一致性仍有可能积累起来,引起最终分析结果较严重的非一致性。

设 B 层中与 A_j 相关的因素的成对比较判断矩阵在单排序中经一致性检验,求得单排序一致性指标为 $CI(j),(j=1,\cdots,m)$,相应的平均随机一致性指标为 $RI(j)(CI(j)$、$RI(j)$ 已在层次单排序时求得),则 B 层总排序随机一致性比例为:

$$CR=\frac{\sum_{j=1}^{m}CI(j)a_j}{\sum_{j=1}^{m}RI(j)a_j}$$

当 $CR<0.10$ 时,认为层次总排序里有满意的一致性,否则应重新调整判断矩阵的元素取值。

(四)软件的选择、调查问卷的设计及问卷调查方案

指标权重是指各指标在所有指标中所占的比重,反映了该指标的重要性和地位,直接影响到最后的评价结果。运用层次分析法,构造比较判断矩阵是确定各评价指标权重的关键。本次的调查对象以第一阶段对指标筛选的专家为主。通过 Yaahp(Yet Another AHP)软件构建模型,构造判断矩阵,输入专家们的问卷数据进行群决策数据分析。

Yaahp(Yet Another AHP)是一个层次分析法(AHP)软件,提供方便的层次模型构造、判断矩阵数据录入、排序权重计算以及计算数据导出等功能。Yaahp 是灵活易用的层次分析法软件,能提供实时一致性比例计算功能,能够帮助用户对不一致判断矩阵进行人工调整,并提供不一致判断矩阵自动修正功能。Yaahp 具有群决策功能,能够管理参与决策的专家信息以及他们提供的决策数据并提供了多种专家数据集结方法供用户选择。群决策功能是为了充分发挥集体的智慧,由多位专家共同参与决策分析并制定决策的整体过程。参与填写调查问卷的专家都是决策过程的参与者,最终结果根据所有专家提供的数据确定。Yaahp 还提供了调查表生成功能,根据层次模型和设定文本生成一份调查表,稍作修改就能够向专家分发。本研究的问卷就是在 Yaahp 生成的调查表的基础上修改产生的。

本次问卷共包括两部分:第一部分是关于问卷调查目的、调查方法、农地流转金融支持绩效指标赋权模型及层次分析法(AHP)基本原理的简要介绍。第二部分在同一个层次对中间层和最底层的各个绩效评价指标的重要性进行两两比较。衡量尺度划分为九个等级,分别是同等重要、稍微重要、比较重要、十分重要、绝对重要,分别对应 1,3,5,7,9 的数值以及介于上述相邻重要性判断的中间值 2,4,6,8。靠左边的衡量尺度表示左列因素比右列因素重要,靠右边的衡量尺度表示右列因素比左列因素重要(见表 6-11)。

表 6-11　层次分析法问卷测度表

重要性级别	解释	定义
1	A 指标和 B 指标同样重要	同等重要
3	A 指标比 B 指标稍微重要	稍微重要
5	A 指标比 B 指标比较重要	比较重要
7	A 指标比 B 指标十分重要	十分重要
9	A 指标比 B 指标绝对重要	绝对重要
2,4,6,8	表示上述相邻重要性判断的中间值	
倒数	B 指标与 A 指标比较	同上

本次问卷的发放也采用面对面调查、E-mail 等方式。共发放问卷 20 份

问卷,收回19份,有效问卷15份,回收率为90%,有效率为75%。

二、农地流转金融支持绩效评价指标权重的确立

(一)构造AHP结构模型

按照AHP工作原理构造农地流转金融支持绩效评价指标的网络结构模型如图6-3所示:

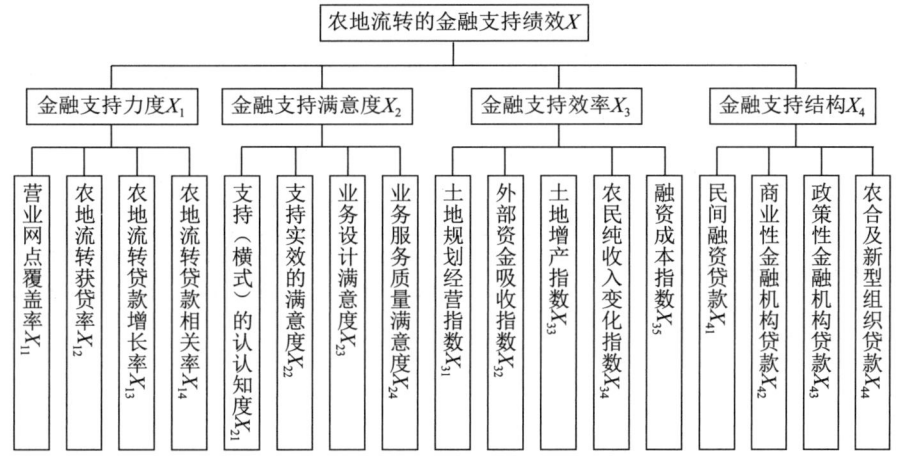

图6-3 农地流转金融支持绩效评价指标层次结构模型

在农地流转金融支持绩效评价指标层次结构模型中,目标层只有一个总目标,即农地流转金融支持绩效评价,在此之下金融支持力度 X_1、金融支持满意度 X_2、金融支持效率 X_3、金融支持结构合理度 X_4 四个评价准则层,即以农地流转金融支持绩效评价为总目标,围绕金融支持力度、金融支持满意度、金融支持效率、金融支持结构合理度四个方面通过营业网点覆盖率、农地流转获贷比例、农地流转贷款增长率、农地流转贷款相关率、支持实效的满意度、业务设计满意度、业务服务质量满意度、支持制度(模式)的认知度、土地规模经营指数、外部资金吸收指数、农民纯收入变化指数、土地增产指数、融资成本指数、农村合作及新型金融组织贷款、商业性金融机构贷款、农村政策性金融机构贷款、民间融资等17个指标作为最低层。本模型没有方案层,这里只进行指标的赋权不进行方案的选择决策。层次

分析法赋权的计算工作是非常复杂的计算过程，实际应用中一般都采用计算软件来帮助计算，本书借助于 Yaahp 软件，通过给出矩阵式、问卷式等方式确定判断值输入数据，最终给出赋权结果来完成权重的计算。

（二）建立两两比较判断矩阵

所有的两两判断矩阵是笔者通过对西北农林科技大学、江西农业大学、福建省农业厅经管处、福州大学、福建师范大学、福建农林大学、福建江夏学院等高校或研究机构在该领域的专家的文件调查获得的数据，进行分析计算构造两两比较判断矩阵。将已获得的专家判断矩阵运用 Yaaph 软件进行一致性检验，检验不通过的使用不一致判断矩阵自动修正功能，标记需要修正的判断矩阵，自动修正。由于两两判断矩阵较多，在此不一一列举，仅分别对一级指标和二级指标列举几个，如表 6-12 至 6-16 所示：

表 6-12　农地流转金融支持绩效各指标的相对重要性矩阵

农地流转金融支持绩效 X	金融支持力度 X_1	金融支持满意度 X_2	金融支持效率 X_3	金融支持结构合理度 X_4
金融支持力度 X_1	1.0000	3.0000	0.2000	7.0000
金融支持满意度 X_2	0.3333	1.0000	0.1429	3.0000
金融支持效率 X_3	5.0000	7.0000	1.0000	9.0000
金融支持结构合度度 X_4	0.1429	0.3333	0.1111	1.0000

表 6-13　金融支持力度各指标的相对重要性矩阵

金融支持力度 X_1	农地流转贷款增长率 X_{13}	营业网点覆盖率 X_{11}	农地流转贷款相关率 X_{14}	农地流转获贷比例 X_{12}
农地流转贷款增长率 X_{13}	1.0000	3.0000	7.0000	6.0000
营业网点覆盖率 X_{11}	0.3333	1.0000	5.0000	3.0000
农地流转贷款相关率 X_{14}	0.1429	0.2000	1.0000	0.3333
农地流转获贷比例 X_{12}	0.1667	0.3333	3.0000	1.0000

表 6-14 金融支持满意度各指标的相对重要性矩阵

金融支持满意度 X_2	业务设计满意度 X_{23}	支持实效的满意度 X_{22}	支持(模式)的认知度 X_{21}	业务服务质量满意 X_{24}
业务设计满意度 X_{23}	1.0000	0.1111	0.2000	0.2500
支持实效的满意度 X_{22}	9.0000	1.0000	4.0000	5.0000
支持制度(模式)的认知度 X_{21}	5.0000	0.2500	1.0000	3.0000
业务服务质量满意度 X_{24}	4.0000	0.2000	0.3333	1.0000

表 6-15 金融支持效率各指标的相对重要性矩阵

金融支持效率 X_3	农民纯收入变化指数 X_{34}	融资成本指数 X_{35}	土地增产指数 X_{33}	外部资金吸收指数 X_{32}	土地规模经营指数 X_{31}
农民纯收入变化指数 X_{34}	1.0000	0.2000	0.3333	0.1667	0.1250
融资成本指数 X_{35}	5.0000	1.0000	3.0000	0.3333	0.1667
土地增产指数 X_{33}	3.0000	0.3333	1.0000	0.3333	0.1667
外部资金吸收指数 X_{32}	6.0000	3.0000	3.0000	1.0000	0.3333
土地规模经营指数 X_{31}	8.0000	6.0000	6.0000	3.0000	1.0000

表 6-16 金融支持结构合理度各指标的相对重要性矩阵

金融支持结构合理度 X_4	民间融资款 X_{44}	农村合作及新型金融组织贷款 X_{41}	农村政策性金融机构贷款 X_{43}	商业性金融机构贷款 X_{42}
农村合作及新型金融组织贷款 X_{41}	1.0000	0.3333	5.0000	3.0000
商业性金融机构贷款 X_{42}	3.0000	1.0000	8.0000	5.0000
农村政策性金融机构贷款 X_{43}	0.2000	0.1250	1.0000	0.3333
民间融资款 X_{44}	0.3333	0.2000	3.0000	1.0000

(三)农地流转金融支持绩效指标权重结果

由于各位专家的判断思维不一致,且判断因素较多,在群决策之前必须对每个专家的矩阵进行一致性检验,CR<0.1 才能保证判断在误差可接受的范围内,对所有专家的矩阵得出结果。

将所有的判断矩阵分别输入到 Yaahp 软件,通过一致性检验后将所有判断矩阵用加权几何平均法进行群决策计算权重获得综合判断矩阵如表 6-17 至 6-21 所示。

表 6-17　集结后的判断矩阵——农地流转金融支持绩效 X

农地流转金融支持绩效 X	金融支持力度 X_1	金融支持满意度 X_2	金融支持效率 X_3	金融支持结构合理度 X_4	Wi
金融支持力度 X_1	1.0000	1.1376	0.6376	1.8117	0.2522
金融支持满意度 X_2	0.8791	1.0000	0.4901	0.9054	0.1862
金融支持效率 X_3	1.5683	2.0403	1.0000	2.4977	0.3961
金融支持结构合理度 X_4	0.5520	1.1044	0.4004	1.0000	0.1656
一致性比例:0.0104；对总目标的权重:1.0000					

表 6-18　集结后的判断矩阵——金融支持力度 X_1

金融支持力度 X_1	农地流转贷款增长率 X_{13}	营业网点覆盖率 X_{11}	农地流转贷款相关率 X_{14}	农地流转获贷比例 X_{12}	Wi
农地流转贷款增长率 X_{13}	1.0000	1.0636	1.3324	1.2554	0.2853
营业网点覆盖率 X_{11}	0.9402	1.0000	1.5462	1.3174	0.2906
农地流转贷款相关率 X_{14}	0.7505	0.6467	1.0000	0.9650	0.2043
农地流转获贷比例 X_{12}	0.7966	0.7591	1.0363	1.0000	0.2198
一致性比例:0.0017；对总目标的权重:0.2522					

表 6-19　集结后的判断矩阵——金融支持满意度 X_2

金融支持满意度 X_2	业务设计满意度 X_{23}	支持实效的满意度 X_{22}	支持(模式)的认知度 X_{21}	业务服务质量满意度 X_{24}	Wi
业务设计满意度 X_{23}	1.0000	0.8417	0.8670	0.8089	0.2175
支持实效的满意度 X_{22}	1.1880	1.0000	0.9330	0.9319	0.2502
支持制度(模式)的认知度 X_{21}	1.1534	1.0718	1.0000	1.7321	0.3002
业务服务质量满意度 X_{24}	1.2362	1.0731	0.5774	1.0000	0.2321
判断矩阵一致性比例:0.0164；对总目标的权重:0.1862					

表 6-20　集结后的判断矩阵——金融支持效率 X_3

金融支持效率 X_3	农民纯收入变化指数 X_{34}	融资成本指数 X_{35}	土地增产指数 X_{33}	外部资金吸收指数 X_{32}	土地规模经营指数 X_{31}	Wi
农民纯收入变化指数 X_{34}	1.0000	0.7822	0.9494	0.8805	0.7313	0.1683
融资成本指数 X_{35}	1.2785	1.0000	1.9037	1.0371	0.9642	0.2330
土地增产指数 X_{33}	1.0532	0.5253	1.0000	0.5387	0.5249	0.1346
外部资金吸收指数 X_{32}	1.1358	0.9642	1.8564	1.0000	0.7746	0.2136
土地规模经营指数 X_{31}	1.3675	1.0372	1.9052	1.2910	1.0000	0.2504

一致性比例:0.0067；对总目标的权重:0.3961

表 6-21　集结后的判断矩阵——金融结构 X_4

金融支持结构合理度 X_4	农村合作及新型金融组织贷款 X_{44}	民间融资 X_{41}	农村政策性金融机构贷款 X_{43}	商业性金融机构贷款 X_{42}	Wi
农村合作及新型金融组织贷款 X_{44}	1.0000	1.4758	2.0034	1.1335	0.3240
民间融资 X_{41}	0.6776	1.0000	1.5639	0.7606	0.2269
农村政策性金融机构贷款 X_{43}	0.4991	0.6394	1.0000	0.4726	0.1493
商业性金融机构贷款 X_{42}	0.8823	1.3147	2.1161	1.0000	0.2998

一致性比例:0.0024；对总目标的权重:0.1656

将所有的判断矩阵分别输入到 Yaahp 软件,通过一致性检验后将所有判断矩阵用加权几何平均法进行群决策计算。通过计算,根据以上集结矩阵得出的权重比例,经整理得出农地流转金融支持绩效评价指标权重结果如表 6-22 所示。

表 6-22 农地流转金融支持绩效评价指标权重

评价目标	一级指标	权重	二级指标	权重	位序
农地流转金融支持绩效评价指标	金融支持力度 X_1	0.2522	营业网点覆盖率 X_{11}	0.0733	4
			农地流转获贷比例 X_{12}	0.0554	8
			农地流转贷款增长率 X_{13}	0.0720	5
			农地流转贷款相关率 X_{14}	0.0515	10
	金融支持满意度 X_2	0.1862	支持制度(模式)的认知度 X_{21}	0.0559	7
			支持实效的满意度 X_{22}	0.0466	13
			业务设计满意度 X_{23}	0.0405	15
			业务服务质量满意 X_{24}	0.0432	14
	金融支持效率 X_3	0.3961	土地规模经营指数 X_{31}	0.0992	1
			外部资金吸收指数 X_{32}	0.0846	3
			土地增产指数 X_{33}	0.0533	9
			农民纯收入变化指数 X_{34}	0.0667	6
			融资成本指数 X_{35}	0.0923	2
	金融支持结构合理度 X_4	0.1656	农村合作及新型金融组织贷款 X_{41}	0.0376	16
			商业性金融机构贷款 X_{42}	0.0496	12
			农村政策性金融机构贷款 X_{43}	0.0277	17
			民间融资 X_{44}	0.0507	11

从农地流转金融支持绩效评价指标权重的组合赋权结果可以看出,构成农地流转经济绩效的四个一级指标,即金融支持力度、金融支持满意度、金融支持效率、金融支持结构合理度的权重分别是 0.2522、0.1862、0.3961、0.1656。二级指标的权重可以看出更具体的情况,农地流转金融支持绩效指标中排名前六位的依次是土地规模经营指数 X_{31}、融资成本指数 X_{35}、外部资金吸收指数 X_{32}、营业网点覆盖率 X_{11}、农地流转贷款增长率 X_{13}、农民纯收入变化指数 X_{34},这在一定程度上说明在评价农地流转的金融绩效时,工作人员和专家们更加注重的是农地流转金融支持的政策、制度模式、金融服务是否能有效地促进农地流转;是否减轻农户或农业经营主体的融资负担、增加农民的收入;而农地流转贷款增长率和外部资金吸收指数则是衡量是否增加了农地流转和农业经营的资金存量。营业网点

覆盖率的指标权重比较高也反映了金融支持服务的可得性和便利性的重要性。此外,权重排名第 7 至 17 名的分别是:支持制度(模式)的认知度 X_{21}、农地流转获贷比例 X_{12}、土地增产指数 X_{33}、农地流转贷款相关率 X_{14}、农村合作及新型金融组织贷款 X_{44}、商业性金融机构贷款 X_{42}、支持实效的满意度 X_{22}、业务服务质量满意度 X_{24}、业务设计满意度 X_{23}、民间融资 X_{44}、农村政策性金融机构贷款 X_{43}。

第五节 本章小结

本章依据相关性、可操作性、代表性等原则,在对相关文献进行梳理和借鉴的基础上,从金融支持力度、金融支持满意度、金融支持效率、金融支持结构合理度四个方面设计了农地流转金融支持绩效评价指标并进行分层,通过专家调查法对指标进行筛选,在专家意见基本一致的前提下,运用层次分析法,采用加权算术平均进行群决策分析处理,计算出各指标的具体权重。构成农地流转绩效的四个一级指标金融支持力度、金融支持满意度、金融支持效率、金融支持结构合理度的权重分别是 0.2522、0.1862、0.3961 和 0.1656。二级指标中排名前六位的依次是土地规模经营指数 X_{31}、融资成本指数 X_{35}、外部资金吸收指数 X_{32}、营业网点覆盖率 X_{11}、农地流转贷款增长率 X_{13}、农民纯收入变化指数 X_{34}。

◆ 第七章 ◆

农地流转金融支持绩效评价实证研究——以福建省为例

设计农地流转金融支持绩效指标并运用层次分析法对各指标进行赋权只是完成了农地流转金融支持绩效评价的前半部分工作,更为重要的是应用这套指标体系对农地流转金融支持效果进行评估。本章将以福建省为例,通过对福建省进行实地调研获得第一手数据,对福建省的农地流转金融支持绩效做整体评价,并对福建近年来的农地金融支持制度创新试点单位的经营模式和实际效果进行绩效评价和比较分析。

第一节 调研方案设计

农村实地调研的难度非常大,此次调研得到了福建省农业厅经管处、部分地市委农办、农业局经管站的帮助才得以顺利进行,在受访单位、乡镇、农户的积极配合下,项目组完成了调查任务。

一、调研步骤

2011年12月份进行预调查,先后走访了省农业厅经管处、福州市委农办,调查了解我省及九地市农地流转金融支持整体情况;并在福州市周边地区(闽侯、福清)进行问卷和深度访谈。正式调查分两个时段进行:第一次于2012年7月到8月暑假期间进行,主要对本研究所涉及的核心问题进行全面调研,包括农地流转的现状、农户的资金需求情况、农户的融资意愿、农地金融支持政策、支持成效、政府政策等;各地农地流转金融支持试点情况,各金融支持模式的实践效果等。第二次于 2013 年 5 月份进行,对第一次调研的数据进行调整和修正。第三次于 2017 年 8 月份再次调研,对数据进行补充和更新。调研组先后前往闽西北(三明、沙县、龙岩等地区)、闽中南(莆田、泉州、漳州)地区,走访各地农业局、统计局、市委农办、涉农金融管理部门和农地流转比较多的乡镇并展开调研,获得了农地流转、涉农金融服务、农地融资方面的数据,其中部分数据是无法通过统计年鉴获得的、真实的第一手材料。

二、调研对象和方式

根据研究的需要,调研分三种方式进行:

(1)走访或干部座谈的方式。一是走访福建省农业厅经管处、部分地市委农办、农业局经管站。通过访谈向农业厅经管处了解我省农地流转及其金融支持情况、金融支持政策和相关数据。二是通过座谈会的方式向乡(镇)主管干部了解该地区农地流转及其金融支持的总体情况,并获得乡(镇)总体数据,了解、摸查典型案例。

(2)问卷调查。对全省的农地流转金融支持情况、绩效评价、影响因素部分以问卷调查的方式对农户进行调查,为保证问卷调查质量,对问卷调查人员和调查对象都进行了严格的控制。问卷调查人员由福建农林大学经济与管理学院部分研究生和参加暑期社会实践课程的本科生组成。(由问卷设计者事先对他们进行培训和详细的沟通,要求调查人员必须一对一进行现场指导填表并作记录,所填问卷及时回收,仔细审查,对不合格的问卷予以剔除)。调查对象为各地区参加农地流转或农地融资的农户、农业企业。在问卷回收好后,使用 Excel 2003 和 SPSS 13.0 进行数据录入和分析。

(3)以深度访谈的方式进行案例调研。在前期走访和座谈了解各地农流转金融创新典型案例的基础上,选取全国农村金融改革试验区福建省沙县作为重点调查区域,在沙县针对几个较有代表性的农地流转金融支持案例进行深度访谈。

三、样本分布及样本选择理由

1.分层调查

选择福建漳州、龙岩、三明、莆田、宁德市县等农地流转比较多的有关县、乡镇、村，以分层问卷方式对农户进行调查，了解当地农地流转金融支持情况，搜集第一手资料数据进行农地流转金融支持绩效评价和影响因素分析。

表 7-1 分层问卷点分布表

地区	问卷数量（单位：份）			具体地区
	发出	收回	有效	
莆田市	50	49	47	仙游(20)、莆田(30)长泰(10)
漳州市	70	63	51	南靖(10)、平和(10)、漳浦(10)、龙海(10)、诏安(20)
龙岩市	80	70	56	长汀(20)、连城(15)、漳平(10)、武平(10)、永定(20)、龙岩(15)
三明市	80	71	60	沙县(20)、尤溪(10)、建宁(10)、明溪(10)、清流(15)、永安(15)
宁德市	60	54	45	福鼎(10)、柘荣(10)、屏南(10)、福安(10)、霞浦(10)、古田(10)
南平市	60	51	43	浦城(20)、邵武(10)、建阳(10)、建瓯(10)、政和(10)
合计	400	358	302	

2.重点调查与深度访谈

项目组对全国农村金融改革试验区福建省沙县进行了重点调查，走访了沙县夏茂镇月邦村、凤岗镇西霞村、高桥镇新坡、高砂镇洋溪、南霞乡下洋村、虬江街道柱源村等地收集数据并发放关于农地信托、农地股份合作、农地承包经营权抵押贷款模式绩效评价问卷，并就沙县的农地信托、农地股份合作、农地承包经营权抵押贷款模式的典型案例进行了深度访谈。选择沙县为例进行农地流转金融支持绩效模式实证比较分析的理由如下：

(1)沙县农地流转的快速推进为农地流转金融支持创新提供了机遇。

沙县是"中国小吃之乡",每年外出经营小吃业和外出务工的劳动力6.01万人,占全县农村劳动力的66.4%。随着沙县小吃产业的发展壮大,土地闲置现象日益突出,造成了一定程度的抛荒现象。县政府因势利导,从2006年开始推进农村土地承包经营权流转。至2012年底,沙县流转耕地已从2006年的1.63万亩提高到12.88万亩,流转比例达64.85%,比全国高出3.02倍。全县共引进并实施开发利用抛荒耕地的农业项目35项,开发利用抛荒耕地6 904亩,复耕率达85%。[①] 至2016年底,沙县农地流转总面积高达13.47万亩,占家庭承包经营总面积的比例达75.34%,是2006年的1.63万亩土地面积的8.26倍。土地要素的集中带来资金要素的聚集,规模化、集约化、标准化、专业化的农业生产需要大量的资金投入,这为农村金融发展拓宽了市场空间,也为新形势下的农村金融服务创新和产品创新提供了机遇。

(2)沙县农地流转金融支持取得的成效具有一定的借鉴意义。随着土地流转的加速,沙县政府部门和金融机构都看到了土地流转中的信贷需求和金融机遇,并试点推出土地权利抵押、质押贷款、土地流转信托等金融创新产品,发展土地流转贷款。随着金融改革的开展沙县的金融体系逐步完善,金融总量不断充足,金融服务更加便捷,金融环境趋于良好。2006—2011年,沙县信用联社共支持土地流转贷款645户,流转土地3 762亩,累计发放土地流转贷款9 100多万元[②],存贷款业务盈利水平比前三年翻一番,且没有出现过一笔不良贷款。这也调动了银行机构信贷支农积极性,加大了支农信贷投放总量,农户的金融信贷的有效需求得到了进一步满足。截至2012年11月,这个只有25万人口的县城,借贷总量达到150多亿元。2016年印发《沙县农村承包土地的经营权抵押贷款试点实施方案的通知》以来实现农村产权抵押贷款72笔,金额4 018万元,其中以农业设施设备抵押获得贷款26笔,金额874万元,以农村土地经营权抵押获得贷款14笔,金额124万元。这份改革"成绩单"诱发了农户、农业企业、金融机构等众多经济主体积极性,也以其能复制、易推广的特点为我国的土地

---

① 胡蓉萍.沙县:"留守土地"的金融试验[N].经济观察报,2012-05-28:A2.
② 赵海.沙县农村金融改革试验的做法、成效与启示[M].农村金融研究,2013(1):15-18.

流转和农村金融制度改革提供了一定的参考意义。

(3)沙县是国家级金融改革试验区,为本研究提供了丰富的研究样本。2011年12月,沙县正式被农业部、央行、银监会、保监会等四部委确定为国家农村金融制度改革试验区,成为全国6个承担农村金融改革试验任务的农村改革试验区之一。沙县开展的农村金融改革试验,着眼于破除农村金融发展面临的体制机制性障碍,着力创新农村金融产品和服务,完善农村金融组织体系。2015年沙县成立农村产权交易中心,利用被列为全国农村土地承包经营权抵押贷款试点县的契机,创新产权登记办法,由产权交易中心为土地经营权、林地经营权和农业设施设备办理农村产权鉴证书,使之具有权属证明,具备抵押担保的功能。一系列的创新举措,打通了农村产权进入金融的通道。至2017年,沙县完成农村产权交易4.7亿元,累计发放农村产权抵押贷款8.83亿元,贷款余额5.77亿元,在金融改革实践中先后探索了多种农地流转金融支持模式,是福建省唯一同时兼具农地流转抵押贷款、农地信托、农地股份专业合作制、乡村级融资担保基金、农业订单贷款等农地流转金融支持模式的县,可以为本研究提供了充足、有用的样本、素材和数据。

四、受调查对象基本信息

表7-2列出了被调查者的个人特征、家庭特征及家庭借贷情况。从性别分布看,受访对象中女性占40.39%,男性占59.6%;从受教育程度看,受访对象中具有高中及以下文化程度的占大多数,占总消费者的近91.7%,而大学以上文化程度的占比仅6.29%左右,这说明当前留在农村中经营农业的人口受教育程度仍然偏低,也反映了当前农村高素质劳动力外流现象严重。从家庭人均收入来看,43.75%的农户家庭人均收入在1 500元以下,可见多数农村人口的收入水平依然偏低,家庭人均收入在5 000元以上的农户占总数的11.55%,反映了高收入群体的存在,说明农民人均收入差距逐渐拉开。从家庭人口数来看,80%以上的消费者家庭中共同生活在一起的成员数量在3~6人之间。受调查家庭85.7%有存款,而只有25.1%有借款,这说明农村的资金存在外流现象,而有借款的这76个家庭中半数

以上都是私人之间的资金短期借贷,获得农村信用社贷款的家庭比例只有23.68%,取得商业银行贷款的比例就更低了,仅占13.13%。

表 7-2　被调查者的基本特征

调查内容	选择项	人数	比例(%)
性别	男	182	59.6
	女	120	40.39
受教育程度	小学及以下	111	36.75
	初中	91	30.13
	高中	75	24.83
	大专/本科	19	6.29
	硕士及以上	6	1.98
家庭人均月平均收入	1500元以下	121	43.75
	2000~2500元	63	23.00
	2500~5000元	62	22.56
	5000元以上	30	10.69
家庭人口数	2人及以下	37	13.58
	3~4人	211	76.45
	5人及以上	28	10.07
您的职业	务农	154	50.99
	务农兼打工副业	90	29.8
	固定工资收入者	36	11.92
	其他	22	7.28
家庭成员担任干部情况	是	12	4
	否	242	80.67
	曾经担任过	46	15.33
家庭是否储蓄	是	259	85.76
	否	43	14.24
家庭是否借款	是	76	25.16
	否	226	74.83

续表

调查内容	选择项	人数	比例(%)
家庭借款形式	商业银行贷款	10	13.15
	农村信用社贷款	18	23.68
	私人借款	41	53.94
	其他	7	9.21

第二节　福建省农地流转及其金融支持基本情况

一、福建省农地流转基本情况

随着农村劳动力转移的加快,农地流转也得到长足发展。一些地方农地流转比例高达80%,也有些地方因各种条件限制土地流转不起来,弃耕、抛荒现象严重。截至2012年初,福建省签订了309 303份农地流转合同,共流转耕地295.5万亩,规模经营比例从1997年占农户承包耕地面积的2.1%提高到占家庭承包经营耕地面积的19.3%,较2011年同比增长了12.1%。从各地情况看,龙岩市农地流转比例达35.7%,三明市为22.7%,沙县高达66.8%。目前已有300多个乡镇建立了农地流转服务中心,占总数的32.3%;①2016年,全省共流转耕地419.8万亩,占家庭承包经营耕地面积的27.8%,其中流入农民合作社的面积为61万亩,流入农业龙头企业的面积为33.2万亩,流入家庭农场的面积为84.2万亩。② 福建省的农地流转呈现出以下特点:

(一)农地流转面积继续增加,逐步向规模化发展

根据福建省的调查数据,农地流转租金根据土地的具体情况在每亩300～600元/年之间,条件特别好的土地租金可过千元,这样的收入普遍高于农户自己种植的纯收入,农地流转的收益逐步增加,流转效益显现,农

---

① 数据来源:根据《福建统计年鉴》2011年和福建省农业局统计调查所得资料整理。
② 数据来源:土地流转网.福建省家庭农场发展情况及扶持政策[EB/OL].http://www.tuliu.com/read-36241.html,2018-03-06.

民的农地流转意愿进一步加强。如图7-1所示,在耕地面积保持基本稳定的情况下,福建省市农村农地流转面积呈现稳定增长的趋势。2008—2016年福建省市农村农地流转面积分别为164.67万亩、216.43万亩、263.70万亩和295.53万亩,2014年流转面积为322.3万亩,2016年达到419.8万亩,分别占当年耕地总面积的10.8%、14%、17.1%、19.3%,到2016年流转面积占家庭承包经营耕地面积的27.8%,呈逐步递增的趋势。

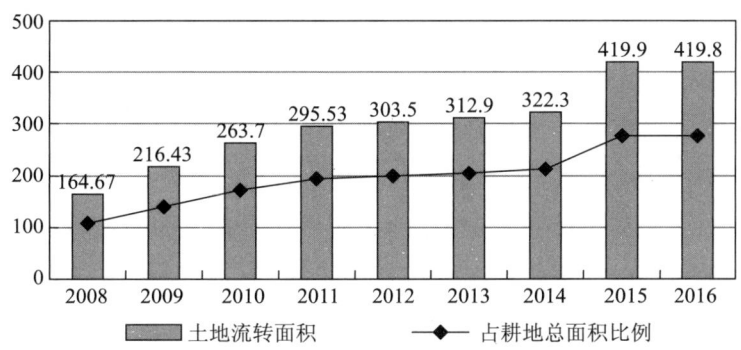

图 7-1　农地流转趋势图

资料来源:根据《福建统计年鉴》2016年和福建省农业局统计调查所得资料整理。①

同时,农地流转逐步向规模化发展。土地单宗的规模流转面积有较大程度增加,单宗50亩以上的规模流转面积达16.9万亩,占流转总面积的28%。其中,100亩以上的土地占流转总面积的16.2%,规模流转比例明显提高。农地流入方每亩的经济效益要比承包户高出8~20倍。农地流转后转移出的劳动力,有的在基地打工,有的外出务工经商,也获得了更多的非农收入。通过农地流转,零散细碎土地逐步集中,流转到种养能手、经营大户、农业企业、专业合作社进行规模化的经营,有效地提高土地利用率、产出率,促进了农业产业生产效率的提高。

（二）农地流转形式多样化,流转主体多元化

农地流转的主要形式有转包、出租、转让、互换、入股等,但以出租和转包为主。如图7-2所示,2011年全省通过出租的农地155.12万亩,占流转

---

① 其中2013年数据未查到,取2012与2014年的平均值。

总面积的 53％;通过转包的农地 92.63 万亩,占流转总面积的 31％;通过转让的农地 13.4 万亩,占流转总面积的 5％;互换的农地 12.72 万亩,占流转总面积的 4％;股份合作的农地 3.35 万亩,占流转总面积的 1％。① 根据《2017 年福建省农村土地流转新政策及管理办法(征收标准和流程)》的指导意见,除了鼓励承包农户依法采取传统的转包、出租、互换、转让、入股等方式,福建省还引导支持农户以土地折价入股组建土地股份合作社;引导农机、植保等社会化服务合作组织为农户提供代耕代种、统防统治、统配统施等"土地托管"服务;继续推广沙县土地信托流转模式,鼓励农民在自愿前提下采取互换并地方式解决承包地细碎化问题。② 通过多种形式的流转,形成了有竞争力的市场价格,农民从中受益。流转土地用途主要集中在烤烟、粮食、蔬菜、食用菌、花卉苗木、水产养殖等方面。流转后的土地开发经营的项目主要涉及优势产业和特色产品,带动了一批有竞争力的新兴产业形成。

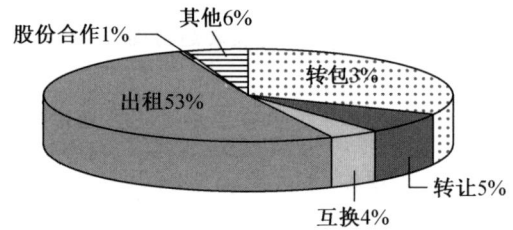

图 7-2　农地流转形式图

农地流转多元化也促进了农村经营体制创新。我省农地流转的范围由四荒地、林地、山地,扩展到农户家庭承包地;流转主体也由原来的农户、种植能手、专业大户,扩大到外来业主、科技创业人员、返乡农民、农副业企业、农业龙头企业、农民专业合作社等经营实体。农地流转带动了种养大户、工商企业、农业龙头企业不断创新经营体制机制。农地流转范围由原来在亲戚、朋友、承包户之间流转,扩展到外村、外乡、外县甚至外省,近年

---

① 资料来源:根据福建省农业局统计资料整理而得。
② 土地流转网:2017 年福建省农村土地流转新政策及管理办法[EB/OL].http://www.tuliu.com/read-49372.html,2018-02-21.

来,随着人们消费结构的升级,以及对优质、生态、安全农产品需求的提高和对自然、景观、环境、休闲度假的更高追求,农村的生态农业资源、生态环境优势更为凸显。经济新常态下,土地流转的范围已经大为拓展,跨区域突破了行政村界限;转入土地的经营者已经不局限于本村农户了,外来业主、个体工商户、龙头企业增多,城市居民也加入了这个行列。

(三)市场运作与政府推动相结合

农地流转早期主要是一些劳动力外出的农户或劳动力少的农户将其农地委托给劳动力充裕的农户或亲友耕作,收取一定数量的收益,是基于市场的需求而产生的农户之间自发、分散、短时间内的流转,后来逐步发展为大规模的市场化运作,农地流转价格主要由相关当事人在市场的作用下协商确定。2006年以后,为了提高土地使用效率,规范农地流转,各级政府出台了一系列优惠和规范政策,积极发动、大力引导和推动农地流转。从2014年开始福建省对土地经营权流转进行补贴,支持30个粮食生产县建设连片500亩以上粮食产能区,对区内流转100亩以上并进行水稻生产的土地,按每亩100元一次性补助;对复垦抛荒山垄田100亩的新型经营主体,一次性予以每亩100元奖励补贴。[①] 对农业产业化龙头企业、农业合作社、家庭农场的发展,都分别安排资金支持发展。各县也相应成立了以党政主要领导为组长的农地流转领导小组,建立了农地流转指导中心,119个乡镇成立了农地流转服务中心,1 284个村成立了农地流转服务站,分别占乡镇、村总数的91.2%、70.2%,为农地流转提供了有力保障。至2016年,福建省27个县级、904个涉农乡镇已建立土地流转服务中心;18个县已建成县、乡两级服务网络,促进了土地流转信息互通利用,基本形成县、乡、村三级土地流转体系。[②]

[①] 土流网:2017年福建省农村土地流转新政策及管理办法[EB/OL]. http://www.tuliu.com/read-49372.html,2018-02-21.

[②] 数据来源:土地流转网.福建省家庭农场发展情况及扶持政策[EB/OL]. http://www.tuliu.com/read-36241.html,2018-03-06.

二、福建省农地流转的财政和金融支持现状

(一)财政支持农地流转主要措施

财政支持农地流转属于政策性金融的范畴,财政性资金支出理应成为农地流转金融支持资金之一。按照现有的政策,农地流转中国家对种粮农户进行的补贴仍然由流转前农户领取,作为流入方的土地承包者难以获得国家补贴,经营成本和负担并没有减少。为进一步发展农村产业,促进适度规模经营,推进农地有序流转,近年来福建加大了财政支出力度。2010年福建省财政支出中用于农林方面的支出 16 亿元,占财政总支出 169.5 亿元的 9.4%。2015 年福建省财政支出中用于农林方面的支出增长为 44.18 亿元,占财政总支出 400.1 亿元的 10.4%,是 2010 年度的 2.76 倍。2016 年福建省财政支出中用于农林方面的支出增长为 41.05 亿元,占财政总支出 427.5 亿元的 9.6%,是 2010 年度的 2.57 倍。① 2011 年 6 月,福建省政府印发了《关于推进农业适度规模经营的若干意见》,在财政、税收、信贷、保险、规模经营用地等方面都给予政策扶持。2015 年 6 月,省政府办公厅下发了《关于加快发展农户家庭农场的若干意见》,由省级财政从 2015 至 2020 年,每年安排 1500 万元,重点对土地流向适度规模经营的家庭农场,且流转期限较长的流出农户,给予土地流转租金补贴。② 重点支持省级家庭农场示范场农业基础设施和栽培设施建设、仓储冷链设备购置、土地流转租金补贴、标准化管理、品牌创建等。引导和鼓励家庭农场经营者通过实物计租货币结算、租金动态调整、土地经营权入股保底分红等利益分配方式,稳定土地流转关系。沙县财政也拨出 200 万元专项资金,对农地流转之后从事种植业、养殖业、农副产品加工业的个人或企业(合作社)进行贷款贴息补助。

---

① 数据来源:2017 年福建经济统计年鉴。
② 数据来源:土地流转网.福建省家庭农场发展情况及扶持政策[EB/OL]. http://www.tuliu.com/read-36241.html,2018-03-06.

(二)金融机构支持农地流转情况

福建省目前支持农地流转的金融机构包括农业发展银行、农业银行、农村商业银行、邮政储蓄银行及村镇银行等正规金融机构和小额贷款公司、农村资金互助社、民间借贷等非正规金融机构。目前金融机构支持农地流转的措施主要是小额信贷,且基本沿袭流转前的信贷方式,最高额度为3万~5万,部分地区2006年开始通过农村信用社发放农地经营权抵押贷款。截至2012年6月,仅三明市明溪县累计发放农地经营权抵押贷款1 017万元,涉及农地流转抵押面积8 607亩,扶持171户农户和1家企业。① 我省银行业机构加大对现代农业和新型农业经营主体的金融支持,截至2017年2月末,支持设施农业企业、农民合作社、联户经营、专业大户、家庭农场等农户集约化经营贷款76 086户、1 648.23亿元。② 近年来福建省银行业机构不断加大对现代农业和新型农业经营主体的金融支持,截至2017年2月末,支持设施农业企业、农民合作社、联户经营、专业大户、家庭农场等农户集约化经营贷款76 086户、1 648.23亿元。③ 截至2017年2月末,福建银行业"三农"金融服务工作继续保持良好态势,福建银监局辖区涉农贷款余额11 396亿元,比年初增加281.46亿元,同比增长4.17%。银行业机构加大对现代农业和新型农业经营主体的金融支持,支持设施农业企业、农民合作社、联户经营、专业大户、家庭农场等农户集约化经营贷款76 086户、1 648.23亿元,比年初分别增加3 957户、887.2亿元。依托福建山海地的丰裕资源,银行业机构加大创新力度。林(茶、果)权抵押贷款余额合计45.45亿元;海域使用权和船舶抵押贷款余额分别达57.13亿元和71.73亿元;农村承包土地经营权和农民住房财产权抵押贷款余额合计20.34亿元。④ 金融机构的资金支持力度和规模可谓不小,不

---

① 明溪县农业局.省农业厅到我县调研农村土地经营权抵押贷款工作[EB/OL]. http://www.fjmx.gov.cn/news/viewcontent.asp?idno=21915,2016-09-21.
② 人民网:福建省涉农贷款持续增加[EB/OL]. http://fj.people.com.cn/n2/2017/0503/c181466-30123455.html,2018-02-12.
③ 人民网:福建省涉农贷款持续增加[EB/OL]. http://fj.people.com.cn/n2/2017/0503/c181466-30123455.html,2018-02-12.
④ 福建省人民政府网站.我省涉农贷款持续增加[EB/OL] http://www.fujian.gov.cn/xw/fjyw/201705/t20170503_1521396.htm,2018-02-12.

过大部分贷款项目是用于农业企业经营的养殖业、经济作物种植等,真正直接用于支持农地流转的贷款比例很小,不超过涉农贷款总额的5%。

(三)农地流转金融需求满足情况

农地流转的数量和规模不断扩大,催生了对一系列农村金融制度和服务的需求。根据此次调查,我们发现当前农户对农村金融的需求还是很迫切的,如图7-3所示,高达53.2%的农户迫切需要获得金融支持,32%的农户需要金融支持,仅有4.1%的农户认为不需要金融支持。

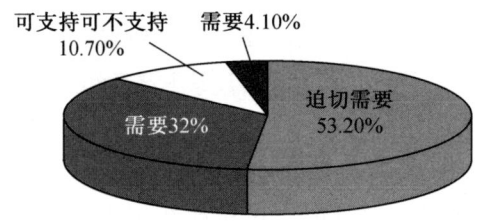

图7-3 农地流转金融支持需求情况

问卷调查发现,仍有52.7%的农户认为政府金融支持力度和方式不能满足其农地流转和农业生产的需求,认为银行的农地金融产品单一和金融服务不能满足农户需求的比例高达71.9%。大部分农户认为目前金融机构提供的农地金融服务品种少、贷款额度低、期限短、审批手续烦琐、贷款条件及利息较高,不能满足农户的资金需求,希望政府加大支持力度,提供更多的金融类公共服务。比如在众多的金融服务产品中农户最经常使用的是第三方担保贷款,但比例不高,占受调查样本总数的16.7%,仅有8.2%的农户使用过农地抵押贷款和农地承包经营权抵押,仅有6.7%的农户参与过农地入股的金融支持模式,而农地承包经营权质押、农地债券等金融产品从来没用过甚至没听说过。同时他们也认为银行的门槛比较高,贷款难获得,虽然受调查的农户中有一半以上有意向申请农地抵押贷款,但是高达68.8%的人认为农地抵押贷款的申请手续麻烦甚至可能申请不到。

第三节　福建省农地流转金融支持绩效评价实证研究
——基于模糊层次分析法

一、评价方法的确定

模糊层次综合评价法(Fuzzy-AHP)是一种将模糊综合评价法(Fuzzy Comprehensive Evaluation,FCE)和层次分析法(Analytic Hierarchy Process,AHP)相结合的评价方法,模糊层次综合评价法将定性与定量相结合,先用层析分析法确定因素集,然后用模糊综合评价法确定评判效果。模糊法在层次法之上,两者相互融合,能够很好地反映评价对象的特征。

为了对性状模糊问题做定量描述,1965年美国学者查德(L A Zadeh)教授提出了模糊集合理论,用于表达事物的不确定性。① 该法根据模糊数学的隶属度理论把定性评价转化为定量评价,依据各评价因素的特征,确定评价值与评价因素之间的隶属关系。它具有系统性强、结果清晰的特点,能较好地解决难以量化、模糊的问题,适合各种非确定性问题的解决。在体系评价、效能评估,系统优化等方面有着广泛的应用。

层次分析法(AHP)将定性分析和定量分析有效结合,不仅能保证模型的系统性和合理性,还能让决策人员充分应用其有价值的经验和判断能力,从而为许多规则决策问题提供强有力的决策支持,层次分析法与模糊综合评价法的结合,主要体现在将评价指标体系分成递阶层次结构,运用层次分析法确定各指标的权重,然后分层次进行模糊综合评判,最后综合得出评价结果。②

农地流转金融支持绩效评价指标体系是一个包含多层次、多因素的综合体系,目前关于农地流转金融支持绩效评价研究较少,研究中涉及大量的复杂现象和多种因素的相互作用,指标体系中有些指标的概念模糊,很难直接定量。因此,研究选择模糊综合评价方法对农地流转金融支持进行评价,把各个指标的绩效用李克特五级量表法进行定量化处理。为了提高

---

① 胡永宏,贺恩辉.综合评价方法[M].北京:科学出版社,2000:167-188.
② 杜栋,庞庆华.现代综合评价法与案例精选[M].北京:清华大学出版社,2012:150.

模糊综合评判结果的准确性,本书第六章部分采用层次分析法来确定各指标的权重系数使其更有合理性。此外,模糊综合评价中常用的取大取小算法,信息丢失很多,而且当评价的对象结果处于同一等级时很难比较优劣,常常出现模型失效的情况。[①] 所以,本书针对模糊综合评价提出了改进模型,在模糊综合评价结果分析时,采用加权平均使得评价结果更加科学、全面、客观。

二、农地流转金融绩效评价综合评价模型的建立——Fuzzy-AHP 模型

(一)建立二级三层的综合评估模型

本书第六章根据评估指标的设计原则,借鉴国内外学者关于农地流转和金融绩效评价的研究,运用层次分析法建立了农地流转金融支持绩效评价指标体系,该指标体系是一个二级三层次结构的指标体,目标层是对农地流转金融支持绩效进行综合评价,主准则层包括农地流转金融支持力度、农地流转金融支持满意度、农地流转金融支持效率、农地流转金融支持结构合理度四个方面,次准则层是将主准则层内容细化成 17 个具体的估计指标。这些评估指标大多带有模糊性,根据 Fuzzy 理论,把次准则层对主准则层的评判看成第一级评判,把主准则层对目标层的评判看成第二级评判,从而构成一个二级三层的模糊综合评估模型如图 7-4 所示。

(二)模糊评价步骤:

1.确定评价对象的因素论域

P 个评价指标,$u=\{u_1,u_2,\cdots,u_p\}$。

2.确定评语等级论域

$v=\{v_1,v_2,\cdots,v_p\}$,即等级集合。每一个等级对应一个模糊子集。

3.建立单因素评判矩阵 R

单因素评判,是对因素集中每一因素根据评判集中的评价等级做出的

---

① 李安贵,张志宏,孟艳等.模糊数学及其应用[M].武汉:冶金工业出版社,2003:144-146.

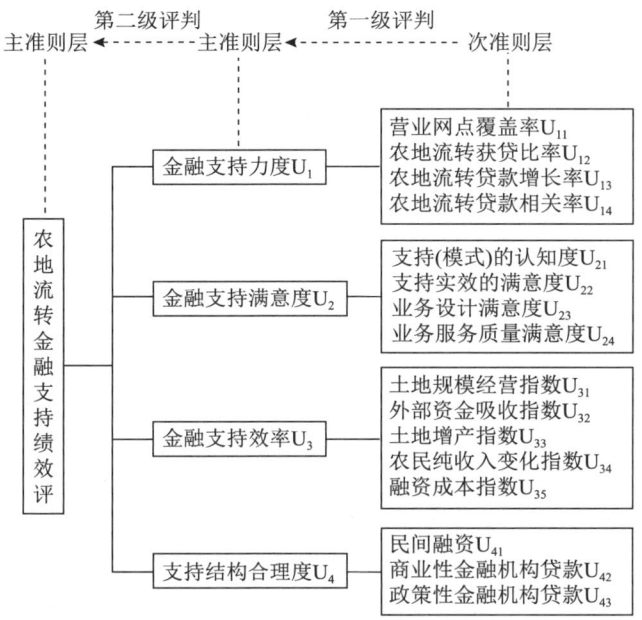

图 7-4　农地流转金融绩效综合评估模型

一个模糊判断,即该因素在评判集中对各个评价等级的隶属度有多大。确定被评事物对等级模糊子集的隶属度$(R|u_i)$逐个对被评事物从每个因素$u_i(i=1,2,\cdots,p)$进行量化,可得到一个单因素模糊评判矩阵:

$$R = \begin{bmatrix} R & | & u_1 \\ R & | & u_2 \\ \cdots & & \\ R & | & u_p \end{bmatrix} = \begin{bmatrix} r_{11} & r_{12} & \cdots & r_{1m} \\ r_{21} & r_{22} & \cdots & r_{2m} \\ \cdots & \cdots & \cdots & \cdots \\ r_{p1} & r_{p2} & \cdots & r_{pm} \end{bmatrix}_{pm}$$

矩阵R中第i行第j列元素r_{ij},表示某个被评事物从因素u_1来看对v_j等级模糊子集的隶属度。一个被评事物在某个因素u_i方面的表现,是通过模糊向量$(R|u_i)=(r_{i1},r_{i2},\cdots,r_{im})$来刻画的。

4.确定评价因素的权向量

在模糊综合评价中,确定评价因素的权向量:$A=(a_1,a_2,\cdots,a_p)$。权向量A中的元素a_i本质上是因素u_i对模糊子"对被评事物重要的因素"的隶属度。由于U中各因素对综合评判结果的影响程度不同,因此,需要对每个因素赋予不同的权重,此处的权重延用本书第六章中通过层次分析法已经得出的各个指标权重系数,并且在合成之前归一化。

即 $\sum_{i=1}^{p} a_i = 1, a_i \geq 1, i = 1, 2, \cdots, n$

5.合成模糊综合评价结果向量

利用合适的算子将 **A** 与各被评事物的 **R** 进行合成,得到各被评事物的模糊综合评价结果向量 **B**。即:

$$A \times R = (a_1, a_2, \cdots, a_p) \begin{bmatrix} r_{11} & r_{12} & \cdots & r_{1m} \\ r_{21} & r_{22} & \cdots & r_{2m} \\ \cdots & \cdots & \cdots & \cdots \\ r_{p1} & r_{p2} & \cdots & r_{pm} \end{bmatrix} = (b_1, b_2, \cdots, b_m) = B$$

其中 b_1 是由 **A** 与 **R** 的第 j 列运算得到的,它表示被评事物从整体上看对 v_j 等级模糊子集的隶属程度。

6.对模糊综合评价结果向量进行分析

常用的结果分析方法是最大隶属度原则,但损失信息很多,结果不够精确,有些勉强,本研究使用加权平均求隶属等级的方法,对于多个被评事物可以依据其等级位置进行排序。

(三)层次分析法确定权重

本研究使用层次分析法来确定评价指标间的相对重要性次序,从而确定权系数。关于层次分析法原理及其赋权的过程详见本书第六章第四节中农地流转金融支持绩效评价指标赋权部分,主要有以下三个步骤:

1.确定目标和评价因素

2.构造判断矩阵并计算权重

3.一致性检验

三、福建省农地流转金融支持绩效综合评价过程

(一)评价指标及其抽样数据

本节数据来源如本章第一节调研设计所述,选择福建漳州、龙岩、三明、莆田、宁德的地区农地流转比较多的有关县、乡镇、村,以分层问卷方式对农户进行调查。评价指标体系是依据前一章所制定的农地流转金融支

持绩效评价体系,共由 4 个一级指标与 17 个二级指标构成,指标的测量采用李克特量表的方法,利用语义学标度分为 5 个测量等级:优、良、中、较差、差,对应的分值为:90 分、80 分、70 分、60 分、50 分。

本次调查发出问卷 400 份,回收 358 份,其中有效问卷 302 份。为了计算方便,本部分剔除 2 份,选取 300 份统计有效问卷,计算各评价指标的隶属度,得到福建省农地流转金融支持绩效评价模糊矩阵指标值如表 7-3。

表 7-3 福建省农地流转金融支持绩效评价统计数据

一级指标		二级指标		模糊矩阵指标值				
指标	指标	指标		优	良	中	较差	差
农地流转金融支持绩效评价指标	金融支持力度 X_1	营业网点覆盖率	X_{11}	0.04	0.1167	0.4633	0.2233	0.1567
		农地流转获贷比例	X_{12}	0	0.1267	0.5500	0.2333	0.0900
		农地流转贷款增长率	X_{13}	0.26	0.3100	0.2067	0.2233	0
		农地流转贷款相关率	X_{14}	0.05	0.2533	0.3833	0.3134	0
	金融支持满意度 X_2	支持(模式)的认知度	X_{21}	0	0.06	0.3867	0.31	0.2433
		支持实效的满意度	X_{22}	0.05	0.2533	0.3333	0.3634	
		业务设计满意度	X_{23}	0	0.2733	0.4367	0.24	0.05
		业务服务质量满意	X_{24}	0	0.2	0.3267	0.4067	0.0666
	金融支持效率 X_3	土地规模经营指数	X_{31}	0.2767	0.3	0.2533	0.17	0
		外部资金吸收指数	X_{32}	0	0.3867	0.4567	0.1566	0
		土地增产指数	X_{33}	0.0633	0.3833	0.55	0.0034	0
		农民纯收入变化指数	X_{34}	0.2	0.2333	0.3267	0.1567	0.0833
		融资成本指数	X_{35}	0.0367	0.3267	0.2766	0.36	
	金融支持结构合理度 X_4	民间融资	X_{41}	0	0.1167	0.33	0.5533	
		商业性金融机构贷款	X_{42}	0	0	0.3233	0.4367	0.24
		政策性金融机构贷款	X_{43}	0.02	0	0	0.6433	0.3367
		农村合作及新型金融组织贷款	X_{44}		0.2133	0.3333	0.35	0.1034

(二)因素集、指标权重、评判集的确立

1.构造评价因子集

$$u = \{u_1, u_2, \cdots, u_4\} =$$

{金融支持力度、金融支持满意度、金融支持效率、金融支持结构合理度}

2.确定评语等级论域

确定评语等级论域,即建立评价集 v。

$$v=\{v_1,v_2,\cdots,v_5\}=\{优,良,中,较差,差\}$$

(三)农地流转金融支持绩效指标权重

本书第六章在评价指标体系设计时已经采用专家调查法和层次分析法确定农地流转金融支持绩效评价指标的权重,从上文的分析中可知:

一级指标的权重集为:

$X=(0.2522,0.1862,0.3961,0.1656)$

二级指标的权重集分别为:

$X_1=(0.0733,0.0554,0.0720,0.0515)$

$X_2=(0.0559,0.0466,0.0405,0.0432)$

$X_3=(0.0992,0.0846,0.0533,0.0667,0.0923)$

$X_4=(0.0376,0.0496,0.0277,0.0507)$

(四)多级模糊综合评价结果向量

将福建省农地流转金融支持绩效评价抽样调查统计数据代入建立的模型 $B_i=x_i\times R$ 中,计算各级模糊综合评价的向量。

农地流转金融支持力度评价向量矩阵:

$$B_1=(0.0733,0.0554,0.0720,0.0515)\times\begin{cases}0.04 & 0.1167 & 0.4633 & 0.2233 & 0.1567\\ 0 & 0.1267 & 0.5500 & 0.2333 & 0.0900\\ 0.26 & 0.3100 & 0.2067 & 0.2233 & 0\\ 0.05 & 0.2533 & 0.3833 & 0.3134 & 0\end{cases}$$

计算并归一化后的农地流转金融支持力度评价向量:

$B_1=(0.0960,0.2020,0.3928,0.2440,0.0652)$

$V_1=0.0960\times90+0.2020\times80+0.3928\times70+0.2440\times60+0.0652\times50=70.199$

评价结果表明,农户和相关公众对福建省农地流转金融支持力度评价为优秀的占 9.6%,良的占 20.2%,也就是认为农地流转金融支持力度比较一般的占 39.2%，认为较差的占 24.4%，认为很差的占 6%。最终得分为 70.199 分，根据表 7-4 的定级标准，属于 E_3 级别即福建省农地流转金融支持力度比较一般。

农地流转金融支持满意度评价向量矩阵：

$$\boldsymbol{B}_2=(0.0559,0.0466,0.0405,0.0432)\times\begin{cases}0 & 0.06 & 0.3878 & 0.31 & 0.2433\\0.05 & 0.2533 & 0.3333 & 0.3634 & 0\\0 & 0.2733 & 0.4367 & 0.24 & 0.05\\0 & 0.2 & 0.3267 & 0.4067 & 0.0666\end{cases}$$

计算并归一化后的农地流转金融支持满意度评价向量：

$\boldsymbol{B}_2=(0.0124,0.1873,0.3703,0.3306,0.0994)$

$V_2=0.0124\times90+0.1873\times80+0.3703\times70+0.3306\times60+0.0994\times50=66.827$

评价结果表明，福建省农地流转金融支持公众满意为优秀的占 1.24%，认为比较满意的占 18.73%，认为金融支持满意度中等的占 39.2%，不是很满意的占 33.06%，认为很不满意的占 9.94%。最终得分为 66.827 分，根据表 7-4 的定级标准，属于 E_3 级别即福建省农地流转金融支持社会公众满意度为中等。

农地流转金融支持效率评价向量矩阵：

$$\boldsymbol{B}_3=(0.0992,0.0846,0.0533,0.0667,0.0923)\times\begin{cases}0.2767 & 0.3 & 0.2533 & 0.17 & 0\\0 & 0.3867 & 0.4567 & 0.1566 & 0\\0.0633 & 0.3833 & 0.55 & 0.0034 & 0\\0.2 & 0.2333 & 0.3267 & 0.1567 & 0.0833\\0.0367 & 0.3267 & 0.2766 & 0.36 & 0\end{cases}$$

计算并归一化后的农地流转金融支持效率评价向量：

$\boldsymbol{B}_3=(0.12,0.3247,0.3545,0.1868,0.014)$

$V_3=0.1200\times90+0.3247\times80+0.3545\times70+0.1868\times60+0.0149\times50=73.499$

评价结果表明，福建省农地流转金融支持效率为优秀的占 12%，评价等级为良的占 32.47%，中等的占 35.54%，认为效率比较低的占 18.68%，认为效率很低的只有 1.4%。最终得分为 73.499 分，根据表 7-4 的定级标准，属于 E_3 级别即福建省农地流转金融支持效率等级为中等。

农地流转金融支持结构合理度评价向量矩阵：

$$B_4 = (0.0376, 0.0496, 0.0277, 0.0507) \times \begin{cases} 0.1167 & 0.1167 & 0.33 & 0.33 & 0 \\ 0 & 0 & 0.4367 & 0.3233 & 0.24 \\ 0.02 & 0 & 0 & 0 & 0.3367 \\ 0 & 0.2133 & 0.35 & 0.3333 & 0.1034 \end{cases}$$

计算并归一化后的农地流转金融支持结构合理度评价向量：

$B_4 = (0.0033, 0.0918, 0.2738, 0.4712, 0.1599)$

$V_4 = 0.0033 \times 90 + 0.0918 \times 80 + 0.2738 \times 70 + 0.4712 \times 60 + 0.1599 \times 50 = 63.076$

评价结果表明，福建省农地流转金融支持结构合理度为优的仅占 0.3%，认为结构比较合理的只占 9.18%，认为金融支持结构合理度中等的占 27.38%，而高达 47.12% 的人认为结构相对比较不合理，认为很不合理的占 15.99%。最终得分为 63.076 分，根据表 7-4 的定级标准，属于 E_4 级别即福建省农地流转金融支持合理度等级为较差。

四、福建省农地流转金融支持绩效综合评价结果

模糊评价法中最大隶属度原则的使用是有条件的，存在有效性问题。农地流转金融支持绩效评价指标较多，应用模糊数学对其进行综合评价时，常用的取大取小算法常常出现结果不易分辨的情况。因此，对农地流转的金融支持绩效综合评价采用加权平均方法对各级评价指标的评价结果进行分值计算，根据分值确定隶属等级。此方法得出的结果与最大隶属度原则得到的结果有点微差，但此结果较符合实际情况。此法的另一优点是对多指标或多个评价目标进行比较排序，通过加权平均可以计算出具体的分值，即便在同一评价等级内也可以通过分值大小来进行绩效优劣的比较和优先序排序，结果令人满意。

表 7-4　评价定量分级标准

评价值	评语	定级
$x_i \geqslant 85$	优	E_1
$75 \leqslant x_i < 85$	良	E_2
$65 \leqslant x_i < 75$	中	E_3
$55 \leqslant x_i < 65$	较差	E_4
$x_i < 55$	差	E_5

根据上文求出的各个向量,通过加权平均计算各指标评分值分别是:$V_1=70.199$;$V_2=66.827$;$V_3=0=73.499$;$V_4=63.076$。对照表 7-4 的评价分级标准可得福建省"农地流转金融支持力度""农地流转金融支持满意度""农地流转金融支持效率"评价指标的评价结果属于 E_3 级,均为"中等",按照各个指标的评分等级的大小可以对其排序,其中"农地流转金融支持效率"得分 73.5,远高于"农地流转金融支持满意度"的 66.8 分。而"农地流转金融支持结构合理程度"的评价要比其他指标都要低一点,为 63.07 分,属于 E_4 级评价结果为"较差"。这也反映了目前农村政策性银行没起到作用,商业银行逐步撤离农村市场、农村金融供给体制不合理的现状。

根据第一级模糊评判结果求得农地流转金融支持综合评价向量矩阵可进行第二级评判:

$$\boldsymbol{B} = (0.2522, 0.1862, 0.3961, 0.1656) \times \begin{pmatrix} 0.0960 & 0.2020 & 0.3928 & 0.2440 & 0.0652 \\ 0.0124 & 0.1873 & 0.3703 & 0.3306 & 0.0994 \\ 0.1200 & 0.3247 & 0.3545 & 0.1868 & 0.0140 \\ 0.0033 & 0.0918 & 0.2738 & 0.4712 & 0.1509 \end{pmatrix}$$

计算并归一化后的农地流转金融支持综合评价向量:$\boldsymbol{B} = (0.0309, 0.2015, 0.3478, 0.3082, 0.0846)$

$V = 0.0309 \times 90 + 0.2015 \times 80 + 0.3478 \times 70 + 0.3082 \times 60 + 0.0846 \times 50 = 65.969$

通过加权平均计算得出福建省农地流转金融支持综合绩效评分值为 65.97 分,属于 E_3 级,说明福建省农地流转金融支持综合绩效评价结果为

"中等"且分值偏低。

第四节　农地流转金融支持创新模式绩效评价
——来自沙县的案例数据

本书第五章部分以陕西省杨陵区、福建省沙县、江苏省溧阳市、宁夏同心县几个农地流转金融改革实验试点为典型案例，归纳出农地股份合作制、土地银行、农地使用信托、农地承包经营权抵押贷款四种模式，并对其运行机制和实践效果进行比较分析。由于地区经济发展水平、基础设施、社会环境、政策力度等因素的差异性，可能对农地流转金融支持绩效评价产生一定的干扰，本节选取了同一地区的不同金融支持模式，以福建省三明市沙县的调研数据为例进行实证分析，了解农地信托、农地股份合作制、农地抵押贷款这三种模式的绩效差别。①

一、样本及数据选择说明

本研究的数据来自笔者对福建省三明市沙县的调研数据和三明市银监分局汇编的《普惠制金融的沙县试验》一书中收录的数据。本节最后一部分关于农地金融支持模式的模糊综合评价数据采用对沙县访谈过程中的问卷调查。鉴于金融支持力度 X_1、金融支持满意度 X_2、金融支持合理度 X_4 等几个方面的数据无法直接量化且较难获得，本处重点选取金融支持的效率 X_3 项下的指标对农地流转金融支持模式的经济效益进行实证分析。在沙县获得了几个较有代表性的农地流转金融支持案例进行深度访谈后，整理接受访谈的样本的基本情况如表 7-5 所示。

---

① 鉴于福建省目前尚未发现比较典型的农地银行这种金融创新模式，且农地银行的功能和特点比较接近农地信托，故本节只对农地股份合作制、农地信托、农地经营权抵押贷款进行绩效比较分析。

表7-5 访谈样本的基本情况表

对象	圣洁花卉有限公司	夏茂镇	沙县西霞盛农果蔬种植专业合作社	凤冈镇西霞村	高砂镇	金农高优农业专业合作社
样本数量	12	5	13	5	3	6
平均访谈时间	1小时	1小时	1小时	2小时	0.5小时	1小时
最长访问时间	2小时	2小时	2小时	3小时	1小时	1.5小时
样本分布	凤冈镇管辖的地区：东山、庙门、村头、根坑、西山、祭口、古县等村	夏茂镇俞邦、松林、乐厝、李窠、洋元、大布、水头、儒元等村	凤冈镇管辖的地区：东山、庙门、西霞、村头、根坑、祭口、古县等村	凤冈镇西霞村村民李学才的生产基地	洋溪、岭兜、端溪、上坪、阳溪、樟墩、龙慈等村	根坑、漈砾、西山、北门、东山、庙门、西霞等村
样本基本特征	年龄在20～64岁之间，平均年龄47岁，男性占90%，最高受教育程度为大学本科，平均从事种植业8年	年龄在42～64岁之间，平均年龄38岁，男性，最高受教育程度为初中	年龄在16～68岁之间，平均年龄40岁，男女各占50%，最高受教育程度为大学本科，平均从事种植业5年以上	年龄在36～60岁之间，均为男性平均年龄42岁，最高受教育程度为大专	年龄在27～36岁之间，平均年龄40岁，女性占80%，最高受教育程度为高中，平均从事农5年以上	年龄在22～54岁之间，平均年龄40岁，女性占70%，最高受教育程度为高中，平均从事农业经营5年
调查方法	典型调查、随机采访、问卷	入户调查、随机采访问卷	典型调查、随机采访、问卷	典型调查、随机采访、问卷	入户调查、随机采访、问卷	典型调查、随机采访、问卷
主要数据	农地信托情况、生产成本、亩产量及产值、平均收入、资金来源、贷款数额、融资成本	家庭情况农地流转数量、生产成本、亩产量及产值、平均收入、贷款数额	农地入股情况、生产成本、亩产量及产值、平均收入、纯利润、贷款数额、融资成本	农地流转数量、生产成本、亩产量及产值、平均收入、纯利润、贷款数额、融资成本	家庭情况农地流转数量、生产成本、亩产量及产值、平均收入、贷款数额	农地流转数量、生产成本、亩产量及产值、平均收入、资金来源、贷款数额、融资成本

二、三种农地流转金融支持模式的效率评价

(一)农地信托金融支持模式效率

2011年由沙县国有资产经营有限公司注入150万元作为信托资金成立县、乡两级土地流转信托公司源丰农村土地承包经营权信托有限公司(以下简称源丰信托公司)和金茂土地承包经营权信托有限公司(以下简称金茂信托公司)。以信托的方式进行农地流转金融制度创新,促进土地承包经营权流转,由政府主导向企业运作转变,探索两种信托收益的分配方式。

在信托流转过程中,信托公司对信托土地改造、改良所产生的增值溢价,60%归农户,40%作为信托发展资金。流转后由县财政扶持,在流转土地上投入项目配套资金。配套资金60%无偿扶持项目业主完善农业设施,40%作为信托公司的有偿投入,由信托公司按信托流转年限,逐年从项目业主的收益中收回。收回资金的60%作为村集体收入,40%作为信托发展资金。如:源丰信托公司针对沙县子涵种植专业合作社扩大大棚蔬菜种植面积的需求,在高桥镇新坡村信托流转110户农户的280亩土地,并签订了有偿使用市县项目配套资金合同,由源丰信托公司向县农业局申请90万元项目配套资金用于蔬菜种植。其中,54万元(90万元×60%)作为无偿扶持子涵种植专业合作社的项目资金,36万元(90万元×40%)作为源丰信托公司的投入资金。根据合同,子涵合作社分10年从收益中返还投入资金,每年返还3.6万元。源丰信托公司将其中的2.16万元(3.6万元×60%)返还给高桥镇新坡村委会。这部分资金,村里可以用于村民的医保、养老保险等社会保障。

土地信托流转的兴起,不仅让沉睡的土地重新焕发生机,也使农民从土地上得到丰厚回报。这两种方式在夏茂镇月邦村、高桥镇新坡、高砂镇洋溪、南霞乡下洋村、虬江街道柱源村建立了5个试点,共投入项目资金489万元,信托收益160.56万元,其中增加村集体收入71.28万元;农民再次收益分配25.05万元。以调研中重点走访的夏茂镇月邦村村民王庆飞为

例,其全家4口人,承包农田3.6亩,信托流转收益每亩635元,合计2 286元;户主自建房子租给农业基地,年租金7 200元;自己在农业合作社从事管理工作,年薪2.4万;妻子在种植基地打工,年工资1.8万元;女儿也在本地打工,工资收入约3.6万元;家庭年收入共计87 486元。

课题调研过程中重点走访了种植花卉树苗的大户蔡荣添,2008年,蔡荣添经营的圣洁花卉有限公司租种了农民46亩地产值约400万。2011年7月,通过源丰信托公司进行土地流转,把原来的基地连成一片,种植基地达到160亩。因为经营权有了保障,老总蔡荣添对基地设施的投入也信心百倍,智能温室、钢架大棚、水肥一体化等现代农业设施,运用基质无土栽培、节能灌溉等现代农业技术,发展至目前,公司已有温控大棚9座,冷库2座,10个智能温室,年生产香水百合300多万枝,产值2 400多万元。① 2016年,蔡荣添又在高山区流转来一片地,建设50亩香水百合种球越夏基地。

根据沙县夏茂镇的调研数据,笔者计算了农地信托金融支持模式所产生的经济效益指标,如表7-6所示。

表7-6 农地信托金融支持模式效益指标值

指标	权重	流转前	流转后	单位	指标初始值(%)	指标加权值(%)
土地规模经营指数 X_{31}	0.2504	23	80	%	248	62
单位外部资金吸收指数 X_{32}	0.2136	3 000	4 500	元/亩	50	10.7
单位土地增产指数 X_{33}	0.1346	8.6	16	千元	86	11.5
农民人均收入变化指数 X_{34}	0.1683	12 000	21 870	元	82.2	13.8
单位融资成本 X_{35}	0.2330	1 050	470	元	123	27.4
农地信托金融支持模式效率指标值						125.4

数据说明:土地规模经营指数 X_{31}:业主承包的10亩以上的耕地占村里耕地总面积的比例;农民人均收入变化指数 X_{34}:流转前的人均收入以福建省经济统计年鉴2005年沙县人均可支配收入12 135元为依据(2006年之后沙县土地信托和流转才开始规模化),流转后的值依据案例业主家庭人均收入;单位融资成本 X_{35}:指业主每融资1万元人民币每年所付出的成本。(后

---

① 案例部分数据来自沙县新闻网关于农户蔡荣添的报道[EB/OL].http://www.sxxww.gov.cn/? thread-4348-1.html,2015-02-21.

表同。)

(二)农地股份合作制金融支持模式的效益

农地股份合作制是沙县探索金融支持农地流转的又一实践。土地股份合作制是在不改变农民土地承包经营权的前提下,按照股份制和合作制的基本原则,农民把土地承包经营权转化为股权,按照股份从土地经营收益中获得一定比例分配的土地合作经营形式。沙县西霞盛农果蔬种植合作社和沙县官庄村万丰水稻种植专业合作这两家合作社是社员将土地的承包权转化成合作社股权组建成立的,社员称之为土地股份合作社。股份合作社成立后,农户除了获得原有租金收入外,还能得到二次分配收益。农民形象地称其是:"土地变股权,农民当股东,有地不种地,收益有两次"。

调查中重点走访了沙县西霞盛农果蔬种植专业合作社。合作社现有成员412人,股份1 865份,注册资金150万元,目前合作社2 190.43亩耕地已全部租赁给金农高优农业专业合作社等4个经营大户。2006年,合作社的牵头人之一西霞村村民林开明从村民那里租来300多亩农田经营大棚蔬菜,后来,林开明和另外9名"回归"的沙县小吃业主集资200万元,成立沙县金农高优农业合作社,并逐渐将全村1 900多亩地全部由合作社统一流转。此时,林开明产生了土地股份合作的想法,通过充分酝酿,并征求村民意愿,2011年4月,合作社把全村除生态公益林以外的山地整合起来,成立股份林场,统一规划经营,每年林场利润的70%给林农分红,剩余30%留给村里做公益。这样一来,既解决了山林变荒山的问题,又增加了村民收入,提高了生活质量。

2012年6月,由村委会牵头组建了西霞盛农果蔬种植专业合作社,将全村土地重新确权后,村民用农地入股,成为合作社股东。土地股份合作社股份将全村耕地划分成一、二、三等级,一等耕地每股年租金(即保底分红)为250公斤干谷(按当年粮站收购价折算现金,以下同),每亩按4万元折现入股;二等耕地每股年租金为172.4公斤干谷;三等田每股年租金为69.4公斤干谷;二、三等耕地分别按亩3.48万元、2.88万元折现入股。西霞村一等耕地1 300亩,其他等级耕地650亩,根据耕地不同条件确定租金标准,也是每户保底分红额。最后得出这个村的土地股份1 865股。合作社与每个成员签订《土地承包经营权入股协议》,发放《股权证》,登记成员入股股份、耕地面积、每年分红情况等信息,土地入股后,十年内不得退股。

合作社每年收益的10%提取盈余公积金,用于扩大再生产和弥补历年亏损,剩下的90%按股进行分配给本社成员,村民除了可以得到保底的田租外,又有股份分红。富余劳力还可以到土地经营大户那里打工赚工钱。村民是股东,却不承担任何风险。金农高优农业合作社会计黄翠金说,合作社成立第一年,亏损几十万,村民不仅不用承担,还照收保底租金。后来一年比一年好,2012年,合作社实现经营服务总收入510万元,可分配盈余总额63万元,返还盈余总额32万元,占可分配收益的60%,出资分红总额23万元,村民多的可以分红1 000多元。

以西霞村村民罗寿竹为例,2016年全家由夫妻、儿子、儿媳和孙子构成,共5口人,将家里的7亩田入股西霞盛农果蔬种植专业合作社,每亩每年分红250公斤干谷,按2013年市场价约700元/每亩计算,共得4 900元,年底分红800元。罗寿竹自己进入圣宝公司打工,每月能有3 400元的工资,一年总收入达到3万元左右。老伴带孙子在附近打零工收入约1万元,儿子儿媳在外打工年收入约7万元,家庭总收入合计127 700元。

依托沙县的调研数据,我们计算了农地股份合作制金融支持模式的效益,如表7-7所示。

表7-7 农地股份合作制金融支持模式的效益

指标	权重	流转前	流转后	单位	指标初始值(%)	指标加权值(%)
土地规模经营指数 X_{31}	0.2504	35	100	%	185.7	68
单位外部资金吸收指数 X_{32}	0.2136	3 000	5 000	元/亩	66.7	14
单位土地增产指数 X_{33}	0.1346	9	17	千元	89	11.9
农民人均纯收入变化指数 X_{34}	0.1683	12 000	23 140	元	92.8	15.6
单位融资成本 X_{35}	0.2330	1 050	350	元	200	46.6
农地信托金融支持模式效率指标值						156.1

(三)农地抵押贷款金融支持模式的效益

2010年5月,国务院《关于全面推进农村金融产品和服务方式创新的指导意见》发布之后,三明市在各县推进农村土地经营权抵押贷款业务,沙县政府和农村信用社利用这一契机,积极探索农村土地经营权抵押贷款。

农村信用社等金融机构明确规定了抵押条件和贷款用途。对土地承包经营权抵押价值按照"土地承包经营权抵押价值＝年租地平均收益×经营期限＋种养物价值"的原则进行认定,抵押贷款金额不得超过抵押认定价值的70%。进行承包经营权抵押的土地需在县级以上农业行政主管部门进行抵押登记,并报乡(镇)农村土地管理部门和村集体经济组织备案以便于农地流转管理。

在发放农村土地经营权抵押贷款时,除了允许农户直接抵押取得贷款以外,还创新了多种贷款模式,如:"公司＋农地经营权抵押"模式,以农业企业为承贷主体并负连带责任将企业拥有的土地承包经营权作为抵押物;"专业担保公司＋农地经营权抵押模式",成立行业性担保公司,由行业担保公司担保,用其承包土地经营权提供反担保进行贷款;"基金担保＋农地经营权抵押"模式,由行业设立的基金和经营户的土地承包经营权抵押共同担保以获得贷款。至2012年农村信用社和农业银行为150多个农户发放此类抵押贷款8 707万,还发放了林权抵押贷款1.05个亿。2016年发放以农村产权抵押贷款72笔,共计4 018万元,其中以农业设施设备抵押获得贷款26笔,计874万元,以农村土地经营权抵押获得贷款14笔,计124万元。"贷款难"问题得到了充分解决,农户增收成为看得见的事实,羊群效应出现,农地流转加速。

以凤冈镇西霞村农户李学才为例,该户原来家里有5亩地,饲养母鸡不足50只,年收入不足1万元,贷款最多只能贷1万元。后来李学才承包了500多亩荒地,由沙县沃土农业担保公司为其提供担保,用其承包土地经营权提供反担保,获取40万元的贷款。经过4年的经营,其发展成为注册资本1 000万元,资产总额1 800多万元,拥有际口、西霞、高砂三个专业养殖基地,面积3500亩,母鸡2万余只,日产鸡蛋近5 000个,年收入50万元,并形成"鸡—果—渔"为一体的立体生态养殖场。生产的"淘金山"鸡蛋、"乐子"鸡蛋很受市场欢迎,供不应求,目前已将市场拓展到了福州、厦门等地。

高砂镇洋溪村民李德圣全家由夫妻、大儿子、小儿子、大儿媳和孙子构成,6口人,9亩地,其中4亩土地信托流转收益每亩700元,共收入2 800元;夫妇俩经营自留地之余在基地打工,收入每年约3.6万元;申请农地抵押贷款购买收割机一台,儿子、儿媳负责管理,专门为农业基地服务,机械作业收入每亩收费约60元,可以两季作业,年收入约9万元。全家年收入共计128 800元。

依托沙县高砂镇的调研数据计算出农地抵押金融支持模式的效率如表7-8所示。

表 7-8　农地经营权抵押金融支持模式的效益

指标	权重	流转前	流转后	单位	指标初始值(%)	指标加权值(%)
土地规模经营指数 X_{31}	0.2504	25	70	%	180	45
单位外部资金吸收指数 X_{32}	0.2136	2 000	3 000	元/亩	50	10.6
单位土地增产指数 X_{33}	0.1346	9	12	千元	33	4.5
农民人均纯收入变化指数 X_{34}	0.1683	12 000	21 466	元	78.8	13.2
单位融资成本 X_{35}	0.2330	1050	650	元	61.5	14.3
农地承包经营权抵押贷款支持模式效率指标值						87.6

(四)农地流转金融支持模式经济绩效比较

从以上实证结果可以看到,农地信托、农地股份合作制、农地承包经营权抵押贷款三种农地流转金融支持模式都能在不同程度上产生正的经济效益,对当地的农地流转和经济发展都有较大程度的促进。农地信托模式效率指标值为125.4,农地股份合作制效率指标值为156.1,农地承包经营权抵押贷款效率指标值为87.6。从经济效益比较的结果来看,农地信托模式与农地股份合作模式的经济效益明显优于农地承包经营权抵押贷款模式,农地股份合作制模式的经济效益略优于农地信托模式,这说明市场化程度相对高的农地流转金融支持模式带来的经济效益比市场化程度相对低的农地流转金融支持模式更高。

以上的分析案例和数据依托福建省沙县比较临近的几个村,各村经济发展水平、基础设施、社会环境、政策力度等因素基本相似,其结果和排序情况验证了第五章中我们所提出的研究假设:不同模式的农地流转会带来不同的流转绩效,而相对来说农地股份合作制是一种更有效率的金融支持方式,从融资角度看,可以吸收社会各界的投资资金,用以满足农村发展所需巨额资金需求。值得注意的是,农地信托模式在促进农地流转方面的作用比其他模式要显著,原因在于该模式下信托公司有政府公信力作为保障,同时采取市场化运作,合同非常规范,不但可以得到农户信赖,也节约了农地流转的交易成本。

本书关于农地流转金融支持绩效评估的研究不仅仅停留在计算出不同农地流转金融支持模式的经济效益,而在于为决策者提供决策依据。实证数据来自对福建省三明市沙县的调研,所以针对沙县而言,农地股份合作制、农地抵押贷款和农地信托等模式都是适用的,但是适用的不一定是最优的,因为从经济绩效实证比较结果可以看出,适用于同一地区的不同金融支持模式产生的绩效是有差别的,是存在优劣之分的。另外,本节只对农地金融支持的经济效益(即整个绩效平均指标体系中的金融支持效率X_3部分)进行案例实证分析。虽然在"经济人"假设下,农户的土地流转的决策只是以经济绩效为依据,但是对政府和社会各界而言,必须从整体社会角度考虑农地流转金融支持绩效,因此,在农地流转金融支持绩效比较过程中,不能片面考虑农地金融支持的经济效益,而应进一步对农地流转金融支持模式的绩效做综合评估和比较,然后在综合考虑各种因素的基础上再对农地流转金融支持模式做出优化选择。

三、福建省农地流转金融支持模式综合绩效比较

鉴于上文对福建省沙县的农地流转金融支持模式经济绩效只对农地金融支持的经济效益(整个绩效指标体系中的金融支持效率X_3部分)进行案例实证分析,其结果难免具有一定的片面性,本部分将采用模糊层次综合评价法(Fuzzy-AHP模型)对三种农地流转金融支持模式的综合绩效进行评估和比较。

(一)评价模型、评价指标、数据来源

本节数据来源如前所述,在沙县访谈过程中对各个乡镇的农户和农业

企业等相关受众进行问卷调查。问卷设计、评价指标体系、评价模型、指标的测量、指标的分值等级均如本章第三节所设计。评价的对象为农地股份合作制、农地信托、农地经营权抵押贷款三种农地流转金融支持模式的综合绩效。本次调查发出问卷100份,回收100份,其中有效问卷92份。指标的测量采用李克特5级量表法,标度分为5个测量等级:优、良、中、较差、差,对应的分值为:90分、80分、70分、60分、50分。再根据建省沙县的农地流转金融支持各模式绩效评价问卷统计结果计算各模式的绩效。评价模型同本章第三节一样采用模糊层次综合评价法(Fuzzy-AHP模型)。其因素集、指标权重、评判集的确立如下:

1.建立评价因子集

$u = \{u_1, u_2, \cdots, u_4\}$
  = {金融支持力度、金融支持满意度、金融支持效率、金融支持结构合理度}

2.确定评语等级论域

确定评语等级建立评价集:$v = \{v_1, v_2, \cdots, v_5\}$ = {优,良,中,较差,差}

3.农地流转金融支持模式绩效指标权重

延用第五章在农地流转金融支持绩效评价指标体系及各评价指标的权重:

一级指标的权重集为:

$\boldsymbol{X} = (0.2522, 0.1862, 0.3961, 0.1656)$

二级指标的权重集分别为:

$\boldsymbol{X}_1 = (0.0733, 0.0554, 0.0720, 0.0515)$

$\boldsymbol{X}_2 = (0.0559, 0.0466, 0.0405, 0.0432)$

$\boldsymbol{X}_3 = (0.0992, 0.0846, 0.0533, 0.0667, 0.0923)$

$\boldsymbol{X}_4 = (0.0376, 0.0496, 0.0277, 0.0507)$

(二)农地信托金融支持模式综合绩效

将对福建省沙县的抽样调查的农地信托金融支持模式绩效评价统计数据代入建立的模型 $\boldsymbol{B}_i = x_i \times \boldsymbol{R}$ 中,计算各级模糊综合评价的向量。农地信托金融支持模式的金融支持力度评价向量矩阵为:

$$B_1 = (0.0733, 0.0554, 0.0720, 0.515) \times \begin{cases} 0.3804 & 0.4130 & 0.1847 & 0.0219 & 0 \\ 0.3587 & 0.5 & 0.1413 & 0 & 0 \\ 0.4457 & 0.4674 & 0.0869 & 0 & 0 \\ 0.1630 & 0.3913 & 0.3804 & 0.0663 & 0 \end{cases}$$

计算并归一化后的农地信托金融支持模式金融支持力度评价向量为：

$B_1 = (0.3498, 0.4432, 0.1872, 0.0196, 0.0000)$

$V_1 = 0.3498 \times 90 + 0.4432 \times 80 + 0.1872 \times 70 + 0.0196 \times 60 + 0.0000 \times 50 = 81.232$

同理可得：

$B_2 = (0.1624, 0.2031, 0.2879, 0.3171, 0.0295)$；$V_2 = 71.518$

$B_3 = (0.3142, 0.4307, 0.1564, 0.0142, 0.0845)$；$V_3 = 78.759$

$B_4 = (0.0131, 0.1397, 0.2762, 0.4134, 0.1576)$；$V_4 = 64.373$

根据以上结果进行第二级评判可得农地信托金融支持模式综合评价向量矩阵为：

$$B = (0.2522, 0.1862, 0.3961, 0.1656) \times \begin{bmatrix} 0.3498 & 0.4432 & 0.1872 & 0.0196 & 0.0000 \\ 0.1624 & 0.2031 & 0.2879 & 0.3171 & 0.0295 \\ 0.3142 & 0.4307 & 0.1564 & 0.0142 & 0.0845 \\ 0.0131 & 0.1397 & 0.2762 & 0.4134 & 0.1576 \end{bmatrix}$$

计算并归一化后的农地信托金融支持模式综合评价向量为：

$B = (0.2451, 0.3433, 0.2084, 0.1381, 0.0651)$

$V = 0.2451 \times 90 + 0.3433 \times 80 + 0.2084 \times 70 + 0.1381 \times 60 + 0.0651 \times 50 = 75.653$

评价结果表明，农户和相关公众认为福建省农地信托模式的金融支持力度得分为81.232分，即大部分人认为政府和金融机构对这种模式金融支持力度很大，而其所产生的经济绩效属于良好的水平，即该模式的金融支持效果比较好。但是金融支持结构合理度和金融服务的公众满意度得分不高，最终通过加权平均计算得出福建省农地流转金融支持综合绩效评分值为75.653分，属于E_2级，这说明农地信托模式的金融支持综合绩效评价结果为"良好"，分值偏低。

(三) 农地股份合作制金融支持模式综合绩效

将对福建省沙县的抽样调查所得农地股份合作制金融支持模式绩效评价统计数据代入建立的模型 $B_i = X_i \times R$ 中，计算各级模糊综合评价的向量。农地股份合作制金融支持模式的金融支持力度评价向量矩阵为：

$$B_1 = (0.0733, 0.0554, 0.0720, 0.0515) \times \begin{cases} 0.14130 & 0.3370 & 0.4022 & 0.1195 & 0 \\ 0 & 0.4457 & 0.3804 & 0.2283 & 0 \\ 0.2391 & 0.4565 & 0.3044 & 0 & 0 \\ 0.0219 & 0.3587 & 0.3804 & 0.1304 & 0.0543 \end{cases}$$

计算并归一化后的农地股份合作制金融支持模式金融支持力度评价向量为：

$B_1 = (0.1137, 0.3990, 0.3647, 0.1114, 0.0112); V_1 = 74.929$

同理可得：

$B_2 = (0.5013, 0.2879, 0.1832, 0.0217, 0.0059); V_2 = 82.57$

$B_3 = (0.6820, 0.2584, 0.0372, 0.0142, 0.0082); V_3 = 85.918$

$B_4 = (0.2168, 0.3392, 0.2851, 0.1124, 0.0465); V_4 = 75.674$

根据以上结果进行第二级评判可得农地股份合作制模式综合评价向量矩阵为：

$$B = (0.2522, 0.1862, 0.3961, 0.1656) \times \begin{cases} 0.1137 & 0.3990 & 0.3647 & 0.1114 & 0.0112 \\ 0.5013 & 0.2879 & 0.1832 & 0.0217 & 0.0059 \\ 0.6820 & 0.2584 & 0.0372 & 0.0142 & 0.0082 \\ 0.2168 & 0.3392 & 0.2851 & 0.1124 & 0.0465 \end{cases}$$

计算并归一化后的农地股份合作制金融支持模式金融支持综合评价向量为：

$B = (0.4280, 0.3127, 0.1880, 0.0563, 0.0149,)$

$V = 0.4280 \times 90 + 0.3127 \times 80 + 0.1880 \times 70 + 0.0563 \times 60 + 0.0149 \times 50 = 80.827$

评价结果表明，农户和相关公众认为福建省农地股份合作制金融支持模式的金融支持力度得分为 74.929 分，这种模式在沙县刚起步不久，政府和金融机构对这种模式金融支持力度中等偏良好，而其所产生的经济效率很好,属于E_2级,接近E_1水平,即接近优秀的水平,说明这种模式的经济效益非常良好,这种金融服务的公众满意度也比较高,但是其金融支持结构合理度仍然欠佳。最终通过加权平均计算得出福建省农地股份合作制的金融支持综合绩效评分值为80.826分,属于E_2级,且得分较高,这说明农地股份合作模式的金融支持效果良好。

(四)农地经营权抵押贷款金融支持模式综合绩效

将对福建省沙县的抽样调查所得农地经营权抵押贷款金融支持模式绩效评价统计数据代入建立的模型$B_i=X_i\times R$中,计算各级模糊综合评价的向量。农地经营权抵押贷款金融支持模式的金融支持力度评价向量矩阵为:

$$B_1=(0.0733,0.0554,0.0720,0.0515)\times \begin{pmatrix} 0.1848 & 0.3152 & 0.2935 & 0.2065 & 0 \\ 0.4783 & 0.3370 & 0.1847 & 0 & 0 \\ 0.25 & 0.4674 & 0.1957 & 0.0869 & 0 \\ 0.1739 & 0.3370 & 0.3913 & 0.0978 & 0 \end{pmatrix}$$

计算并归一化后的农地经营权抵押贷款金融支持力度评价向量:
$B_1=(0.2420,0.3568,0.2688,0.1324,0.0000);V_1=77.083$

同理可得:
$B_2=(0.0862,0.1203,0.3719,0.2796,0.1420);V_2=67.291$
$B_3=(0.0245,0.2142,0.3307,0.2564,0.1742);V_3=66.584$
$B_4=(0.0066,0.1397,0.1627,0.3567,0.3343);V_4=61.276$

根据以上结果进行第二级评判得出农地经营权抵押贷款金融支持模式综合评价向量矩阵为:

$$B=(0.2522,0.1862,0.3961,0.1656)\times \begin{pmatrix} 0.2420 & 0.3568 & 0.2688 & 0.1324 & 0.0000 \\ 0.0862 & 0.1203 & 0.3719 & 0.2796 & 0.1420 \\ 0.0245 & 0.2142 & 0.3307 & 0.2564 & 0.1742 \\ 0.0066 & 0.1397 & 0.1627 & 0.3567 & 0.3343 \end{pmatrix}$$

计算并归一化后的农地经营权抵押贷款金融支持模式综合评价向量为:
$B=(0.0879,0.2203,0.2949,0.2461,0.1508)$

$$V = 0.0879 \times 90 + 0.2203 \times 80 + 0.2949 \times 70 + 0.2461 \times 60 + 0.1508 \times 50 = 68.485$$

评价结果表明,福建省农地经营权抵押贷款模式的金融支持力度得分为 77.083 分,即大部分人认为目前沙县政府和金融机构对这种模式金融支持和推广力度比较大,而其所产生的经济绩效属于中等水平,金融服务的公众满意度相对于其他的模式也不高,其金融支持结构合理度指标偏低,最终通过加权平均计算得出福建省农地经营权抵押贷款金融支持模式综合评价得分为 68.485 分,属于 E_3 级,说明福建省沙县农地经营权抵押贷款金融支持模式的综合绩效属于"中等"水平。

(五)三种农地流转金融支持实践模式的综合绩效比较

根据上文对福建省沙县的农地流转金融支持各模式综合绩效评价问卷统计和评价模型计算所得实证结果,对照本章表 7-4 评价定量分级标准,对三种农地流转金融支持模式的综合绩效进行评分定级,所得结果如表 7-9 所示。

表 7-9 三种农地流转金融支持模式的评价结果

评价类别		模式		
		农地信托	农地股份合作	农地经营权抵押贷款
金融支持力度	级别	E_2	E_3	E_2
	得分	81.232	74.929	77.083
金融支持满意度	级别	E_3	E_2	E_3
	得分	71.518	82.57	67.291
金融支持效率	级别	E_2	E_1	E_3
	得分	78.759	85.918	66.584
金融支持结构合理度	级别	E_4	E_2	E_4
	得分	64.373	75.674	61.276
金融支持综合绩效	级别	E_2	E_2	E_3
	得分	75.653	80.826	68.485

从以上实证结果可以看出,三种模式中政府和金融机构对农地信托金融支持模式的金融支持力度最大,其次是农地经营权抵押贷款模式,而农地股份合作制由于在沙县刚起步不久,政府和金融机构对这种模式金融支

持力度比其他两种要弱些。从经济效率看,三种模式的经济效率均在E_2之上,其中农地股份合作制的经济效率最好,属于优秀水平。各模式效率优先序为:农地股份合作制＞农地信托＞农地经营权抵押贷款,即农地股份合作制模式的金融支持效果是最好的,农地信托金融支持模式次之,最后是农地经营权抵押贷款模式。金融服务的公众满意度由高到低分别是农地股份合作制 82.57 分,属 E_2 级;农地信托 71.518 分,属 E_3 级;农地经营权抵押贷款模式 67.291 分,属 E_3 级。但是,几种模式金融支持结构合理度均不理想。农地股份合作制得分最高,为 75.674 分,由该模式的经营者通常是当地龙头企业或者由种养殖大户组成的合作社,比普通农户和小企业更易获得商业贷款及政策性贷款,所以资金结构相对合理些。而其他两种模式下小农户的贷款基本来自于农信社和新型农村合作金融机构,故而金融支持结构合理度得分都低于 65 分,属于 E_4 级别,结构合理度偏差。

最终通过加权平均计算得几种模式的综合绩效评价结果为:农地股份合作制综合得分 80.826 分＞农地信托模式综合得分 75.653 分＞农地经营权抵押贷款模式综合得分 68.485 分。从效果级别上看,农地股份合作制和农地信托模式的绩效都属于良好水平,农地经营权抵押贷款模式属于中等水平,值得注意的是三种模式相比,农地股份合作制在金融支持力度相对较低的情况下,其经济效率和社会满意度得分却比其他两种模式要高,最终综合评价得分属于 E_2 级,接近 E_1 水平,即接近优秀水平,比另两种模式要高,这说明农户和相关公众认为这种模式的经济效益非常良好。

第五节 本章小结

本章通过对福建省各乡镇进行实地调研获得的第一手数据,了解了福建省农地流转金融支持现状、供求结构现状等情况,以调研所得数据,对福建省的农地流转金融支持绩效做出整体评价,并对福建近年来的农地流转金融支持不同创新模式进行了绩效评价和比较分析。

对福建省农地流转金融支持的现状分析发现,农地流转面积在逐年大幅度提高并呈规模化发展的同时,对农地流转的金融服务产品和金融制度创新的需求也大幅增长。这为农村金融业提供了巨大的市场,而现有的金融供给和支持力度无法满足农村金融需求,出现了农地流转金融供求数量和结构性失衡。

对福建省农地流转金融支持综合绩效评价结果表明:福建省"农地流转金融支持力度""农地流转金融支持满意度""农地流转金融支持效率"评价指标的评价结果属于 E_3 级,均为"中等"。通过加权平均计算得出福建省农地流转金融支持综合绩效评分值为 65.97 分,属于 E_3 级,说明福建省农地流转金融支持综合绩效评价结果为"中等",且分值偏低。反映了当前对农地流转金融支持呈现正效应,仍需加大支持力度,另外金融支持的结构仍需优化。

以福建省沙县数据为例,农地流转金融支持模式实证结果显示,三种农地流转金融支持模式在不同程度上都产生了正经济效益,对当地的农地流转和经济发展都有一定程度的改善。案例实证分析表明:农地股份合作制模式经济效率指标值 125.4＞农地信托模式效率指标值 156.1＞农地承包经营权抵押贷款模式效率指标值 87.6。单从经济效益比较的结果看,农地股份合作制模式与农地信托模式明显优于农地承包经营权抵押贷款支持模式,农地股份合作制模式的经济效益略优于农地信托模式。通过模糊层次分析模型加权平均计算得出几种模式的综合绩效评价结果是:农地股份合作制模式综合得分 80.826 分＞农地信托模式综合得分 75.653 分＞农地经营权抵押贷款模式综合得分 68.485 分。从金融支持的综合绩效级别看,农地股份合作制模式和农地信托模式的绩效都属于良好水平,农地经营权抵押贷款模式属于中等水平。两种比较结果都印证了市场化程度相对高的农地流转金融支持模式比市场化程度相对低的农地流转金融支持模式能带来更大的经济效益。

◆ 第八章 ◆

农地流转金融支持绩效影响因素分析

通过对农地流转金融支持供求现状和绩效分析发现,各地的农地流转金融支持具有非均衡性,金融支持绩效尚处一般水平,还有很大提升空间。对不同金融支持模式的绩效比较也发现各个模式的绩效存在差异性。那么,导致农地流转金融支持不均衡的原因何在?农地流转金融支持绩效的影响因素有哪些?本章将围绕金融支持对象、金融支持环境、法律与制度环境、第三部门发展程度四个维度对农地流转金融支持绩效影响因素做定性分析,并以福建省沙县为例,通过相关的统计数据展开实证分析。

第一节 农地流转金融支持绩效的影响因素

众多研究者(陈水生,2009;岳意定,2011;包屹红,2013;林乐芬,2013;阚立娜2015;郑旭2015;曾雅婷2018)的研究表明,农地流转金融支持绩效取决于系列约束性条件,主要包括被支持对象的经济发展水平和产业发展状况、金融市场的深化程度和竞争程度、提供支持的金融机构自身的绩效情况及支持能力、法律和制度环境的发展状况、政府支持策略行为、农村社会保障水平、第三方机构和其他服务支持体系的发展状况和支持能力等。在借鉴国内众多学者的研究观点基础上,本章从以下四个维度探寻农地流转金融支持绩效的影响因素。

一、金融支持对象维度

对农地流转进行金融支持需立足于本地经济发展水平,同时考虑农地资源禀赋、农地流转的情况、农业产业发展以及农户自身的经济经营水平和信用情况。

1. 农业产业经济发展水平

对农地流转进行金融支持必须依托农业产业发展,因其对农地流转以及对其金融支持能否产生绩效有着重要的约束或支撑作用。一位经济学家曾说过:"穷国之所以穷是因为他穷。"①这句话反映了农业产业初始资源禀赋差异而导致恶性循环的现象。由于农业的比较收益低,小规模农业生产很难产生规模效应,导致农业产业效率低,也较难发挥农业生产的技术优势。由于农业天生的弱质性和比较收益低下,很难获得金融机构的青睐,但是如果能够打破这种恶性循环,大力发展农业产业提高经营绩效,则农业产业发展能带来土地需求,产业发展可以吸引金融或民间资本注入农村。可见农业产业发展水平的提高可以提高农业发展附加值,提高农业的经营效益,增加农民收入,提高农业资金投入的回报率,从而对农地流转金融支持绩效产生影响。基于此,做出如下研究假设:

H1:农业产业经济发展水平对农地流转金融支持绩效有潜在的正向影响。

2. 农地的价值和农地资源禀赋

威廉·配第曾经说过,"土地是财富之母,劳动是财富之父"。在柯布—道格拉斯生产函数 $Y=(K,L,M,A)$ 模型中,资本(K)、劳动力(L)、土地(M)和农业技术(A)等生产要素决定了农业产业经济效益的高低,农地就是其中重要因素之一。另据 Cela Futemmal 等人的研究,土地的金融投入绩效受劳动和资本的有效性以及土地的自然属性决定(Cela Futemmal,2003)。可见,农地的价值和农地资源禀赋是农户追加投资和金融机构提供金融支持时考虑的重要因素。

我国农村人多地少,人均耕地有限。在这种资源禀赋和现有耕作技术条件下,通过一定程度的农地流转达到更高效率的农业产出,是实现农地增值和农民增收的有效途径。当然农地增值效应主要还是与货币化和信

---

① 埃里克·S.赖纳特.富国为什么富 穷国为什么穷[M].北京:中国人民大学出版社,2010:16.

用体系密切联系在一起的。农地货币化后具有开发、经营、融资和获利的功能,其资本化运作已成为必然选择。农地资本化就是指把农村集体土地作为资本来经营,产权拥有者(或使用者)将土地以出租、合作或作为股份等方式进行投资,从而获取一定报酬。土地是稀缺的自然资源,它不仅是商品,也是一种资本品,能像资本一样为土地所有者(或使用者)带来收益。农地会增值这一特征给投资者筹措资金提供了方便,还能为投资者带来较高的预期收益。土地价值增值预期越大,所能吸引的金融投入也越大,同时所产生的金融支持绩效也就越高。基于此,我们做出如下研究假设:

H2:农地价值和农地资源禀赋对农地流转金融支持绩效有显著的正向影响。

3.农户的经营能力和信用程度

农户(本书的农户做扩大的概念理解,包括农户、农业经营大户和农业企业等)作为一个经济单位,在追求经济效益最大化的同时,亦追求付出成本最小化,他们是属于自负盈亏的独立经营主体,所以经济上的成本收益考虑将直接影响他们对农地流转金融业务的参与决策;同样,基于成本收益考虑,农户的经营能力和经营项目的预期收益也是金融机构对其进行金融支持时重点考虑的因素,也是农户获得借贷信用额度的重要衡量标准。近年来,金融机构的农地流转贷款有力地支持了"三农"经济发展,但不良贷款却不断增加。农地流转潜在的信贷风险制约了金融机构信贷的投放。Luhmann认为传统社会以私人信任为主,而现代社会则更依赖于系统信任或社会信任。[①] 信任是商业交换与交流的媒介,更是金融交易的媒介与基础。农户与金融机构双方稳定资金交易关系实现长期利益的最大化,除了靠管理、产权、契约等方式维系外,还依赖于交易主体双方的信任构建,这也这是现代社会注重对金融机构评级、对贷款客户进行信用等级评定和贷款额度授信的原因,也因此本章做出第三个假设:

H3:农户的经营能力和信用程度对农地流转金融支持绩效有直接的正向影响。

---

① Luhmann N. Trust and power[M].John Wiley & Sons Ltd,1979.

二、金融支持环境维度

1.农村金融市场结构

福利经济学哈伯格(Harberger)的三角区理论认为垄断的社会导致福利净损失。在垄断市场中,垄断企业为了追求垄断利润通常采取降低产量维持高价的策略,由此导致社会福利降低。完全竞争市场中市场价格趋于产品的边际成本,此时,消费者剩余和生产者剩余都实现了最大化,社会福利实现最大化。2000年以后的农村信用社改革有效提升了农信社的规模和经营效率,巩固了其在农村金融市场的垄断地位。目前农村金融机构较少,同质化严重,缺乏创新,一定程度上限制了农村地区金融供给,从而降低了农村地区贷款规模和经济增长速度。

林毅夫的研究也表明,如果一个地区金融结构与经济结构相匹配,将有利于经济的发展和增长;反之,如果金融市场缺乏竞争与经济结构不匹配,则垄断性的高利率会降低整个金融市场的运行效率。市场竞争度越低,效率也越低。[①] 欧美等国通过开放金融市场引入外部竞争者来促进金融部门的竞争,从而推动金融市场的发展的实践(Levine,2004),这也证明了金融市场竞争结构对金融效率和经济增长的促进作用。金融市场结构对农地流转金融支持绩效的作用也遵循着"结构—行为—绩效"的逻辑框架。一方面竞争改变了金融配置,金融机构为把握市场会增加对农地流转信贷资金供给,增强金融支持力度。另一方面是竞争提高了农村金融机构的经营效率,降低了经营成本,降低了贷款利息,从而影响金融机构的微观效率以及农地流转金融市场的资金运行效率,进而对农地流转金融支持绩效产生影响。基于此,我们做出如下研究假设:

H4:农村金融市场竞争程度的变化对农地流转金融支持绩效有显著的正向影响。

[①] 林毅夫,孙希芳,姜烨.经济发展中的最优金融结构理论初探[J].经济研究,2009(8):1-6.

2.农村金融机构的支持能力

Mckinnon(1973)和Shaw(1973)强调了信贷市场发展对提高储蓄率和产出率的潜在影响,认为信贷市场不完善会影响信贷配给,从而使得资金需求者的需求无法得到满足。[①] Ma and Smith(1996),Bose and Cothren(1996)的研究均证明发展金融市场提高金融供给和服务能力能够降低信贷配给的比例,提高资源配置效率。[②]就中观层次而言,"金融深化"理论的观点认为,金融产业对实体产业发展具有促进作用,[③]即发达的金融产业能够提供丰富的金融资本、金融商品和服务来推动实体产业的发展。没有金融产业的支持与推动,实体产业就会因资金瓶颈而发展减速甚至停滞。可见,金融机构作为金融服务的供给者,其在金融市场上有着决定性的作用,农村金融机构的服务能力和服务水平直接决定了其对农地流转金融支持的力度和绩效。本书研究的金融机构对农地流转的支持能力包括金融机构对农地流转资金方面的支持能力和对农地流转金融服务、设施水平方面的服务能力。据此做出如下假设:

H5:金融机构的资金支持能力对农地流转金融支持绩效有显著的正向影响。

H6:金融机构的金融服务能力对农地流转金融支持绩效有显著的正向影响

3.农村金融机构的效率

金融机构作为金融市场的功能载体,其自身经营绩效的高低决定了金融市场整体的绩效水平(Berger et al,2000)。[④] 金融机构的效率越高,流动的速度也就越快,由它所带动的其他生产要素的流动性也就会相应越快,

---

[①] Shaw E S. Financial Deepening in Economic Development. Oxford University Press,1973.

[②] Ma C H and Smith,B D. Credit Market Imperfections and Economic Development: Theory and Evidence[J]. Journal of Developmenl Economics,1996,48(2),pp. 351-87.

[③] Easterly W, Islam R, and Stiglitz. Shaken and Stirred: Explaining Growth Volatilit, Annual Bank Conference on Development Economics World Bank. Washington D.C.2001.

[④] Bergen A N, DeYoung R, Genay H, Udell G F. Globalization of Financial Institutions: Evidence from Cross-Border Banking Performance[J]. Brookings-Wharton papers on financial services.2000,3(1),pp.23-136.

促进经济增长的作用也就越大。农村金融机构的绩效水平受其自身盈利能力、业务扩张能力和风险控制能力的影响。盈利能力是金融机构通过提供服务获取收益的能力。金融机构具备较高的盈利能力,才能扩大业务,节约成本,才有资源加大对农地流转的金融支持。业务扩张能力既体现了金融提供服务与产品的相对水准,更体现了金融机构业务的增长潜力。风险管理能力是金融机构对其所面临的各种风险的规避、应对与解决能力。现代经济发展要求金融机构具备较强的风险管理能力,农业经济的特殊属性决定了金融机构的农村市场业务风险较高,因此风险管理能力的强弱直接关系到金融机构自身的生存及效益。

总之,作为金融市场的重要组成部分,金融机构承担着提供各类金融产品和服务的职能,其自身的盈利能力、业务扩展能力和控制风险能力的高低决定了其为农地流转提供金融支持服务产品的能力和质量水平的高低,其自身的绩效水平自然也就决定了其对农地流转金融支持业务的能力和绩效。因此,我们做出如下研究假设:

H7:农村金融机构的效率对农地流转金融支持绩效有显著的正向影响。

三、制度环境维度

新制度经济学代表人物科斯把"制度"定义为一系列产权安排和调整的规则或"组织形式"。他认为,制度是一种生产力,有效的制度安排会促进经济的增长和发展。制度一般具有为经济提供服务、降低交易费用、降低不确定性、提供激励机制和抑制机会主义等功能,其中激励和约束是制度的核心功能(黄振香、谢志忠 2013)。先进技术的使用有利于节约交易成本以提高金融服务水平,有效的法律体系、产权制度以及信息共享机制等对于金融服务水平和效率的提升至关重要(Becketal,2005)。[①] 化解农村金融抑制,确保农业和农村经济发展的资金投入,加强对农地流转金融支持

[①] Beck Thorsten, Asli Demirgii—Kunt, and Vojislav Maksimovic. 2005. "Financial and Legal Constraints to Firm Growth Does Firm Size Matter?" Journal of Finance. 60(1):137-177.

和服务并提高农地流转金融支持绩效,从根本上讲还是要靠合理的制度安排与创新。

1.法律制度

约翰·康芒斯在其《制度经济学》一书中将制度定义为"控制个人行动的集体行动",或者更特别地定义为"限制、解放的扩大个人行动的集体行动",而在集体行动中,最重要的是法律制度。① 农村土地产权法律制度、农村土地经营权流转法律制度及农村金融监管法律制度的建设对于农村金融市场的发展稳定至关重要,又影响到农村土地和金融业的经济和社会效益,而且边际社会收益大于边际私人收益(黄振香、谢志忠,2013)。当前我国地权产权制度的不稳定来自三个方面:第一,土地权力不充分或者缺乏关键性的法律权利。第二,土地的持有期限较短。第三,地权和土地持有期限不确定。而这种不稳定在一定程度上抑制了农地流转和农地金融制度的发展。当前农村金融监管法律体制建设滞后于农村金融监管的实际需求,处于低水平的非均衡状态,农地金融经营成本高、风险大、收益低,资本供给严重不足等问题已成为农村金融机构效率提升、农地流转金融支持、农村金融机制完善和可持续发展的瓶颈。② 马克思·韦伯认为各种制度安排中,法律制度,尤其是与经济相关的法律制度对经济发展和社会发展的影响尤为显著。③ 基于此,本书做出如下假设:

H8:相关法律制度的完善对农地流转金融支持绩效有着潜在的正向影响。

2.政府的支持策略

一方面,农地流转金融支持制度创新对农地流转、农业规模化经营及金融市场效率提升至关重要,但是制度创新和建设存在巨额初建沉没成本,除地方政府之外,其他参与方不愿也没有能力为之付费。因此农地流转金融支持往往依赖于政府的推动。另一方面,政府作为制度创新的主要

---

① 约翰·康芒斯.制度经济学(上册)[M].商务印书馆,1962:87.
② 黄振香.法经济学视域下的农村金融监管制度创新——供求均衡视角分析[J].福建论坛,2011(11):38-39.
③ MaxWeber:Max Weber on law in Economy and Society(edited by Max Rheinstein),Cambridge,MA:Harvard University Press.1954,pp.84.

受益者,有意愿也有必要出台支持政策。制度建设存在巨额初建沉没成本、组织的学习效应、正规制度和非正规制度的相互适应效率以及协作效应等四种自我强化机制,会对政府获得的潜在利润产生巨大的递增效应。[①]递增效应必然使制度一旦运行,则会沿着一定的路径演进。[②] 制度创新通常会带来巨大收益,促进地方经济繁荣,有利于增加政府财政收入,也有利于政府提高政绩。地方政府作为农地流转金融支持制度的推动者和付费方,对农地金融组织的支持效果有绝对的影响力。在农地流转金融支持活动中,地方政府的财政补贴政策、拓宽融资渠道、选择合作金融机构等支持策略必然会对农户、金融机构和其他农地流转金融参与主体的行为产生影响,进而影响农地流转金融支持绩效。基于此,做出如下假设:

H9:政府的支持策略对农地流转金融支持绩效有着潜在的影响。

3.社会保障制度

本书所探讨的农地流转金融支持和各种模式的农地流转金融创新制度都是以农地流转或农地抵押为前提的,在中国农村社会保障制度尚不完善的情况下,土地承载着社会保障和资本的双重功能,土地具有较强的综合性保障功能,养老、失业、医疗和最低生活保障都依附其上。忽视土地流转后农民的社会保障与就业问题,容易使农民陷入"进无出路、退无保障"的困境。所以,土地流转的重要前提是能够为农民提供稳定的收入、就业等基本社会保障。据估算,目前中国高达4 000万至5 000万失去部分土地或完全失去土地的农民中,有30%左右处于无业或离岗状态。土地流转之后,农民基本的集体保障功能、失业保障功能、生活保障功能都会受到影响。如果缺乏较为健全的社会保障体系,则土地的社保功能不断被强化,而土地的资本功能却日益弱化。这不仅挫伤农民土地流转或获取农村土地抵押贷款的积极性,也增加了金融机构涉农业务的风险,从而对农地流转金融支持绩效产生负面影响。基于此,做出如下假设:

H10:社会保障制度的完善对农地流转金融支持绩效有潜在的正向影响。

---

① 约瑟夫·斯蒂格利茨.政府在经济发展中的作用[J].经济导刊,1997(6):32-38.
② 理查德·A.波斯纳.法律理论的前沿(武欣,凌斌译)[M].中国政法大学出版社,2003:262-265.

四、第三部门发展维度

美国经济学家韦斯伯德(Burton Weisbrod,1974)提出"市场失灵与政府失灵"理论,认为第三部门(社会中介组织)是提供公共物品(public goods)的私营机构。市场、政府和第三部门彼此形成互补关系,在市场经济机制中都有存在的必要。根据西方经济学理论,第三部门可以弥补市场失灵、政府失灵的不足,发挥拾遗补阙的作用,与政府、市场之间可以形成互补。[①] 也就是说,市场、政府、第三部门这三者之间的结合运作可以增加公共物品供给,满足更多数公民的需求,获得经济和社会效益的最大化。在农地流转的金融市场中,信贷或金融服务供求双方存在严重的信息不对称,加之大部分农民受自身素质的限制,对国家政策解读和认识不足,对于土地使用权价值的评估、流转合同、贷款合同的签订等,都需要借助相关的中介机构的帮助和服务。社会中介组织为农地流转及其金融支持业务提供信息、中介、评估、担保、组织、协调等服务,有利于节约农地流转和农地金融借贷的交易成本,提高效率,以促进农地流转金融服务市场的健康发展。目前农地流转中介服务体系发展相对缓慢,致使土地供求双方消息受阻,也在一定程度上制约了金融机构提供信贷支持的积极性。可见,完善社会中介组织是农地流转金融市场机制发展的重要影响因素之一。基于此,做出如下假设:

H11:社会中介组织的发展对农地流转金融支持绩效有着潜在的正向影响。

第二节 农地流转金融支持绩效影响因素实证
——来自沙县的统计数据

上一节的定性分析从农地流转金融支持对象、金融支持环境、制度政

---

① 王绍光.多元与统一——第三部门国际比较研究[M].杭州:浙江人民出版社,1999:6.

策环境,以及第三部门(社会中介组织)四个维度挖掘了农地流转金融支持绩效的影响因素,并提出理论假设。这些影响因素中,金融支持对象和金融支持环境方面的影响因素是农业和金融市场内部的因素,制度、政策及中介组织方面的因素属于外部环境因素。本节在理论分析的基础上,以福建省沙县为例,采用灰色关联度分析方法对理论假说进行验证,并探求这些影响因素中哪些因素影响大,哪些影响小;哪些影响因素是潜在的,哪些影响因素是显性的;哪些是需要发展的,哪些是需要抑制的。

一、指标的设计及说明

前文理论定性分析主要围绕农地流转金融支持对象、金融支持环境、制度政策环境、第三部门(社会中介组织)四个维度提出了11个地流转金融支持绩效的影响因素的理论假设:

H1:农业产业经济发展水平对农地流转金融支持绩效有潜在的正向影响。

H2:农地价值和农地资源禀赋对农地流转金融支持绩效有显著的正向影响。

H3:农户的经营能力和信用程度对农地流转金融支持绩效有直接的正向影响。

H4:农村金融市场竞争程度的变化对农地流转金融支持绩效有显著的正向影响。

H5:金融机构的资金支持能力对农地流转金融支持绩效有显著的正向影响。

H6:金融机构的金融服务能力对农地流转金融支持绩效有显著的正向影响。

H7:农村金融机构的效率对农地流转金融支持绩效有显著的正向影响。

H8:相关法律制度的完善对农地流转金融支持绩效有潜在的正向影响。

H9:政府的支出策略对农地流转金融支持绩效有潜在的影响。

H10:社会保障制度的完善对农地流转金融支持绩效有潜在的正向影响。

H11:社会中介组织的发展对农地流转金融支持绩效有潜在的正向影响。

本节围绕着这11个研究假设进行相关指标的设计,指标的设计主要考虑相关性、代表性和数据的可得性,对于部分难以选用同一指标衡量的,设计上采取多个相关指标加权合成,如农地流转金融支持绩效值,就是根据第五章的评价指标体系中的几个重要指标按权重计算而得的。另外,农地流转金融支持绩效影响因素有些指标量化十分困难,则采取相关的指标替代。具体如表8-1所示。

表8-1　农地流转金融支持各影响因素指标及含义

维度	指标	假设	代码	含义
金融支持对象维度	农业GDP	正相关	F1	一定时期内地区农业生产总值,反映农村经济增长水平
	农地流转均价	正相关/显著	F2	农地要素价值的货币化表现,反映农地价值
	农户授信额度	正相关	F3	农户自身的家庭经济状况及信用额度
金融支持环境维度	HHI赫芬达尔指数①	负相关	F4	农村金融市场竞争程度指标
	涉农FI指数	正相关/显著	F5	涉农贷款余额与农业生产总值之比,反映农村金融深化程度的指标,一定程度上反映金融支农的能力
	金融服务机具数量	正相关	F6	农村金融服务设施水平
	存贷比	正相关/显著	F7	贷款余额与存款余额之比,反映了银行自身的盈利能力和农村金融市场资金调动能力和资金的流向
制度环境维度	相关法律政策数量	正相关	F8	法律及政策完善程度
	财政贴息额度	正相关/显著	F9	财政支持政策
	农村低保人数	正相关	F10	农村最基本的社会保障

① HHI赫芬达尔指数算出来的结果一般都很小,这里采取乘于100的做法。

续表

维度	指标	假设	代码	含义
第三方支持维度	建立流转服务组织的村	正相关	F11	农地流转服务的中介平台建设发展情况
	村级融资担保基金数	正相关	F12	第三方融资担保业的发展程度

F1：农业GDP，是指一定时期内地区的农业生产总值，该指标反映农村经济增长水平和农业产业发展水平，用该指标与农地流转金融支持绩效值之间的关联来验证H1假说。

F2：农地流转价格，是农地要素当期使用价值的货币化表现，是一定时期内凝结在农地中的各种产权价值和预期性收益转换成在资本市场上可实现、可流通货币。农地流转价格的变动能够反映出农地价值的变动。

F3：农户授信额度，是农村金融机构通过建立档案、信用等级评定等方法对农户的家庭经济情况、经营能力、经营项目的预期收益能力以及信用等级的综合评价，是金融机构对农户进行金融支持时的重点考虑因素，也是农户能获得最大信贷额度的信用标准。

F4：赫芬达尔指数（HHI指数），是一种测量产业集中度的综合指数，能够较好地反映农村地区银行业市场竞争水平。市场集中度在一定程度上反映了金融行业的市场供给结构，是一个行业中各市场竞争主体所占行业总收入或总资产百分比的平方和，用来计量市场份额的变化，即市场中厂商规模的离散度，是经济学界和政府管制部门使用较多的指标。

F5：涉农FI指数，是当期涉农贷款余额与当期农业生产总值之比，该指数是涉农金融支持对农业产出的贡献指标，是反映农村金融深化程度的指标之一，能够较好地体现金融机构对包括农地流转在内的农业的支持能力。

F6：金融服务机具数量，是各乡镇村的金融服务设备和机器，如ATM机、POS机等设备和机具的总数量，该指标用来衡量农地流转金融服务和设施水平方面的服务能力。

F7：农业存贷比，是金融行业衡量微观效率的常用指标，指当期农村市场农业贷款余额与农业存款余额之比，该指标反映了银行自身的盈利能力和农村金融市场资金调动能力和内部风险控制程度。

F8：相关法律政策数量，与农地流转相关的法律和政策的完善程度是个模糊的概念，很难量化，本书用近年来出台的相关法律政策数量替代，并假定，出台的法规政策越多，说明法律越完善，政府越重视。

F9：财政贴息额度，为了促进农地流转和推行农村金融改革试验，当地政府部门提供的财政贴息额度。财政贴息额度有些是单次补贴或优惠，不具备时间的连续性，本章采用了三明市出台的对农地流转贷款财政贴息额度指标，这个政策的推行比较早，可量化，且时间上有连续性。

F10：农村低保人数，由于农村社会保障体系不健全，覆盖面窄、水平低、参保门槛较高，很多政策没有落实，数据难以获得，本章以福建统计年鉴中农村低保人数代表农村生活保障保制度，以反映农村最基本的社会保障完善程度。

F11：建立流转服务组织的村，该指标用来衡量各地农地流转服务的中介平台建设和发展情况。

F12：村级融资担保基金数，该指标反映农户在获取金融支持业务或者融资时需要的第三方融资担保中介结构组织的发展情况。

F11指标与F12指标共同衡量农地流转金融支持方面的第三方组织（社会中介组织）的发展状况，以验证H11假设。

二、模型选取及基本原理

现有文献中，对农村金融和农村经济发展的实证分析多采用经典回归分析方法。但是，回归分析要求样本服从典型的概率分布，要求各因素数据与系统特征数据之间呈线性关系且各因素之间彼此无关，需要大量的数据支撑，否则就会出现量化结果与定性分析结果矛盾的情况。而农地流转是近几年才开始逐渐由自发的小规模流转向有规划的规模化流转发展的，关于农地流转的相关数据统计和收集工作在2008年之后才逐步开展，农地金融方面的数据就更少了，因此样本量少且很难服从典型的概率分布，不符合回归模型的数据要求。灰色关联分析则可规避上述问题。

1.灰色关联分析的原理

灰色关联分析法(grey relational analysis,简称 GRA)是通过掌握各个事物的主要特征及其变化的态势相似程度,分析出系统中各因素间的主要关系,找出影响系统最重要的因素,找到制约事物进一步发展的主要矛盾,从而提供科学有效的系统运行方案以提高系统运行效率。灰色关联分析是灰色系统理论(grey system theory)中测算影响因素的一种常用方法,主要通过对"部分"已知信息的生成、开发和数据挖掘,提取有价值的信息,在"小样本"、"贫信息"的情况下仍然能够实现对系统运行的有效控制,并做出正确的判断,找出有效的解决办法。灰色关联分析的原理是在系统发展过程中,如果两个因素变化的态势是一致的,即同步变化程度较高,则可以认为两者关联较大;反之,则两者关联度较小。

2.灰色关联分析的基本步骤

因此,灰色关联分析为一个系统发展变化态势提供了量化的度量,本书中灰色关联分析的具体计算步骤如下:

(1)确定参考数列和比较数列

参考序列(反映系统行为特征):$X_0(t)=\{x_0(k)|k=1,2,\cdots,m\}$

比较序列(影响系统行为):$X'_i(t)=\{x'_i(k)|k=1,2,\cdots,m\}(i=1,2,\cdots,n)$

X 为灰色关联因子集,$X_0 \in X$ 为参考序列,$X_i \in X$ 为比较序列,$X_0(k)$、$X_i(k)(k=1,2,3,\ldots m)$ 分别为 X_0 与 $X_i(i=1,2,3\cdots n)$ 第 k 点的数,可构造原始评价矩阵 $X=(X_0,X_1,X_2\cdots X_n)$。

(2)对参考数列和比较数列进行归一化处理

一个试验矩阵中的每个元素会有不同的量纲,即参考序列和比较序列中各个序列的数据单位不同,为便于比较,进行灰色关联分析时,需要对原始数列进行无量纲化处理。常用的方法有初值法、均值化法和区间值法。本书采用均值化处理,其中用 $X'(v)$ 代表均值,则可用得到:

$$X(k)=\frac{X'(k)}{X'(v)}$$

式中,$k=1,2,\cdots,m;i=1,2,\cdots,n$。经无量纲处理后可以作为进一步计算的依据。

(3)计算灰色关联系数

首先,计算每个比较序列与参考序列对应元素的绝对值,

$$|x'_0(k)-x'_i(k)|$$

然后分别计算每个比较序列对应元素的关联系数,其公式为:

$$\xi_1(k)=\frac{\min_i\min_k|X_0(k)-X_i(k)|+\theta\max_i\max_k|X_0(k)-X_i(k)|}{|X_0(k)-X_i(k)|+\theta\max_i\max_k|X_0(k)-X_i(k)|}$$

公式中:θ 为分辨系数,在(0,1)范围内 θ 取值越小,关联系数间差异越大;θ 越大,关联系数间差异越小,通常取 $\theta=0.5$。

(4)计算关联度

在数据的分析中采用等权重的邓氏灰色关联度公式,

$$H=r_i=\frac{1}{m}\sum_{k=1}^{m}\xi_i(k)$$

根据公式代入相关数据,就可以得到比较序列与各参考序列的综合关联程度,值越大,关联程度越大,数值就越小,关联程度越小。

三、样本的选取及数据来源

1.样本的选取

本书以福建省沙县的数据为基础,通过统计和整理所得数据进行计量分析。选取沙县为例的理由与本书第七章所述相似:首先,沙县是"中国小吃之乡",每年外出经营小吃业和外出务工的劳动力占全部劳动力的 66.4%,沙县的土地流转和农业规模化经营发展态势良好,2016 年度土地流转率高达 75.34%,是全省的翘楚。其次,沙县于 2011 年 12 月被农业部、央行、银监会、保监会等四部委确定为国家农村改革试验区,是 6 个农村金融改革试验区之一,此后展开了一系列的农村金融制度改革和创新,具有一定的典型和示范意义。最后,鉴于以上原因以及关于沙县的新闻报道,统计数据比较多,数据可得性较强,沙县在推行改革试验中的总结材料也为本书的数据获取提供了方便。

2.数据及数据来源说明

本章选择了与农地流转金融支持绩效影响因素相关指标的近期时间

序列数据,即2009至2016年的连续数据。数据除特别说明外,均来源于2007－2017年《福建统计年鉴》、《中国金融统计年鉴》中福建部分的统计数据,《中国农村统计年鉴》福建部分的数据,以及三明统计局网站《三明市国民经济和社会发展统计公报》(2008－2017年),沙县统计局网站《沙县国民经济和社会发展统计公报》(2008－2017年),中国土流网、三明市银监分局课题组汇编的《普惠制金融的沙县试验》一书中收录的数据。各个影响因素的具体统计数据如表8-2,这些影响因素指标作为灰色关联模型中比较序列。

表8-2 各影响因素指标统计数据表

指标	代码	年份/单位	2009	2010	2011	2012	2013	2014	2015	2016
农业GDP	F1	亿	15.64	17.8	20.76	22.28	24.63	26.04	27.09	29.06
农地流转均价	F2	斤谷/亩	250	260	300	350	360	370	385	400
农户授信额度	F3	亿元	11.42	16.63	20.46	22.45	26.53	27.36	28.62	29.71
HHI赫芬达尔指数	F4	/	30.06	28.57	25.15	18.36	16.33	16.78	18.69	20.73
FI指数	F5	/	1.4078	1.4879	1.4618	1.6912	1.6233	1.5126	1.5265	1.587
金融服务机具数量	F6	台	851	982	1052	1216	1289	1360	1432	1439
农业存贷比	F7	%	119.46	121.30	131.49	127.80	128.13	125.91	123.12	128.85
财政贴息额度	F8	万元	121.8	136.5	183.6	231.7	254.6	265.7	268.1	270.4
农村低保人数	F9	万人		0.41	0.47	1.38	0.44	0.4	0.37	0.23
相关法律政策数量	F10	个	4	5	9	11	14	15	16	19
建立流转服务组织的村	F11	个	92	133	171	171	175	177	179	183
村级融资担保基金数	F12	个	4	8	12	14	32	59	74	83

数据说明:HHI赫芬达尔指数算出来的结果一般都很小,这里采取乘以100的做法;关于农村低保人数福建省统计年鉴从2010年才开始收录,2009年度的农村低保数据将按照灰色系统分析法推算。

本书第七章中通过问卷调查取得的模糊评价的数据为截面数据,对农地流转金融支持绩效进行评价所得结果并非时间序列,不宜直接作为本模型的参考序列。因此本部分的参考序列指标是从第五章中经过专家筛选和赋权所得的绩效评价指标体系当中选取指标查找统计数据计算而得。

由于该指标体系中一部分指标具有一定的模糊性,没有相关的统计指标,此处从农地流转金融支持绩效评价指标体系中权重排名前六位的指标中选取4个有代表性的指标,如表8-3所示:农地流转贷款增长指数、外部资金吸收指数、农民纯收入变化指数、农地流转规模经营指数。对这些指标进行取归一化所得权重进行加权平均计算出农地流转金融支持绩效增长指数指标值序列作为参考序列。

表 8-3 参考序列指标数据及指标值

指标	权重	归一权重	2009年	2010年	2011年	2012年	2013年	2014年	2015年	2016年
农地流转金融支持绩效增长指数	——	1	20.96	34.82	39.34	26.23	26.27	26.91	27.76	29.79
农地流转贷款增长指数	0.0720	0.2165	16.57	19.14	26.34	22.98	25.71	26.32	28.19	33.76
外部资金吸收指数	0.0846	0.2544	32.2	68.75	80	40	40.26	40.79	43.16	45.33
农民纯收入变化指数	0.0667	0.2006	8.8	11.9	17.3	13.9	11.4	11.8	10.1	8.3
农地流转规模经营指数	0.0992	0.2948	25.17	36.65	33.31	28.12	27.73	28.73	29.36	31.5

数据说明:农地流转贷款增长指数采用沙县农业局统计的各年度的农地流转贷款增长率数据;外部资金吸收指数用三明银监局统计的沙县区外银行贷款并计算其增长指数而得;农地流转规模经营用数沙县农业局统计的十亩以上的农地流转增长率代表;农民纯收入变化指数由福建统计年鉴中沙县农民人均收入数据计算而得。

四、模型实证分析

把上述统计数据输入灰色系统软件进行实证分析,利用均值化法对数据进行无量纲处理,标准化处理后所得数据表格,如表8-4。

表 8-4 农地流转金融支持绩效与各影响因素标准化数据

年份	代码	2009	2010	2011	2012	2013	2014	2015	2016
农地流转金融支持绩效指标值	E1	0.7226	1.2003	1.3561	0.9041	0.9055	0.9276	0.9570	1.0269
农业GDP	F1	0.6826	0.7769	0.9061	0.9724	1.0750	1.1365	1.1823	1.2683
农地流转均价	F2	0.7477	0.7776	0.8972	1.0467	1.0766	1.1065	1.1514	1.1963

续表

年份	代码	2009	2010	2011	2012	2013	2014	2015	2016
农户授信额度	F3	0.4987	0.7263	0.8935	0.9805	1.1586	1.1949	1.2499	1.2975
HHI赫芬达尔指数	F4	1.3768	1.3085	1.1519	0.8409	0.7479	0.7685	0.8560	0.9494
FI指数	F5	0.9158	0.9679	0.9509	1.1001	1.0560	0.9840	0.9930	1.0324
金融服务机具数量	F6	0.7076	0.8165	0.8748	1.0111	1.0718	1.1309	1.1907	1.1965
农业存贷比	F7	0.9499	0.9646	1.0456	1.0162	1.0189	1.0012	0.9790	1.0246
财政贴息额度	F8	0.5625	0.6303	0.8478	1.0700	1.1757	1.2270	1.2381	1.2487
农村低保人数	F9	0.6914	0.8099	0.9284	2.7259	0.8691	0.7901	0.7309	0.4543
相关法律政策数量	F10	0.3441	0.4301	0.7742	0.9462	1.2043	1.2903	1.3763	1.6344
建立流转服务组织的村	F11	0.5746	0.8306	1.0679	1.0679	1.0929	1.1054	1.1179	1.1429
村级融资担保基金数	F12	0.1119	0.2238	0.3357	0.3916	0.8951	1.6503	2.0699	2.3217

把上述数据输入灰色系统实验室软件按公式计算出灰色关联系数如表 8-5 所示。

表 8-5 各影响因素关联系数值

年份	代码	2009	2010	2011	2012	2013	2014	2015	2016
农地流转金融支持绩效指标值	E1	1.0138	0.4308	0.4143	0.9216	0.6958	0.6352	0.6129	0.5925
农业 GDP	F1	0.9999	0.4088	0.3878	0.6795	0.6316	0.6424	0.6659	0.7412
农地流转均价	F2	0.6397	0.4197	0.4264	0.9259	0.6027	0.5863	0.5588	0.5826
农户授信额度	F3	0.3422	0.7813	0.6374	0.8737	0.7001	0.6978	0.7947	0.8421
HHI赫芬达尔指数	F4	0.6944	0.6343	0.4594	0.6896	0.7742	1.0366	1.1185	1.2691
FI指数	F5	1.0713	0.4566	0.3964	0.8018	0.6900	0.6349	0.5956	0.6846
金融服务机具数量	F6	0.5827	0.5707	0.4826	0.8175	0.8141	0.9450	1.1941	1.3285
农业存贷比	F7	0.9596	0.5081	0.5469	0.9477	0.7747	0.7371	0.7603	0.8464
财政贴息额度	F8	1.0210	0.7365	0.7158	0.3490	1.0154	0.9163	0.8441	0.6453
农村低保人数	F9	0.5374	0.3577	0.4262	0.9449	0.5985	0.5485	0.5106	0.4154
相关法律政策数量	F10	0.9753	0.5965	0.6959	0.9331	0.8764	0.8987	0.9407	1.0739
建立流转服务组织的村	F11	0.5533	0.4310	0.4199	0.5990	1.0355	0.5091	0.3982	0.3615
村级融资担保基金数	F12	1.0138	0.4308	0.4143	0.9216	0.6958	0.6352	0.6129	0.5925

最后利用邓氏灰色关联度比较分析法计算各影响因素的指标对农地流转金融支持绩效的灰色关联度,所得结果如表 8-6。

表 8-6 各指标灰色关联度系数排名表

影响因素	灰色关联系数	关联系数代码	排名
农业 GDP	0.6646	r1	8
农地流转价可格	0.6447	r2	9
农户授信额度	0.5928	r3	10
HHI 赫芬达尔指数	0.7087	r4	6
FI 指数	0.8345	r5	3
金融服务机具数量	0.6664	r6	7
农业存贷比	0.8419	r7	2
财政贴息额度	0.7601	r8	5
农村低保人数	0.7804	r9	4
相关法律政策数量	0.5424	r10	11
建立流转服务组织的村	0.8738	r11	1
村级融资担保基金数	0.5384	r12	12

从以上灰色关联分析所得结果看,本部分选取的 12 个指标的灰色关联度系数 $r_1 \sim r_{12}$ 的指标最高值为 $r_{11}=0.8738$,最低值为 $r_{12}=0.5384$,所有指标的关联度系数均高于 0.5,表明这些指标与农地流转金融支持绩效之间均存在着关联,这个结果说明本章第一部分定性分析所得的 12 个影响因素均对农地流转金融支持存在着一定程度的影响,即验证了本章第一节所提出的 11 个理论假说中存在影响的部分。这 12 个影响因素按关联度(即这 12 个影响因素指标对农地流转金融支持绩效的影响)从大到小的排序是:r_{11} 建立流转服务组织的村 $>r_7$ 农业存贷比 $>r_5$ FI 指数 $>r_9$ 农村低保人数 $>r_8$ 财政贴息额度 $>r_4$ HHI 赫芬达尔指数 r_6 金融服务机具数量 $>r_1$ 农业 GDP $>r_2$ 农户授信额度 $>r_3$ 农地流转价格 $>r_{10}$ 相关法律政策数量 $>r_{12}$ 村级融资担保基金数。

第三节 基于灰色关联结果的影响因素分析

一、支持对象维度灰色关联结果分析

如表 8-7 所示,从模型数据的输出结果看,支持对象纬度影响因素指标的关联系数在 0.6 左右,说明本纬度指标具有较强的影响力,但在总的 12 项指标中排名仅 8 至 10,排名及影响力中偏后。

表 8-7 支持对象维度的影响因素数据及灰色关联度

指标	假设	单位	2009 年	2010 年	2011 年
农业 GDP	正相关	亿元	15.64	17.8	20.76
农地流转价格	正相关,显著	斤谷/亩	250	260	300
农户授信额度	正相关	亿元	11.42	16.63	20.46

2012 年	2013 年	2014 年	2015 年	2016 年	灰色关联度系数	排名
22.28	24.63	26.04	27.09	29.06	0.6646	8
350	360	370	385	400	0.6447	9
22.45	26.53	27.36	28.62	29.71	0.5928	10

支持对象维度三个指标中关联度最高的是农业 GDP,其关联度排名居于第 8 位,在三个影响因素中排名最前,这反映了农业产业的发展、农业产业的经营绩效的提高是根本的内在的因素。在其他条件不变的情况下,农业 GDP 的提高意味着农业经济发展和经营绩效的提高,从而遵循着:提高农业经营绩效——获得更多的金融支持——农地流转加快——规模化经营——农业生产经营绩效提升——农地流转金融的绩效提升——吸引更多的资金——农业的经营绩效进一步提升,实现良性循环。这也证明了大力发展农业产业提高其经营绩效的意义。

按照传统经济学理论,土地是稀缺的自然资源,它不仅是商品,而且是资本品,农地的价值和预期收益是影响农地流转金融支持绩效的关键因素。土地可以同资本一样为所有者(或使用者)带来收益,还能为投资者带来较高的预期收益,土地价值增值的预期越大,所能吸引的金融投入也越

大,同时所产生的金融支持绩效也就越高。近十年来沙县的农地流转平均价格从 250 斤谷/亩上涨到 400 斤谷/亩,农地价值预期不断上涨是明显可见的。

值得注意的是,代表农地价值和农地资源禀赋的 r_3 指标即农地流转价格,在所有影响因素中排名靠后,仅为第 9 名,超出预期。该指标对农地流转金融支持的绩效影响关联系数偏低的原因是,一方面农地价格及其租金具有价格刚性,易涨难跌,而绩效值随着各种影响因素的变化,各年度有高有低。另一方面,土地价值与农地流转金融支持绩效关联度比预期低,这也恰好反映了当前我国农地资本市场存在一定的失灵,农地价格和地租的价格杠杆功能未充分发挥,农地资本化运作尚未普遍,农地的价值实现需要进一步加强,这也反向证明了农地的资本化运作已成为农地金融进一步深化的必然选择和我国亟须建立和完善农地金融制度的现实。

授信额度反映了农户的个人或家庭信用担保能力。信任是商业交换与交流的媒介,更是金融交易的媒介与基础。通常情况下传统社会以私人信任为主,而现代社会则更依赖于系统信任或社会信任。农户授信额度授信额度在本纬度中的关联系数为 0.6447,有较强关联,这说明随着农户还款能力和资本信用的提高,其获得农地流转贷款的可能性越高,也意味着规模生产的能力越强,对农地流转的金融绩效产生的影响也越大。当前我国农村正在转型,一方面农户的授信额度已经开始对农户的金融获得产生影响,另一方面现代社会系统的社会信任体系正在构建,尚未发挥其应有的作用,指标排名第 10,比较靠后,这也反映了农村商业和社会信用体系仍需要进一步加强和完善的现实情况。

二、金融支持环境维度灰色关联结果分析

金融支持环境维度的四个影响因素有三个是反映农地流转金融支持体系内部因素的指标,其中 HHI 指数即赫芬达尔指数是反映金融市场体系竞争程度的指标。灰色关联分析结果显示了本维度指标的重要性,如表 8-8 所示,几个指标中反映金融机构自身经营绩效和风险控制能力的指标整体排名靠前,农业存贷比的灰色关联度达 0.8591,排名第 2;反映农场金

融机构自身金融支持能力的资金调动能力的 FI 指标的关联度 0.8153,排名第 3;而反映金融机构服务能力和设施水平的金融服务机具数量指标的灰色关联度排名第 7。这些都表明农地流转金融支持绩效的诸多影响因素中,金融支持体系内在影响因素才是重要的关键的影响因子。

表 8-8 金融支持环境维度的影响因素数据及灰色关联度

指标	假设	单位	2009 年	2010 年	2011 年	2012 年	2013 年	2014 年	2015 年	2016 年	灰色关联度系数	排名
HHI 指数	负相关	/	30.06	28.57	25.15	18.36	16.33	16.78	18.69	20.73	0.7087	6
FI 指数	正相关、显著	/	1.4078	1.4879	1.4618	1.6912	1.6233	1.5126	1.5265	1.587	0.8345	3
金融服务机具数	正相关	台	851	982	1052	1216	1289	1360	1432	1439	0.6664	7
存贷比	正相关、显著	%	119.46	121.30	131.49	127.80	128.13	125.91	123.12	128.85	0.8419	2

HHI 赫芬达尔指数的排名为第 6,从数据上看,HHI 指数整体呈现下降趋势,近几年变化较小,2016 年的 HHI 指数稍稍反弹,说明农村地区金融市场竞争逐步有所加强,但总体结构相对稳定,且 2016 年比 2015 年稍微集中。究其原因不难发现,2005 年后人民银行、银监会在全国开展村镇银行、农村资金互助社、小额贷款公司等新型农村金融机构试点工作,2008 年人民银行和银监会出台了《关于小额贷款公司试点指导意见》,在一定程度上促进农村地区的金融改革深化了增强了农村金融体系的市场竞争度。但近几年银行整体银根紧缩,部分商业银行放弃了对农村和农地的金融支持,所以 2016 年的指标稍微反弹。总体看,农村金融市场竞争程度逐步增强,但是尚未打破农村金融市场垄断格局,因此,这几年市场结构的变化对农地流转金融支持绩效影响不显著。

值得注意的是,沙县农村金融机构存贷比普遍偏高,最高为 2011 年度的 131.49%,最低也有 119.46%,这反映了沙县农村金融机构的资金转化能力非常强,盈利水平较高,对农地流转金融支持绩效提升的贡献大,FI 指标的均值为 1.5373,水平比较高也印证了这一点。但是平均值为 125.76% 的存贷比也反映了农村金融机构的经营蕴含着巨大的风险。为控制金融风险,防止银行过度扩张,央行规定商业银行最高的存贷比例为 75%,虽然 2010 年之后,此规定有所松动且鉴于农村金融体系的特殊性,涉农金融机构的存贷比不受 75% 的限制,但是沙县近 4 年的存贷比均高于 100% 的安全警示线的事实,足以表明农村金融市场体系潜藏着巨大的风险,亟须加强金融监管。

三、制度环境维度灰色关联结果分析

金融支持环境维度影响因素的三个指标:财政贴息额度、农村低保人数、相关法律政策数量,分别用来代表相关法律制度的完善程度、政府的支持策略、农村社会保障制度的完善情况。如表 8-9 所示,其灰色关联度系数及排名分别是:农村低保人数,0.7804,排名第 4;财政贴息额度,0.7601,排名第 5;相关法律政策数量,0.5424,排名第 11。从关联度系数和排名不难发现,政府的金融支持策略和农村社会保障制度的完善对农地流转金融支持的绩效影响相对比较大。随着农村保障制度的健全,农民后顾之忧逐步得以解决,农民土地流转的意愿也随之增强,从而实现规模经营,有助于提升农地流转金融支持的绩效。福建统计年鉴各县数据关于农村社会保障的数据只有农村低保人数,且 2010 年才开始纳入统计范围。从数据上看,农村低保人口占总人口比例较低,受保人数呈先增后减趋势,2010 年只有 0.41 万人,2011 年为 0.47 万人,2012 年增长较快,达到最高值 1.38 万人,此后人数开始回落:2015 年为 0.35 万人,2016 年为 0.23 万人。这一方面反映了人民生活水平提高,另一方面也说明目前农村社保体系不健全,农村社会保障制度不完善,参保门槛较高,覆盖面窄,由于受到条件的限制,并没有真正实现应保尽保。

表 8-9 制度环境维度的影响因素数据及灰色关联度

指标	假设	单位	2009年	2010年	2011年	2012年	2013年	2014年	2015年	2016年	灰色关联度系数	排名
财政贴息额度	正相关	万元	121.8	136.5	183.6	231.7	254.6	265.7	268.1	270.4	0.7601	5
农村低保人数	正相关、显著	万人		0.41	0.47	1.38	0.44	0.4	0.37	0.23	0.7804	4
相关法律政策数量	正相关	个	4	5	9	11	14	15	16	19	0.5424	11

近年来政府十分重视对农地流转金融支持,在政府的推动下各部门也纷纷出台支持策略,加大财政支持力度。以农地经营贷款财政贴息为例,从2008年开始至今,沙县政府财政贴息额度总数达1 732.4万,平均每年近200万,这在一定程度上促进了沙县的农地流转,提升了农地流转金融支持效率,为沙县农村金融改革顺利进行奠定了基础。财政支持固然重要,但是政府介入土地流转和进行金融支持必须保持合理边界。在土地流转及其金融支持的过程中,政府应严格遵循"依法、自愿、有偿"的原则。政府不宜过深介入农地流转和农地金融经营活动,而应尊重金融机构和农户的选择,依照市场规律,主要履行服务、引导、规划和监管职能。

此外,灰色关联结果也表明,完善的法律法规环境有助于农村金融机构积极开展农地流转金融支持活动,承担支农社会责任,提高金融支持农地流转绩效。近年来地方政府先后出台了相关的政策细则,比如沙县近年出台了多个文件来推动农村金融支持业务的开展。然而目前农地产权制度还不明晰,土地流转使用权和经营权抵押贷款业务的开展和后期抵押权的实现操作难,增加了金融机构贷款的风险和成本。金融机构对这些业务持谨慎态度,也在一定程度上制约了农地金融业务的开展。此外,土地抵押担保制度、投资制度等相关配套法律制度不健全也阻碍了土地资本化进程。

四、第三部门发展维度灰色关联结果分析

农地流转及农村金融发展离不开中介机构的发展,建立土地市场的交易所、经纪人等服务机构与网络,健全农地流转金融服务体系,实现服务专业化、社会化和企业化,是推动农地资本化进程、优化土地资源配置的关键。如表8-10所示,灰色关联分析实证结果是第三部门(社会中介组织)发展维度的两个指标中建立流转服务组织的村排名第6,村级融资担保基金数排名第11。两个指标均与农地流转金融支持绩效存在关联,这也验证了本书提出的H11理论假设:社会中介组织的发展对农地流转金融支持绩效有潜在的正向影响。

表8-10 第三部门发展维度的影响因素数据及灰色关联度

指标	假设	单位	2009年	2010年	2011年
建立流转服务组织的村	正相关	个	92	133	171
村级融资担保基金数	正相关	个	4	8	12

2012年	2013年	2014年	2015年	2016年	灰色关联度系数	排名
171	175	177	179	183	0.8738	1
14	32	59	74	83	0.5384	12

相比而言,目前农地流转的中介平台建设要比村级融资担保基金要好得多,沙县农地流转服务组织在各个乡村覆盖全面,且与农户的联系较为紧密。目前沙县建立流转服务组织的村达到了183个,实现了全覆盖。该指标对农地流转金融支持绩效的灰色关联度为0.8738,排名第1,印证了中介组织的发展对农地流转金融支持绩效有正向影响的假设。然而目前农地流转其他中介服务发展相对缓慢,供求和政策消息受阻,缺少科学的评估标准,缺乏权威的评估部门,缺少融资担保机构,还远远不能适应农地流转的实际需要。农地流及农村金融缺乏中介服务,制约了金融机构提供金融支持的积极性。一些地方虽然成立了中介组织,但是数量少,服务功

能不完善,比如沙县虽然建立了4个农地金融担保机构和83个村级融资担保基金,但担保机构实力普遍弱小,担保评估手续繁杂,这也在一定程度上制约了农地流转金融支持绩效的提升。

第四节 本章小结

本章围绕金融支持对象、金融支持环境、法律与制度环境、第三部门发展程度四个维度对农地流转金融支持绩效影响因素做定性分析,提出了11个关于农地流转金融支持绩效影响因素的理论假设,设计了12个影响因素指标,以福建省沙县为例,通过相关的统计数据展开实证分析。由于农地流转及其金融支持制度近几年才推行,相关数据统计2008年之后才有,样本量较少,难以服从典型的概率分布,故而本章选择邓氏灰色关联系统理论及模型进行实证分析。

灰色关联实证分析结果12个指标的关联度均高于0.5,证明了11个理论假说的合理性,基于灰色关联分析的农地流转金融支持影响因素分析表明,诸多影响因素中,金融支持体系内在的影响因素,即农村金融机构自身的盈利能力、金融支持能力、农业生产效率、农地资源禀赋等是关键的影响因子。外部影响因素中社会保障体系和政府的财政支持力度、社会中介组织和社会信用体系等因素有较大的影响,市场竞争环境、法律的完善程度等也对农地流转金融支持绩效有一定的影响。

◆ 第九章 ◆

绩效提升视角下的农地流转金融支持体系构建

2018年中央一号文件《中共中央国务院关于实施乡村振兴战略的意见》的颁布对进一步完善农村金融体系提出了新要求。实施乡村振兴,必须解决钱从哪里来的问题,要构建适合农村农业新特点的金融体系。前文中对农地流转金融支持的绩效评价、农地流转金融支持模式的绩效比较和影响因素分析有助于我们更好地了解农地流转金融支持的绩效现状、选择适宜的流转模式、识别影响农地流转金融支持绩效的关键影响因子,这些分析的最终目标是为了寻找提升农地流转金融支持绩效的实现途径,真正发挥农村金融对农地流转的支持作用。而农地流转金融支持绩效的提高,关键是要适应农地流转的特点,构建高效率、广覆盖、可持续的农村金融支持体系和保障机制。

第一节　农地流转金融支持绩效提升的实现途径

一、增加支持力度,提升农业经济效益

对农地流转进行金融支持必须依托农业产业发展,农业产业发展对农地流转以及对其金融支持绩效提升有着重要的支撑作用。本书第八章农地流转金融支持绩效影响因素对支持对象维度灰色关联结果的分析表明,财政和金融机构支持的支持对农地流转金融绩效的提升有重要影响。同时,农业生产效率、农地资源禀赋、农业产业的发展、农业产业的经营绩效的提高是根本的内在的因素。因此,加大金融支持力度提升农地流转金融

支持绩效可通过以下途径实现(图9-1):

第一,加大财政支持力度,以直接投资的形式投入农地流转领域。如农田的改良、农业基地建设、基础设施完善、土地规模经营等方面对农地流转给予基础性的支持。合理的财政农业直接投入规模与结构不但能体现出较高的资金配置效率,也能提高农业的经营效率,从而提升农地流转金融支持效率。

第二,采用直接或间接补贴等财政转移支付形式。如对农地进行贷款贴息以及农产品、农资补贴等,合理的财政农业转移支付支持农地流转具有政策指导效应,可以引导农户和企业的经营行为,引导资金流向,但其效果决于政策环境与产业化运行机制的效率。

第三,加大金融机构的信贷投放和资本市场融资,利用持续投资推动农地流转和规模经营的发展,做大做强农业产业基地,提高农村土地的规模化经营水平与龙头企业的带动能力,从而提升农业产业经营绩效农地流转金融支持绩效。

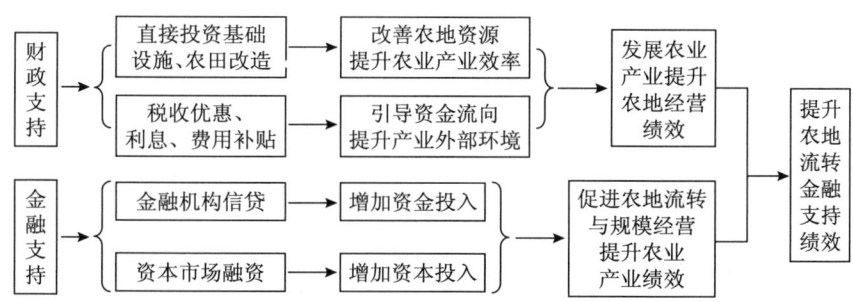

图 9-1 财政金融支持的作用机理图

二、改进金融机构服务,提高金融资源配置效率

对金融支持环境维度的四个影响因素的灰色系统分析结果显示,反映金融机构自身经营绩效的风险控制能力、金融支持能力、金融机构服务能力和设施水平等指标灰色关联度排名分别是第2、3、7名,表明金融支持体系服务能力和经营效率等内在的影响因素对农地流转金融支持绩效提升

的重要作用。金融机构自身服务能力的提高和金融服务支持力度的加大是实现农村农地流转金融支持不可缺少的环节,在农地流转金融支持绩效提升中金融服务的功能日渐突出。其作用机理如图9-2所示。

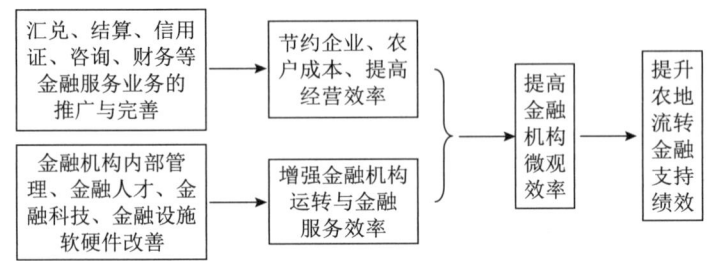

图 9-2　金融服务与金融管理的作用机理图

三、完善相关制度,提升外部环境绩效

有效的制度安排会提供激励机制、降低不确定性、降低交易费用,从而促进经济的增长和发展。除了农业产业和金融市场的内部因素外,有效的产权制度、社会保障制度、金融市场组织体系、法律体系等外部因素对于金融服务水平和服务效率的提升至关重要。合理的制度安排可以化解农村金融抑制,确保农业和农村经济发展的资金投入;根据不同地区的经济社会发展水平,对不同的制度模式进行优化选择,有助于农地流转金融支持绩效的提高。各种制度安排对农地流转金融支持绩效影响作用机理如图9-3:

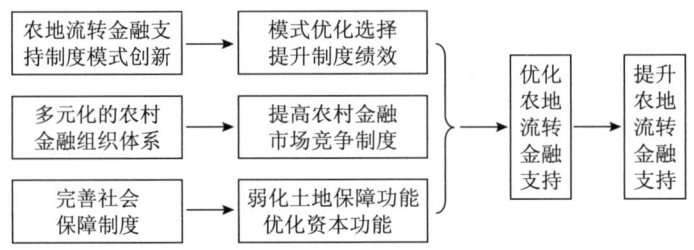

图 9-3　制度环境因素的作用机理图

第二节　农地流转金融支持体系构建

做好农地流转金融支持制度的顶层设计,加大对农地流转金融支持力度,是提升农地流转金融支持绩效的一个重要前提。农地流转需要金融业的大力支持,而要真正发挥农村金融对农地流转的支持作用则需要深入分析我国农地流转的金融供求现状及存在的问题,借鉴国外相关理论与实践成果,总结国内农村金融改革试点的经验,在此基础上结合我国农地流转发展的实际,构建高效率、广覆盖、可持续的农地流转金融支持体系。

一、农地流转金融支持体系构建基本思路

农地流转金融支持体系构建的基本思路为:在不改变农村土地用途和农村土地集体所有性质、不损害农民承包权益、不降低农民保障水平的前提下,构建农地流转金融支持体系,鼓励发展土地规模经营,促进农业发展方式转变,提高农地流转金融支持绩效。

一是从宏观角度确立土地流转金融支持体系的总体框架,按照"激励兼容"的原则构建多元化多层次开放的金融支持体系,实现金融资源优化配置,培育农村金融市场竞争机制,提高农地流转金融支持的效率。

二是建立与完善农地流转政策性农业保险体系,化解金融支持农地流转和农业规模经营的风险,保障农业和金融支农的基本利益。

三是创新农地流转金融支持服务模式,结合当地的社会经济条件进行模式优选,选择与当地经济和社会发展相适应、效率高、比较优势大的农地流转金融支持模式。

四是建立起农地流转金融支持的保障体系,为提升农地流转金融支持绩效提供制度环境保障。

二、农地流转金融支持体系构建的核心要点

1.建立多元化、多层次、开放的金融组织体系

农地流转需要金融的大力支持,但又不仅仅是加大资金的投入就能解

决的问题。本书关于农地流转金融支持绩效评价及其影响因素分析表明：改变当前农地流转的资金瓶颈，提升金融支持绩效，关键是要建设完善的金融支持组织体系。农地流转金融支持组织体系构建的一个重要思路是开放农村金融市场，按照功能互补的原则构建一个合理的、多元化的农地流转金融支持机构。农地流转金融支持组织体系应包括国家的正规金融和民间金融，按照"激励兼容"的原则，建立商业性金融、合作金融、政策金融、民间金融等四大金融资源并存、协调运转的机制，打破垄断格局，实现金融资源优化配置，形成竞争有序的农村金融组织体系。要合理界定政策金融和商业金融边界，大力发展合作金融；要放开民间金融，发展地方中小民营金融机构，这样有利于促进市场竞争。竞争能够带来效率，促进金融创新，扩大金融服务供给，更好地满足多样化的农地流转中的金融需求。

2.各金融机构合理分工、加大支持力度并提升内部管理水平

为适应农地流转的需要，农地流转金融支持组织体系应建立分工合作机制。农业银行要以服务农业龙头企业为重点，农业发展银行要以农业资源开发和投资农村基础设施建设为重点，农村信用社要坚持新型农村商业金融机构的定位，服务对象主要为农村中小客户。农业银行作为商业性金融机构，应根据农地流转的金融要求，主动承担起农地流转金融支持的重任。其他新型金融机构应该在金融机构网点覆盖率低、金融服务能力不足的农村地区设立试点，并引导社会资本流向急需资金的农村地区。各类金融机构在合理分工的前提下应不断加大金融对农地流转的支持力度，同时也要注重提升内部管理水平。

农村金融业效率低、风险高、亏损严重现象是当前困扰金融机构影响其发展的一个重要问题。本书第八章对农地流转金融支持绩效影响因素的分析表明，绩效影响因素中的关键因子是农村金融机构的存贷比和FI指数等内部影响因素，可见加快金融机构自身的机制改革、提高金融企业的管理水平，是提升农地流转金融支持绩效的重要途径之一。重点要做好如下几个方面的工作：

第一，强化金融与经济的互动意识，树立主动营销理念，提高风险防范意识，提升金融机构经营效率。

第二，努力提高内部控制水平，合理进行岗位分工，健全经营管理活动

的运行程序,降低金融机构的运营成本。

第三,树立以人为本的理念,建立健全激励和约束机制。

第四,加强绩效考评,完善管理制度,增强金融机构的盈利能力。

3.创新金融产品和服务方式,促进农村土地进一步的流转

农村金融机构要根据农村区域资源特点,以农地流转市场需求为导向,开发创新性农村金融产品,引进新技术,改进服务方式。

首先,根据农地流转的实际金融需求改进金融服务。金融机构要根据农地流转的特点,依照流转各方的需求尤其是农业规模经营的发展特点和实际需求来提供信贷业务品种、扩大贷款额度、延长贷款期限、降低利率等,并探索新的综合循环授信模式,以满足种粮大户发展多种经营的资金需求。

其次,金融部门应以土地流转的金融需求为导向设计和创新农地金融产品、进行机构的设置以及开发中间业务,例如,可以尝试抵押、质押、地票、土地银行、农地信托、农地入股组建农民专业合作社等不同金融模式进行实践。

此外,还可以借鉴农信社开展的小额贷款的经验,根据土地流转的需要推出农户联保、大额农户信用贷款、土地订单贷款、协议贷款等业务以解决农地流转后农民贷款额度不断提高而缺乏抵押物的困境。

三、农地流转金融支持体系的基本框架

一个有效率的农地流转金融支持体系应该是以公共财政和政策性金融为导向,以合作性金融机构和商业银行为主体,以农业保险为保障,以法律制度、保障制度、中间组织制度等配套制度为支撑的多层次、智能化的农村金融体系。在借鉴国内外相关实践经验的基础上,结合我国农地流转的实际情况,根据农地流转金融支持体系构建总体思路安排,本章设计了农地流转金融支持体系。

该体系如图9-4所示,主要由以下几个主要部分组成:农地流转金融支持的组织体系、农地流转金融支持模式和产品创新体系、农地流转保险体系、农地流转金融服务的支撑体系。这四个方面相互作用,相互影响,因

此,提升农地流转金融支持绩效也要结合农地流转金融支持绩效提升的实现途径,围绕着这四个方面进行体系的建设、完善。

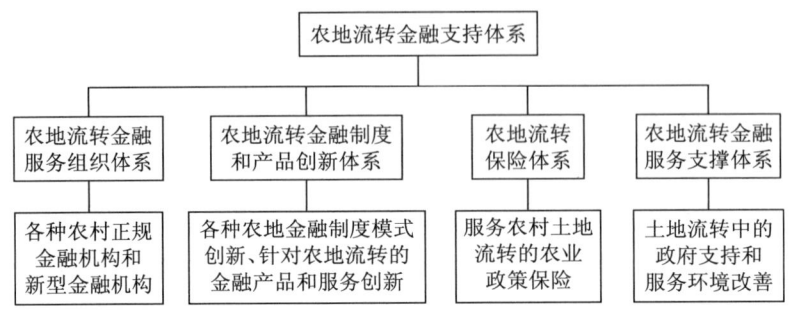

图 9-4　农地流转金融支持体系图

第三节　农地流转金融支持绩效提升的策略建议

一、建立和健全农地流转金融组织体系

健全的组织体系是农地流转金融支持体系的基础,农地流转金融支持组织体系要构建以政策性金融机构农业发展银行为支撑,农村信用社和农业银行为主体,邮政储蓄银行等其他金融机构为辅助,村镇银行、农村资金互助社、小额贷款公司等新型农村金融机构和民间融资为补充的多层次、多元化农村金融服务体系,满足农地流转多方位的金融需求。

1.强化公共财政和政策性银行对农地流转的支持

公共财政和政策扶持为农地流转和农业生产提供政策性资金保障。政策性银行作为政府公共财政政策的风向标,将政府有关金融及农业扶持政策细化,为农地流转提供政策和财政支持。提高农地流转金融支持绩效的关键是要明确农村发展银行等政策性银行在三农发展中的定位,把金融的市场调节和政府的政策扶持有机地结合起来,注重发挥政策性银行在土地流转中的诱导性作用,吸引大量的资金流向农村,支持农地流转,促进农地规模经营。

公共财政可以通过四种方式支持土地流转:

第一,通过利息补贴或降低利率等措施,减低农地经营权抵押贷款或其他涉农贷款的农户及企业的融资成本。

第二,对农户及企业向农业保险公司所投保险的保费给予补贴,降低其保险费用。

第三,由政府财政出资成立农村中小企业担保公司,或者给商业担保公司一定的补贴,缓释土地经营权抵押担保价值不足的问题。

第四,对涉及支持农地流转和农业经营的金融机构给予资本金补给和税收减免政策,提高金融机构的积极性。

2.发挥商业银行支持农地流转的主体作用

商业性农村金融机构除了发放土地使用权抵押贷款以外还应加快信贷业务和服务方式的创新,主动满足不同层次农村经营主体对金融服务的多元化需求。发挥商业银行的主体作用可以从以下几个方面着手:

一是明确农业银行在服务农地流转中的主导地位,不可盲目撤并农村经营网点,在农地流转规模较大的地区要扩充其服务功能。

二是加大农商银行对土地流转的支持力度。农商银行应适应土地流转发展进程中的金融需求,通过转变金融支农方式,不断开发涉农信贷产品,探索出一条新的金融支农路径。

三是强化农村信用社服务"三农"的功能定位,更好地发挥其支农主力军的作用。

四是优化其他国有商业银行的设置。改革国有金融机构组织结构和运行机制,有选择地在农村直接设立一些农村网点,并以直接参股、控股或发起成立村镇银行、贷款公司等新型农村金融机构作为农村营业网点不足的重要补充。

3.建立支农资金回流机制

一是建立起专项基金用于支持农村发展。从国有商业银行在县域吸收的存款总额中提取一定的比例用于建立农村发展专项基金,对基金进行管理,保证其保值和增值并确保资金用于农地流转和农业生产。

二是可考虑扩大央行支农再贷款的范围,单独对金融机构支农贷款的再融资设定较为宽松的条件并增大资金供给力度,确保支农资金的有效供给。

三是放宽对农村地区的金融管制,拓宽资金供给渠道。可以鼓励农业银行、邮政储蓄银行以及其他新型农村金融机构等各类金融机构参与其中,为农地流转提供信贷服务。此外,还可以进行民间金融参与农村土地经营权抵押贷款的探索。

4.加快农村新型金融机构的建设步伐

新型金融机构主要包括村镇银行、小额贷款公司、农村资金互助社等,它们以立足农村、服务三农为主要特点。这类金融机构在农地流转中具有资金供应灵活的优势,针对分散小额市场,比较适合农户的贷款需求,适宜在金融服务边缘化地区发展,以弥补金融服务空白,完善新型农村金融机构布局。首先是要放宽准入门槛,鼓励社会资本和民间资本发起或参与设立新型农村金融机构。其次是要扩大试点范围。优先选择在金融机构网点覆盖率低、金融服务不足的农村地区扩大试点,引导社会资本流向急需资金的农村地区。再次是要加强监管协调,进一步强化地方政府监管职责,各级人民银行和银监部门要加强风险监测和政策指导。

二、农地流转金融制度模式和金融服务产品创新

农地流转金融支持产品创新关系到农地流转业务的发展进程,农地流转的深入推进,对农村金融产品的开发与创新也提出了新的要求,因此为使农村金融机构能有效地服务于农地流转,必须创新农地流转金融支持产品和服务方式,为金融支持农地流转创造载体和运行条件。

1.创新和优化金融支持模式

通过农地流转金融支持模式创新和模式的优化选择,使农村金融组织支持农地流转更为有效。积极探索推出农地流转信托、农村土地使用权抵押贷款、农村土地承包经营收益权质押贷款、农地股份合作制、农户联保贷款等农地流转金融支持新模式,为农地流转金融支持提供有效载体。也可以尝试地票、土地证券等农地资本化模式,根据金融市场环境组建土地银行、农民专业合作社等不同金融模式进行实践。在各地通过农村金融改革试点对这些模式进行试验研究,分析并比较这些模式的优点、缺点、实施条件、制度保障机制、模式所产生的经济社会绩效。根据不同金融支持模式的特性结合地区的社会经济发展条件多模式进行优化和选择。

2.针对农地流转的实际需求创新金融产品

金融机构可根据农业发展的特点,特别是规模农业的发展特点以及农地流转的实际需求优化贷款品种,创新贷款形式,完善金融服务水平。比如适度增加信贷品种,延长贷款期限,降低利率,扩大贷款额度等。在此基础上,探索新的综合循环授信模式,以支持种粮大户发展多种经营的资金需求,尝试开发农民专业合作社、农村连锁经营、农业龙头企业等农业贷款产品。此外,还可以借鉴农村信用社小额农户贷款的经验,适当推出大额农户联保、土地订单贷款、大额农户信用贷款业务、协议贷款;对一些信用好、前景佳、效益优的土地流转项目可以尝试动产质押贷款和设备按揭贷款等业务,以解决农地流转后农民贷款额度不断提高而缺乏抵押物的难题。

3.完善金融设施提升农地流转金融服务水平

金融部门应以土地流转的金融需求为导向进行机构网点覆盖的设置。要加快推进农村金融服务方式创新,完善农村金融服务流程,让广大农村和农民得到更多便捷和优质的现代化金融服务。针对农村地区银行机构网点覆盖率低、金融供给不足的现状,引导各类金融机构到乡镇设立营业网点和布设自助服务机器,到乡村布设小额便民支付点,加强对各网点经营者的业务培训,逐步提高其服务能力。

4.利用新科技创新农地流转金融服务方式

利用互联网新技术创新金融服务,有效补充农村金融呈现出的"小、微、分散"的特点,利用大数据和技术解决农村金融领域金融供给不足的问题。比如通过网络借贷、农地股权众筹融资等互联网金融手段,凭借技术优势,消除金融的地域歧视,积极吸引城市富余资金回流农村,为农地流转提供金融支持。据测算,"十三五"期间,我国"三农"互联网金融将保持高速增长态势,2015年我国"三农"互联网金融的规模为125亿元,到2020年,总体规模将达到3 200亿元,有望成为"三农"金融缺口的有效补充。①

同时,可以用互联网的手段沉淀数据,逐步建立农村信用体系,最终实

---

① 数据来源:中国"三农"互联网金融发展报告(2016)[EB/OL].http://www.tuliu.com/read-39715.html,2018-02-09.

现农村与城市无差别或平等高效的金融服务。利用互联网和大数据有效评估农地资本的价值,甄别具备潜在偿还能力的借款农民,将土地资产和农民信用进行资本化,通过对缺乏信用记录和其他抵押品的农户进行授信,为其提供农地流转的资金支持。移动互联网的加速发展,在为快速降低金融的营运成本、提升农地流转金融支持绩效提供了可能的同时,也提供了信贷、保险、支付的一篮子解决方案。

三、健全土地流转贷款风险分担机制

为保证农地流转金融支持的可持续发展,有必要建立农地流转风险分担机制,为金融服务土地流转筑起避险屏障,还可以尝试从以下方面着手健全土地流转贷款风险分担机制:

1. 丰富农业保险种类

为农户提供养殖险、农作物种植险外还可以开发新险种,比如产量保险、气象指数保险等险种;对于农户及农业企业的市场风险也可以通过为其生产订单提供收入保险、成本保险、信用险、责任险等办法来规避。此外还可以为金融机构提供贷款损失险。实际上,农业产业低收益、高风险的特征使得保险机构在农业保险中举步维艰,因此有必要为经营土地流转相关业务的农村金融机构提供相应的贷款损失险。

2. 健全农业保险体系

农业保险体系的构建有赖于发挥政府的扶持作用。可以采用政府财政补贴推动和商业化运作的模式,加快推广政策性农业保险,由政府提供保费补贴,扩大农业保险的范围和覆盖面,分散农业的金融风险,保护和调动农地流转主体参保积极性,同时对提供农业保险的保险公司提供政策上和经济上的支持,使其能够在农业保险经营上获得利润,保险公司才会逐步向农村延伸触角。农业保险公司应积极开发适合农地流转的农业保险产品,逐步探索银保合作模式,降低银行的信贷风险。

3. 建立农业保险基金

农业经营高风险特性也导致了农地抵押贷款或其他农地流转金融业务的高风险性,增加了金融机构的农地流转贷款风险。因此,除了财政补

贴以外还应建立农业保险基金,政府通过委托代理或者政府补贴的方式鼓励商业保险机构进入农业保险市场,参与管理,帮助政府开展农业保险机构的超额赔款补贴和农户的保费补贴。

4.加快建设农村信用体系

农地金融业务的开展是以信用为基础的,首先,需要积极推动信用体系建设,从构筑信用基础、进行信用评级、创建信用区域等方面入手,加强信用文化宣传和培养力度,强化农民的信用意识,保护农村金融机构的合法权益,支持其依法保全和执行抵押资产,为金融支持土地流转打造"农村金融信用区"。其次,构建农村信用担保体系,鼓励有条件的地区采用市场运作方式建立农村互助担保机构,可采用政府出资、农业企业参股的模式加快建立健全农村信用担保体系。最后,要建立农村保险市场监管机制,政府主管部门要加强对农村保险市场的监督管理,同时要发挥保险业协会的协同监督作用,保障农村保险业务的健康发展。

四、农地流转金融服务的支撑体系建设

农地流转金融支持体系能否高效而健康地运行,不仅取决于体系自身的合理安排,而且还受到配套制度和外部环境的影响。因此,需要建立有效、健全的外部支撑体系作为保障。

1.完善相关法律体系

中国现行法律对土地流转的金融业务规定的不明确、不完善将带来明确的法律风险。当前农地金融制度构建中能够援引的主要法规为《中华人民共和国农村土地承包法》,其明确规定土地承包经营权可以抵押。现实操作的直接政策依据为《关于加快推进农村金融产品和服务方式创新的意见》,其提出有条件的地方可以探索土地经营权抵押贷款。但效力程度更高的《宪法》和真正直接涉及农地金融制度的法律均无明确之规定,这就使得我国当前农地金融制度试点在农地抵押贷款环节尚缺乏法律依据,致使以土地使用权抵押时债权的变现难度很大,成为农地金融发展的重要制约因素。

应明确农地产权关系,赋予农地承包经营权抵押合法地位,从法律上

承认农民拥有完整物权性质的农地承包经营权,赋予农民对土地经营权的支配处置权,适当延长农民对土地承包经营的年限。立法难度较大时,可以由金融机构先行出台具体的规章制度。可总结试点经验,出台《农地抵押贷款管理办法》,以此来明确农地抵押权贷款的运作模式,规范各方的利益诉求。同时,对农地承包经营权进行规范化管理。建议先明确农村土地承包经营权抵押的条件和范围,再完善农地承包经营权的抵押价值评估和抵押登记制度,做好农村土地承包经营权的登记和证书颁发制度。建立以农地承包经营权抵押为基础的投融资体系。正确引导农地流转相关贷款业务的开展,促进土地流转市场发展。

2.健全农村社会保障体系

在中国农村社会保障制度尚不完善和健全的条件下,土地仍具有养老、医疗、失业和最低生活保障等综合性保障功能,农地仍然是农民基本的生活保障,因此健全农村社会保障体系,弱化农地的社会保障功能是推行农地流转的重要前提之一。应全面落实农村的最低生活保障制度,同时建立农村社会养老保险和基本医疗保障制度,从而打消农民的后顾之忧,即使农民参加农地使用权抵押后失去土地,也不会因此倾家荡产失去基本保障。在此基础上可以赋予农村金融机构变现的权力,到期偿还有困难的,可依法对土地使用权及地面的作物进行拍卖解决农地抵押权实现难的问题,提高金融机构贷款的积极性。但处置抵押权时,可以要求使用权承接人雇佣已经失去农地使用权的农户作为农业产业工人,保障其基本的生活条件。

3.建立和完善第三部门服务体系

一是要尽快建立和完善第三部门农村土地价值评估制度。创新农地金融服务模式的前提是建立科学的土地价值和农资产评估体系,以土地为基础进行融资之前,必须进行土地价值的评估。为了科学合理地确定土地价格,可以由第三部门提供土地价值、流转租金以及其他农资产评估服务。二是建立土地使用权流转服务体系。在县区建立土地使用权流转信息平台在乡镇建立村土地流转服务中心,负责对管辖范围内土地流转信息发布、供求联系、农地流转及金融政策宣传,对于预流转的土地价值进行评估,推动农地流转和相关的金融服务工作。

4.完善农村金融的监管体系

我国复杂的农村金融局面和相对宽松的准入政策给农村金融机构带来机遇,也为农村金融监管带来了新的挑战。农村金融市场的市场失灵和监管法律的供给不足导致了农村金融监管法律体制建设的非均衡现状。农地流转金融支持中应当充分考虑风险和规范的重要性,设置多层次的农村金融监管机构,整合农村金融监管资源以完善农村金融监管法律制度体系,监督检查涉农金融资金的流向、执行支农贷款比例,并对不符合要求的单位和高管给予处罚,追究责任。要对农业规模经营主体实行资格认证,主要看其有没有资金来源、有没有经营能力。对达不到资格要求的单位应禁止进行农地融资活动。要对经营项目、规模、风险进行审查,并提倡建立土地承包经营权流转风险保证金制度,在加强金融监管法律立法的同时要加快农村基层的金融自律组织的建设,制定同业自律公约,规范和协调同业经营行为,建立完善的农村金融信息披露制度,形成有效的社会监督实施"四位一体"的农村金融监管体系。

第四节 本章小结

本章借鉴了前几章的实证研究结论,在农地流转金融支持绩效评价及对绩效影响因素进行分析的基础上,探讨了农地流转金融支持绩效的提升路径、设计有效的农地流转金融支持体系,围绕体系框架提出了农地流转金融支持绩效提升的策略建议:建立和健全农地流转金融组织体系;创新农地流转金融制度模式和开发金融服务产品;健全土地流转贷款风险分担机制;建设农地流转金融服务的支撑体系,发展社会中介服务,建立和完善第三部门服务体系等。

◆ 第十章 ◆
研究结论与展望

第一节 主要研究结论

本书在农地流转金融支持绩效理论分析的基础上,梳理并构建了农地流转金融支持绩效评价指标体系,以福建省的数据为例,对当前农地流转绩效进行了实证分析,对不同农地流转模式的经济绩效、综合绩效进行了比较分析,应用灰色关联分析法梳理了农地流转绩效的关键影响和制约因素,最后提出构建农地流转金融支持体系的总体框架和基本思路,并给出提升农地流转金融支持绩效的对策建议。

总结本书的研究工作,主要的研究结论如下:

第一,本书总结了目前国内主要的农地流转模式,包括农地股份合作制、土地银行、农地使用信托、农地承包经营权抵押贷款,通过归纳分析和比较分析,总结其特征及运行机制。以江苏省溧阳市、陕西省杨陵区、宁夏回族自治区同心县、福建省沙县等试点为典型案例进行实效分析,认为进行农地金融支持制度安排、选择适合自身发展的农地金融支持模式时应综合考虑制度产生的时间、地区的经济发展基础、社会环境等方面因素。

第二,本书在对已有文献进行归纳和借鉴的基础上,从金融支持力度、金融支持满意度、金融支持效率、金融支持结构合理度四个维度设计了农地流转金融支持绩效评价指标并进行分层,通过专家调查法对指标进行筛选,运用层次分析法并采用加权算术平均进行群决策分析处理,计算出各指标的具体权重。农地流转金融支持绩效的四个一级指标金融支持力度、金融支持满意度、金融支持效率、金融支持结构合理度的权重分别是

0.2522、0.1862、0.3961 和 0.1656。二级指标中排名前六位的依次是土地规模经营指数 X_{31}、融资成本指数 X_{35}、外部资金吸收指数 X_{32}、营业网点覆盖率 X_{11}、农地流转贷款增长率 X_{13}、农民纯收入变化指数 X_{34}。

第三,本书第七章至第八章以福建省为例,通过实地调研获得第一手数据,对福建省的农地流转金融支持绩效进行总体评价,并对福建沙县农村金融改革试验区的几种农地流转金融支持模型的绩效进行分析评价和比较。对福建省农地流转金融支持绩效综合评价结果表明:福建省"农地流转金融支持力度""农地流转金融支持满意度""农地流转金融支持效率"评价指标的评价结果属于 E_3 级,均为"中等",通过加权平均计算得出福建省农地流转金融支持绩效综合评分值为 65.97 分,属于 E_3 级,说明福建省农地流转金融支持绩效综合评价结果为"中等",且分值偏低,说明当前农地流转金融支持虽呈现正效应,但仍需加大支持力度,另外金融支持的结构仍需优化。

第四,以福建省沙县数据为例的农地流转金融支持模式绩效实证结果表明:农地信托模式、农地股份合作模式、农地承包经营权抵押贷款模式三种模式都在不同程度上产生了经济效益,对当地的农地流转和经济发展都有较大程度的改善。实证分析结果表明:农地股份合作制金融支持模式经济效率指标值(156.1)＞农地信托金融支持模式效率指标值(125.4)＞农地承包经营权抵押贷款支持模式效率指标值(87.6)。通过模糊层次分析模型进行加权平均计算得几种模式的综合绩效评价结果是:农地股份合作制综合得分(80.826 分)＞农地信托模式综合得分(75.653 分)＞农地经营权抵押贷款模式综合得分(68.485 分)。从金融支持的综合绩效效果级别上看,农地股份合作制和农地信托模式的绩效都属于良好水平,农地经营权抵押贷款模式属于中等水平。两种比较结果都表明,市场化程度相对高的农地流转金融支持模式比市场化程度相对低的农地流转金融支持模式能带来更大的经济效益。

第五,本书从支持对象、金融支持环境、法律与制度环境、第三部门发展程度四个维度对农地流转金融支持绩效影响因素做了定性分析,提出了 11 个农地流转金融支持绩效影响因素的理论假设,设计了 12 个影响因素指标,并以福建省沙县的统计数据为例,采用邓氏灰色关联系统理论模型进行实证分析。研究结果表明：诸多影响因素中，金融支持体系内部影响因素是关键的影响因子，如农业生产效率、农地资源禀赋等内部影响因素。外部影响因素中财政支持力度、社会保障体系、法律制度完善程度、社会中介组织和社会信用体系、市场竞争环境等也对农地流转金融支持绩效有比较大的影响。

第六，本书在农地流转金融支持绩效及其影响因素实证分析的基础上，构建农地流转金融支持体系的总体框架和提升农地流转金融支持绩效的策略建议，主要有：健全农地流转金融组织体系；创新农地流转金融制度模式和金融服务产品；建立土地流转贷款风险分担机制；完善农地流转金融服务的支撑体系建设等。

第二节　不足与未来研究展望

前九章我们只窥得了冰山的一角。国内关于农地流转金融支持绩效的研究还处于起步阶段，需要结合我国农村金融发展与农地流转的实际特点进行进一步深入研究。本书虽然对其进行了一些探讨，但由于笔者学识及研究能力的局限，在研究内容及研究方法等诸多方面还存在不足。

首先，农地流转金融支持绩效评价指标体系有待于进一步丰富和完善。未来可以通过"实践—改进—再实践"的方法，对指标体系不断调整和完善，采用定性指标和定量指标相结合，增加更有代表性、更易量化的指标，使其更加趋于合理。

其次，本书主要通过福建的统计数据或调研数据来进行实证分析，数据的地域局限性使本书研究受到了一定的制约，如果能获得其他地区的数据，则实证的内容会更加翔实，更具有代表性；如果能够获取全国的数据，则可以梳理总结农地流转金融支持的其他创新模式，也可以比较同一种模式在不同地区产生的绩效，这样会使实证研究更加丰富和全面。

再次，随着时间的推移，关于影响因素方面的指标会更丰富，可以应用更多的回归模型分析挖掘影响农地流转金融支持绩效的关键影响因子。此外，本书主要研究的是农地使用权流转，而对于林地、园地、山地等其他类型农村土地没有讨论，仍有待于今后进一步研究。

参考文献

[1] Abimbola Adedeji. A Cross-sectional Test of Pecking Order Hypothesis Against Static Trade-off Theory on UK data[EB/OL]. http://ssrn.com/abstract=302827,2001-07-23.

[2] Alston L J, Higgs R. Contractual mix in southern agriculture since the Civil War: Facts, hypotheses, and tests[J]. The Journal of Economic History, 1982,42(2): 327-353.

[3] Ashok K. Mishraand Charles B. Moss. The role of credit constraints and government subsidies in farmland valuationsin the US: an options pricing mode lap proach [J]. Empirical Economics 2008 (34):285-297.

[4] Athanassopoulos, Triantis. Assessing aggregate cost efficiency and the related Policy implications for Greek local munie Palities[J]. INFOR, 1998, 36 (3):66-83.

[5] Auerbach, A. J, M. A King. Taxation, portfolio choice and debt — equity ratios [J]. A general equilibrium model, Quarterly Journal of Economics,1983(98):587-610.

[6] Basu Arnab K. Oligopsonistic landlords, segmented labour markets, and the persistence of tier-labour contracts [J]. American Agricultural Economics Association,2002:438-453.

[7] Beck Thorsten, Asli Demirgii Kunt, and Vojislav Maksimovic. 2005. "Financial and Legal Constraints to Firm Growth Does Firm Size Matter?" Journal of Finance.60(1):137-177.

[8]Beck,T,Levine,R,and Loayza,N. Finance and the Sources of Growth[J]. Journal of Financial Economics 2000,58:1-2.

[9]Bergen A N,DeYoung, R.Genay, H. and Udell, G F. Globalization of Financial Institutions: Evidence from Cross-Border Banking Performance. Brookings—Wharton papers on financial services.2000, 3(1): 23-136.

[10]Besley,T.J.,Burchardi,K.B.,Ghatak,M.. 2012. Incentives and the de Soto Effect. The Quarterly Journal of Economics, 127(1):237-282.

[11]Bradley M G. Jarrell, E. H Kim. On the existence of an optimal capital structure theory and evidence[J]. Journal of Finance, 1984, 39: 857-877.

[12]Brian P Cozzarin. Organizational Structure in Agricultural Production Alliances [J].International Food and Agribusiness Management Review, Vol. 1,No.2,1998.

[13]Bromley D W.A most difficult passage: the economic transition in central and eastern Europe and the former swviet union[J] .EMERGO7,2000 (3):2-23.

[14]Cadsby C B,M Z Frank, V Maksimovic. Equilibrium dominance in experimental financial markets[J]. Review of Financial Studies,1998(11): 189-232.

[15]Chengri Ding.Land policy reform in China: assessment and prospects [J] .Land Use Policy,2003(20):109-120.

[16]DeBorger B,Kerstens K.Cost efficiency of Beigianlocal govenunents: a comparative analysis of FDH, DEA, and econometric approaches [J]. Regional Science and Urban Economics 1996,2(26) :145-170.

[17]DeFries, R., Rosenzweig C.Toward a whole-landscape approach for sustainable land use in the tropics. Proceedings of the National [J]. Academy of Sciences of the United States,107(46):19627-19632.

[18]Dybvig P J Zender. Capital structure and dividend irrelevance with asymmetric information[J]. Review of Financial Studies,1991(4):201-220.

[19]Easterly W, Islam R,and Stiglitz. Shaken and Stirred : Explaining

Growth Volatilit, Annual Bank Conference on Development Economics World Bank. Washington D.C.2001.

[20] Eckbo, B E, R W Masulis. Adverse selection and the rights offer paradox[J]. Journal of Financial Economics,1992,32:293-332.

[21] Ellram L and Copper M. Characteristics of Supply Chain Management and ENKE S. 1951. Equilibrium among spatially separated markets: solution by electric analogue[J]. Econometrica,19(1):40-47.

[22] Fare R, Grosskopf S. A nonparametric cost approach to scale efficiency[J].The Scandinavian Journal of Economics,1985: 594-604.

[23]Farrell M J.The measurement of productive efficiency[J].Journal of the Royal Statistical Society,1957: 253-290.

[24]Featherstone A M, Moss C B. Capital markets, landvalues, and boom-bustcycles. In.Moss C B, SchmitzA(eds) [M].Government policy and farmland markets: the maintenance of farmerwealth . Iowa State University Press, Ames,Iowa, 2003,159-178.

[25] Feder Gershion, Tonrojo. Land Policies and Farm Productivity in Thailand[M].Johns Hopkins Press,1998.

[26]Fei J C H, G Rains. Development of the Labor Surplus Economy: Theory and Policy. Homewood, Ⅲ:Richard D.Irwin Inc. 1964.

[27]Fischer E R. Heinkel J. Zechner. Dynamic capital structure choice: theory and tests[J]. Journal of Finance,1989,44:19-40.

[28] Furubotn Eirik G, and Pejovich, Svetozar, Property Rights and Economic Theory: A Survey of Recent Literature[J]. Journal of Economic Literature,1972: 1137-1162.

[29] Guo li, Scott Rozelle, Loren Brandt. Tenure, land rights, and farmer investments in China. Agricultural Economics,1998,19(1):63-71.

[30]H T Patrick. Financial Policies and Economic Growth. An Overview European Economic Review,1966:37.

[31] Halov N F Heider. Capital structure, risk and asymmetric information, NYU and ECB Working paper,2005. http://ssrn.com/abstract

=566443.

[32] Hans D. Seibel, Rural Finance: Mainstreaming Informal Finance Instituations, Journal of Developmental Entrepreneuriship Periodical,2001.

[33] Hennessy, C. A, T. A. Whited. Debt dynamics[J]. Journal of Finance,2005,60:1129-1165.

[34]Hollander, A., S. Monier, and H. Ossard, Pleasures of cockaigne: Quality gaps, market structure, and the amount of grading [J]. American Journal of Agricultural Economics 1999, 81(3):501-511.

[35] Indranarain Ramlall. Determinanats of Capital Sturcture Among Non-Quoted Mauritian Firms Under Specificity of Leverage: Looking for a Madified Pecking Order Theory[J]. International Research Journal of Finance and Economics, 2009, [EB/OL]. http://ssrn.com/abstract = 1480280. 2011-08-07.

[36] Jensen M C, Meckling W H. Theory of the firm: Managerial behavior, agency costs and ownership structure [J]. Journal of financial economics,1976,3(4) : 305-360.

[37]Jesness, O. B., The Economic Basis of Market Grades [J]. Journal of Farm Economics, 1933, (15):708-717.

[38]Johnson N L, Ruttan V W. Why are farms so small? [J]. World Development,1994,22(5) : 691-706.

[39] Jorgenson, D. "The Development of a Dual Economy."[J]. Economic Journal, 1961.71(282) : 309-334.

[40]Kellees Tsai, Imperfect Substitues: The Local Political Economy of Informal Finance and Microfinance in Rural China and India, World Development,2004(9):1487-1507.

[41] King R G. and Levine Finance, Entrepreneurship and Growth. Causality and Causes Journal of Monetary Economics, 1993(32):3513-542.

[42]Korotoumou Ouattara , Douglas H.Graham. Village Banks, caisses Villageoises, and CreditUnions: Lessons from Client-Owned Microfinance Organizations in West Africa, Economics and Sociology Occasional Paper No.

2523 USAID Microfinance Best Practices Case Study, 1998.

[43] Kung, J, K, and S. Liu. Property Rights and Land Tenure Organization in Rural China: An Empirical Study of Institutions and Institutional Change in Transitional Economies. Mimeo, Social Sciences Division, Hong KongUniversity of Sciences and Technology, 1996.

[44] Kung J K. Common Property Rights and Land Reallocations in Rural China: Evidence from a Village Survey[J]. World Development, 2000, 28(4): 701-719.

[45] Levine, Loayza and Beck. Financial, Intermediation, and Growth. Causality and Causes Journal of Monetary Economics, 2000, 46(1): 31-77.

[46] Lewellen J K. Lewellen. Internal equity, taxes, and capital structure. Working paper, 2006.

[47] Lewis, W. A. Economic Development with Unlimited Supplies of Labor. The Manchester School of Economic and Social Studies, 1954. 22(1): 139-191.

[48] Li, H, Squire. Land Zou. Explaining International and Intertemporal Variations in Income Inequality. Economic Journal. 1998, 108:26-43.

[49] Luhmann, N Trust and power[M]. John Wiley & Sons Ltd, 1979.

[50] Lundberg M and Majnoni, Financial Development and Economic Volatility. Does Finance Dampen of Magnify Shocks? [R]. Working Paper, World Bank. Washington, D.C. 2000:261-300.

[51] Ma, C H and Smith, B D. Credit Market Imperfections and Economic Development: Theory and Evidence. Journal of Developmenl Economics, 1996, 48(2): 351-87.

[52] Mei-qiu CHEN, Tai-yang ZHONG, Bing-juan ZHOU, et al. Empirical research on farm households' attitude and behaviour for cultivated land transferring and it's influencing factors in China[J]. Agricultural Economics, 2010, 56(9):409-420.

[53] Michael L. Lemmon and Jaime F Zender. Debt Capacity and Tests of Capital Structure Theories[J]. Journal of Financial and Quantitative

Analysis,2010(45):1161-1187.

[54]Modigliani, F, M. H Miller. The cost of capital, corporate finance and the theory of investment[J]. American Economic Review, 1958(48): 261-297.

[55]Moss C B, SchnitzA(eds).Government policy and farmland markets: the maintenance of farmer wealth[M]. Iowa State University Press, Ames.2003.

[56]Parrino R, M Weisbach. Measuring investment distortions arising from stockholder-bondholder convicts[J]. Journal of Financial Economics, 1999,53:3-42.

[57]Rozelle S, J E Taylor, and B Alan. Migration, emittances, and Agricultural Productivity in China.[J].American Economic Review, 1999.89(2): 287-291.

[58]Shahidur R. Khandker and Rashid R. Faruqee, the Impact of Farm Credit in Pakistan, Agricultural Economics,2003,28:197-213.

[59]Shaw, E. S. Financial Deepening in Economic Development[M]. Oxford University Press, 1973.

[60]Sivalai V. Khantachavana, Calum G. Turvey Rong Kong, Xianli Xia. 2013. On the transaction values of land use rights in rural China[J]. Journal of Comparative Economics, 81(3):863-878.

[61]Stiglitz, J. The new development economics. World Development, 1986, 14(2):257-265.

[62]Taylor, J. E, S. Rozelle, and B. Alan. "Migration and Incomes in Source Communities: A New Economics ofMigration Perspective from China." [J].Economic Development and Cultural Change, 2003.52(1):75-101.

[63]Terry V D. Scenarios of central European land fragmentation[J]. land use policy,2003(20):147.

[64]The World Bank, Devèze, J. Building human capital and promoting farmers and their organizations . In Devèze(Ed.), Challenges for African agriculture[M]. Johns Hopkins Press 2011.197-210.

［65］Titman S, S Tsyplakov. A dynamic model of optimal capital structure[J]. Review of Finance,2007(11):401-451.

［66］Todaro M P. Model of Labor Migration and Urban Unemployment in less Developed Countries[J]. American EconomicReview, 1969.59(1):138-148.

［67］Wan G H and Cheng E J. Effects of land fragmentation and returns to scale in the Chinese farming sector[J]. Applied Economics , 2001(33):183-194.

［68］Williamson E., The Mechanism of Governance[M]. NewYork：Oxford University Press,1996.

［69］Williamson O E. Transaction-Cost Economics：The Governance of Contractual Relations, [J].Journal of Law and Economics, 1979, XXII(2):233-261.

［70］Williamson OE. The new institutional economics：taking stock, looking ahead[J].Journal of economic literature,2000：595-613.

［71］Worthington. Cost Efficiency in Australian Local Government：a comparative analysis of mathematical Programming and econometric approaches [J]. Financial Accounting and Management , 2000, 16(3):201-224.

［72］Yoto Poulos, Gilbert. Economies of Development：Em2 Percale Investigations[M]. New York：Harper and Row, 1976.

［73］埃里克·S.赖纳特.富国为什么富 穷国为什么穷[M].北京:中国人民大学出版社.2010:16.

［74］艾利思.农民经济学:农民家庭农业和农业发展[M].胡景北,译.上海人民出版社,2006.

［75］奥利弗·E.威廉姆森.资本主义经济制度[M].商务印书馆,2002.

［76］白鹤样.以地票交易为借鉴建立土地当量交易制度[N].金融时报.2009-09-26.

［77］北京天则经济研究所中国土地问题课题组(张曙光等).农地流转与农业现代化[J].管理世界,2010(7):66-97.

[78]曹建华,王红英,黄小梅.农村土地流转的供求意愿及其流转效率的评价研究[J].中国土地科学,2007,21(5):54-60.

[79]曹玲玲,刘彬斌,秦小丽.农地流转、农村金融资源配置和城镇化耦合协调机制研究[J].农村金融研究,2017(12):49-53.

[80]曹瑞芬,张安录.中部地区农地流转经济效益分析——基于湖北省27个村313户农户的调查[J].中国土地科学,2015,29(9):66-72.

[81]曹跃群,蒋为,张卫国.农户经济视角下的我国农村土地流转影响因素:基于 Multiple Choice Model 的调查研究[J].石家庄经济学院学报,2011,34(1):83-87.

[82]曾雅婷,吕亚荣,王晓睿.农地流转对粮食生产技术效率影响的多维分析——基于随机前沿生产函数的实证研究[J].华中农业大学学报(社会科学版),2018(1):13-21.

[83]陈美球,李志朋,龚绍林,等.我国承包地经营权流转市场建设研究:述评与展望[J].农林经济管理学报,2015,14(1):1-7.

[84]陈亚东,刘新荣.农村土地流转调查研究[J].经济纵横,2009(4):58-61.

[85]陈耀,罗进华.对中国农村土地流转缓慢原因的研究[J].上海经济研究,2004(6):29-35.

[86]陈映.新农村建设中城乡统筹发展的农村公共产品供给[J].求索,2006(10):16-18.

[87]陈志刚.农地产权结构与农地绩效[M].中国大地出版社,2006.

[88]程郁,罗丹.信贷约束下中国农户信贷缺口的估计[J].世界经济文汇,2010(2):69-80.

[89]程郁.完善农地抵押贷款制度的思考[J].中国国情生产力,2015(1):27-29.

[90]程志强,对我国土地信用合作社实践的思考:以宁夏平罗为例[J].管理世界,2008(11):1-8.

[91]崔慧霞.土地流转中的农村金融效应分析[J].上海金融,2009(5):11-13.

[92]大卫·李嘉图.政治经济学及赋税原理[M].晏智杰,编.周洁,译.

北京:光明日报出版社,2009.

[93]大卫·李嘉图,郭大力译.政治经济学及赋税原理[M].北京商务印书馆,1962.

[94]戴伟娟,城市化进程中农村土地流转问题研究(四)[M].上海:上海社会科学院出版社,2011.

[95]道格拉斯·C.诺思.交易成本、制度和经济史[J].经济译文,1994(2):23-28.

[96]道格拉斯·C.诺思.制度、制度变迁与经济绩效[M].上海:上海人民出版社,2008.

[97]道格拉斯·C.诺思.经济史中的结构与变迁[M].三联书店上海分店,1991.

[98]邓大才.农地流转的交易成本与价格研究[J].财经问题研究,2001(9):52-56.

[99]杜栋,庞庆华.现代综合评价法与案例精选[M].北京:清华大学出版社,2012:150.

[100]方文.农村集体土地流转及规模经营的绩效评价[J].财贸经济,2011(1):130-135.

[101]菲利普·科特勒.营销管理——分析、计划、执行与控制[M].北京:清华大学出版社,1997:442-457.

[102]冯应斌等.基于农户收入的农地流转绩效分析[J].西南大学学报(自然科学版),2008(4):179-183.

[103]高圣平.新型农业经营体系下农地产权结构的法律逻辑[J].法学研究,2014(4):76-91.

[104]高彦彬.论市场经济条件下农地金融实现形式的变迁[J].农业经济,2009(6):92-93.

[105]谷彬.多元宫方数据看农村土地流转[J].经济导刊,2015(5):84-91.

[106]管鹏.土地流转呼唤金融服务创新—对民和县土地流转的调查[J].青海金融 2010(11):53-55.

[107]郭步超.农村土地证券化与中国农村土地金融体系构建新论[J].

生产力研究 2009(2):20-21.

[108]郭忠兴,汪险生,曲福田.产权管制下的农地抵押贷款机制设计研究[J].管理世界,2014(9):48-57.

[109]海自高.信贷约束视角下的农地流转研究[J].金融监管研究,2014(2):18-31.

[110]韩冰华.建立以土地产权货币化为基础的农村社会保障体系构想[J].农业现代研究,2004(6):435-437.

[111]韩松,王稳.几种技术效率测量方法的比较研究[J].中国软科学,2004(4).

[112]韩啸,张安录,朱巧娴,等.土地流转与农民收入增长、农户最优经营规模研究——以湖北、江西山地丘陵区为例[J].农业现代化研究,2015,(3):373.

[113]何安华.农户土地租赁与农业投资负债率的关系[J].中国农村经济,2014(1):36-42.

[114]贺振华.农村土地流转的效率分析[J].改革,2003(4):87-93.

[115]贺振华.农户外出、土地流转与土地配置效率[J].复旦学报:社会科学版,2006(4):15-26.

[116]胡爱华.我国城镇化进程中的农村土地流转障碍因素和金融支待策略[J].改革与策略,2016(2):93-95.

[117]胡初枝,黄贤金,张力军.农户农地流转的福利经济效果分析——基于农户调查的分析[J].经济问题探索,2008,(1):184-186.

[118]胡蓉萍.沙县:"留守土地"的金融试验[N].经济观察报 2012-05-28:A2.

[119]胡新艳,罗必良,谢琳.农业分工深化的实现机制:地权细分与合约治理[J].广东财经大学学报,2015(1):33-42.

[120]胡亦琴农地资本化经营与绩效分析——以浙江省绍兴市新风村农地资本化经营为例.江海学刊,2004(5):76-80.

[121]胡永宏,贺恩辉.综合评价方法[M].北京:科学出版社,2000:167-188.

[122]黄季焜,部亮亮,冀县卿,罗斯高.中国的农地制度、农地流转和

农地投资[M].上海:上海人民出版社,2012.

[123]黄建伟,刘文可,陈美球,翁贞林.中国农地流转研究述评:20年文献回顾与展望——基于社会网络分析技术[J].中国土地科学,2017(3):80-88.

[124]黄建伟,刘文可,陈美球.农地流转:演进逻辑、现实困境及破解路径——基于文献分析[J].农林经济管理学报,2016,15(4):381-389.

[125]黄贤金,尼克哈瑞柯,鲁尔特鲁本等.中国农村土地市场运行机理分析[J].江海学刊 2007(2):56.

[126]黄祥芳,陈建成,陈训波.地方政府土地流转补贴政策分析及完善措施[J].西北农林科技大学学报:社会科学版,2014(14):1-6.

[127]黄向庆.农村土地使用权流转及金融支持几个案例比较[J].金融发展研究,2009(7):3-6.

[128]黄振香,谢志忠.法经济学视域下的农村金融监管制度创新[J].福建论坛,2011(11):36.

[129]黄振香,谢志忠.供求理论视角下的农地流转金融支持问题探析[J].中南林业科技大学学报,2013(3):64-69.

[130]黄振香,谢志忠.农村土地流转及其金融支持研究述评[J].科技和产业,2013(6):16-21.

[131]黄组辉,王鹏.农地流转的现状、问题和对策[J].浙江大学学报,2008(3):52.

[132]黄祖辉,张静,Kevin Chen.交易费用与农户契约选择:来自浙冀两省15县30个村梨农调查的经验数据[J].管理世界,2008(9):76-81.

[133]霍学喜,刘军彦.金融机构产品创新形式的博弈分析[J].西北农林科技大学学报(自然科学版)2006(2):11.

[134]霍学喜,柳萍,姜爱芹,石建平.基于DEA分析的中国绿茶生产效率实证研究[J].中国农学通报 2011(2):35.

[135]贾澎.涉农企业的融资现状及信贷需求满足度研究——基于河南省龙头企业的调查问卷分析[J].现代商业,2011,(8):40-43.

[136]卡尔·波兰尼.黄树民译.巨变:当代政治与经济的起源[M].社会科学文献出版社,2013.

[137]阚立娜,李录堂,文龙娇.金融支持对农地产权流转效率影响的实证研究——以陕西省杨陵示范区为例[J].华东经济,2015(8):55-61.

[138]科斯,哈特,斯蒂格利茨.契约经济学[M].经济科学出版社,2003:69-100.

[139]科斯,哈特,斯蒂格利茨,等著.沃因,韦坎德,编.契约经济学[M].李风圣译.经济科学出版社,2003.

[140]科斯.财产权利与制度变迁[M].上海三联书店,1991.

[141]李安贵,张志宏,孟艳等.模糊数学及其应用[M].武汉:冶金工业出版社,2003:144-146.

[142]李承政,顾海英,史清华.农地配置扭曲与流转效率研究[J].经济科学,2015(3):42-54.

[143]李光荣.土地市场蓝皮书:中国农村土地市场发展报告(2015－2015)[M].社会科学文献出版社,2016.

[144]李国强.论农地流转中"三权分置"的法律关系[J].法律科学(西北政法大学学报),2015(6):179-188.

[145]李孔岳.农地专用性资产与交易的不确定性对农地流转交易费用的影响[J].管理世界,2009(3):92-98.

[146]李录堂.双重保障型农地市场流转机制研究[M].西安:陕西人民出版社,2014.

[147]李明艳,陈利根,石晓平.非农就业与农户土地利用行为实证分析:配置效应、兼业效应与投资效应——基于2005年江西省农户调研数据[J],农业技术经济,2010(3):41-51.

[148]李宁,陈利根,孙佑海.推动农地产权市场化改革需要考虑多重社会转型[J].江苏社会科学,2015(1):69-79.

[149]李茜,谷洪波.中国农村非正规金融组织的绩效分析与政策规范[J].经济与管理,2010(1):68-71.

[150]李胜兰,冯晨.再论我国农地使用权制度改革[J].学术研究,2004(12):31-36.

[151]李伟伟,张云华.农民家庭土地承包经营权及其政策界定[J].改革,2012(8):91-97.

[152]李霞,李万明.农地流转口头协议的制度经济学分析:一个交易费用分析的框架[J]..农业经济,2011(8):85-86.

[153]李晓嘉.财政支农支出与农业经济增长方式的关系研究——基于省际面板数据的实证分析[J].经济问题,2012(1):68-72.

[154]李以学,彭超等,农村土地承包经营权流转现状及模式分析[J].价格理论与实践,2009(3):42-43.

[155]李忠.农地入市流转对土地资源配置效率的影响[J].财经问题研究,2012(12):139-143.

[156]李作锋.论永包制—农地产权制度改革的路径[J].探索理论导刊,2010(1):13-18.

[157]理查德·A.波斯纳.法律理论的前沿[M].武欣,凌斌译,中国政法大学出版社,2003年版262-265.

[158]梁莉.财政金融对农村土地流转情况的影响研究——基于河南省调查数据的实证研究[J].河南师范大学学报(哲学社会科学版),2010(3):165-167.

[159]林乐芬,赵倩.推进农村土地金融制度创新——基于农村土地承包经营权抵押贷款[J].学海,2009(5):68-72.

[160]林善浪,张丽华.农村土地转入意愿和转出意愿的影响因素分析:基于福建农村的调查[J].财贸研究,2009,20(4):35-41.

[161]林毅夫,孙希芳,姜烨.经济发展中的最优金融结构理论初探[J].经济研究,2009(8):1-6.

[162]林毅夫.一个制度变迁的经济学理论:诱致性和强制性变迁[J].卡托杂志,1989(12).

[163]凌莎.农户规模经营意愿及其影响因素[J].农村经济,2014(4):96-100.

[164]刘慧.杨陵土地银行对现代农业发展的实践作用[M].价值工程.2012(3):28.

[165]刘克春,林坚.农地承包经营权市场流转与行政性调整:理论与实证分析——基于农户层面和江西省实证研究[J].数量经济技术经济研究,2005(11):99-11.

[166]刘强.浅析农村承包土地细碎化问题[J].农村经营管理,2010(3):19.

[167]刘润秋.中国农村土地流转制度研究:基于利益协调的视觉[M].经济管理出版社,2012.

[168]刘韶华.饯议土地流转存在的问题与对策研究[J].中国西部科技,2009,8(29):75-76.

[169]刘书楷,曲福田.土地经济学[M].中国农业出版社,2004.

[170]刘同山,孔祥智.十个一号文件与农村基本经营制度稳定[J].现代管理科学,2013(8):3-5.

[171]刘杨华.我国农村土地流转法律制度的困局与出路[J].法学杂志.2010,(7):74-77.

[172]楼擎擎.农业补贴对农户土地流转意愿的影响因素分析——基于浙江省141个样本户的实证分析[J].安徽农业科学,2015(22):261-263.

[173]卢现祥.制度演化的层次及其设计分析[J].江汉论坛,2007(9).

[174]罗必良,李尚蒲.农地流转的交易费用:威廉姆森分析范式及广东的证据[J].农业经济问题,2010(12):30-42.

[175]罗必良,吴晨.交易效率:农地承包经营权流转的新视角——基于广东个案研究[J].农业技术经济,2008(2):12-18.

[176]罗必良.家庭经营的性质及其产权含义[J].世界农业,2014(3):193-196.

[177]罗必良.农产品流通:组织制度的效率决定[J].农业经济问题,2000(8).

[178]罗丹阳.中小企业民间融资[M].北京:中国金融出版社,2009:5,63-65.

[179]罗剑朝,聂强:博弈与均衡:农地金融制度绩效分析——贵州省湄潭县农地金融制度个案研究与一般政策结论[J].中国农村观察 2003,(3):43-45.

[180]罗剑朝.构建新型农地金融制度[J].中国农村信用合作,2007(9).

[181]罗剑朝.中国农地金融制度研究[M].中国农业出版社,2005.

[182]罗瑞芳.我国农地产权制度改革思路的调整与突破[J].安徽农业大学学报(社会科学版),2015(2):6-11.

[183]罗先智.浅议土地承包经营权流转[J].中国经济问题,2009(1):64-66.

[184]吕晓,黄贤金,钟太洋,等.中国农地细碎化问题研究进展[J].自然资源学报,2011,4(3):530-540.

[185]马晓河,崔红志.建立土地流转制度,促进区域农业生产规模化经营[J].管理世界,2002(11):63-77.

[186]潘锦云,汪时珍.制约农地流转效率提升的因素研究[J].河南社会科学 2011(1):143-146.

[187]蒲实,张锦洪.农村集体土地流转中的经济激励[J].经济体制改革,2009(1):101-103.

[188]钱水土.新形势下农村信用社风险控制策略研究[J].农业经济问题,2015(4):247-53.

[189]钱忠好,冀县卿.中国农地流转现状及其政策改进:基于江苏、广西、湖北、黑龙江四省(区)调查数据的分析[J].管理世界,2016(2):71-81.

[190]钱忠好.中国农村土地承包经营权的产权残缺与重建研究[J].江苏社会科学,2002(2):44-45.

[191]秦涛.中国林业金融支持体系研究[D].北京林业大学,2009.

[192]任碧云,刘进军.基于经济新常态视角下促进农村金融发展路径探讨[J].经济问题,2015(5):101-106.

[193]邵传林.农村土地信用合作社兴起的逻辑:来自宁夏平罗县的个案研究[J].农村经济问题(月刊),2010,6(13):69-74.

[194]宋山梅,王晓娟,张瑞萍.贵州农村土地流转现状调查玉对策思考[J].农业经济,2009(3):33-34.

[195]孙文祥,蔡防.我国财政支农经济绩效实证研究[J].财政研究,2005(11):25-28.

[196]孙屹,杨俊孝,王岩.基于农地流转的农户规模经营绩效影响因素实证研究[J].中国农业资源与区划,2014(8):26-33.

[197]汤建饶,曾福生.经营主体的农地适度规模经营绩效与启示——

以湖南省为例[J].经济地理,2014(5):134-136.

[198]滕昭君.民间金融法律制度研究[D].中央民族大学,2011.

[199]田传浩,贾生华.农地制度、地权稳定性与农地使用权市场发育:理论与来自苏浙鲁的经验[J].经济研究,2004(1):112-119.

[200]田传浩.农地制度、农地租赁市场与农地配置效率:理论与来自苏、浙、鲁地区的经验[M].经济学科出版社,2005.

[201]田祥宇,霍学喜.财政扶持农业产业化龙头企业的博弈分析[J].商业研究2009(7):23.

[202]托马斯·罗伯特·马尔萨斯.政治经济学原理[M].厦门大学经济系翻译组,译.北京:商务印书馆,1962.

[203]王绍光.多元与统一——第三部门国际比较研究[M].杭州:浙江人民出版社,1999:6.

[204]王越子,杨雪.抵押物残缺、担保机制与金融支持土地流转:成都案例[J].西南金融2010(2):30-32.

[205]威廉,阿郎索.区位和土地利用:地租的一般理论[M].梁进社,等译.北京:商务印书馆,2005.

[206]威廉·配第.赋税论[M].陈冬野译.商务印书馆,1963.

[207]温铁军."市场失灵+政府失灵":双重困境下的"三农"问题[J].读书,2001(10).

[208]温铁军.三农问题与制度变迁[M].中国经济出版社,2009.

[209]文龙娇,苏楠,杨学军.陕西省杨陵示范区土地银行发展研究[M].湖北农业科学,2011(10):11.

[210]伍振军,张云华,孔祥智.土地经营权抵押解决贷款问题运行机制探析——宁夏同心县土地抵押协会调查[J].农业经济与管理,2011(2):9-15.

[211]西奥多·舒尔茨.改造传统农业[M].梁小民译,商务印书馆,1987.

[212]夏火林,管华松,吴志芳,杨国庆.农地股份合作增收增活力[M].农村经营管理,2012(9):6.

[213]夏淑芳,陈美球.承包地经营权流转中市场与政府的协同:理论

与实证[J].中国土地科学,2016,30(5):29-35.

[214]肖承发.金融支持土地流转的制约因素[J].中国金融 2010(24):94.

[215]肖福义.论土地流转中农民救济机制之建构:基于法律视觉的考察汇月[J].西南农业大学学报(社会科学版),2009,7(5):55-58.

[216]肖绮芳,张换兆.基于现行产权制度的农地流转经济绩效分析[J].湘潭大学学报(哲学社会科学版),2008,32(3):53-58.

[217]谢根成.农村土地承包经营权信托的必要性与可行性分析[J].农村经济,2011(9):12.

[218]徐凤真.论土地承包经营权流转的制约因素与完善建议[J].农村经济,2007(11):3-6.

[219]徐卫.土地承包经营权集合信托模式的构建逻辑与制度设计——契合土地流转的一种路径[J].暨南学报:哲学社会科学版,2015(2):50-59.

[220]邓大才,赵德建,胡平江,万磊,等著.东平崛起:土地股份合作中的现代集体经济成长[M].中国社会科学出版社,2015.

[221]许恒周.农民阶层分化、产权偏好与农村土地流转研究[M].经济科学出版社,2013.

[222]许庆,田士超,徐志刚,邵挺.农地制度、土地细碎化与农民收入不平等[J].经济研究,2008(2):83-92.

[223]亚当·斯密.国民财富的性质和原因的研[M].郭大力,王亚南译.北京:商务印书馆.2004(26).

[224]颜鹏飞,王兵.技术效率、技术进步与生产率增长:基于DEA的实证分析[J].经济研究,2004(12).

[225]杨婷怡,罗剑朝.农户参与农村产权抵押融资意愿及其影响因素实证分析——以陕西高陵县和宁夏同心县919个样本农户为例[J].中国农村经济,2014(4):51-54.

[226]杨万春.农地高效率流转制约因素分析与路径探讨[J].农业经济,2010(6):74-76.

[227]杨雄芽等.关于农村土地流转中的金融支持问题调查与思考[J].金融与经济,2002(8):49.

[228]叶剑平,蒋研.2005年中国农村土地使用权调查研究——17省调查结果及政策建议[J].管理世界,2006(7):77-83.

[229]叶兴庆.从"两权分离"到"三权分离":我国农地产权制度的过去与未来[J].中国党政干部论坛,2014(6):7-12.

[230]易丹辉.数据分析与Eviews应用[M].北京:中国统计出版社,2002.

[231]袁铖.农村土地承包经营权流转效率问题研究[J].河北经贸大学学报,2014(5):82-90.

[232]约翰·康芒斯,制度经济学(上册)[M].商务印书馆,1962:87.

[233]岳意定,刘莉君.基于网络层次分析法的农村土地流转经济绩效评价[J].中国农村经济,2010(8):36-47.

[234]张丁,万蕾.农户土地承包经营权流转的影响因素分析——基于2004年的15省(区)调查[J].中国农民经济,2007(2):24-34.

[235]张富杰.农村土地流转:特点、经验、问题及对策——基于贵州省平坝县城关镇的调查分析[J].中国农学通报,2009,25(15):300-302.

[236]张海洋,平新乔.土地流转、信息甄别与农村信用社贷款定价[J].世界经济,2012(3):36-48.

[237]张红宇,陈良彪.中国农村土地制度建设[M].北京:人民出版社,1995.

[238]张红宇.中国农村的土地制度变迁[M].北京:中国农业出版社,2002.

[239]张会萍,倪全学,杨绍艳.土地流转的影响因素分析——基于宁夏银北地区平罗县样本农户的调查[J].农村经济,2011(1):33-37.

[240]张静.土地使用规则的不确定性:一个解释框架[J].中国社会科学,2003(1):113-124.

[241]张龙耀,王梦珺,刘俊杰.农民土地承包经营权抵押融资改革分析[J].农业经济问题,2015(2):45-48.

[242]张谋贵.论我国农村集体土地使用权的流转[J].毛泽东邓小平理论研究,2003(5):50-54.

[243]张谋贵.小岗村改革的新制度经济学解释:几年改革开放30周年

[J].经济理论与经济管理,2008(8):40-44.

[244]张瑞怀.对四川省农村土地流转及金融需求情况的调查[J].中国金融,2009(15):26-29.

[245]张曙光,程炼.复杂产权论和有效产权论:中国地权变迁的一个分析框架[J].经济学(季刊),2012,11(4):1220-1239.

[246]张五常.佃农理论:应用与亚洲的农业和台湾的土地改革[M].北京:商务印书馆,2002.

[247]张云华.我国农地流转的情况与对策[M].中国国情国力.2012(7):7-11.

[248]张照新.中国农村土地流转市场发展及其方式[J].中国农村经济,2002(2):19-24.

[249]张振中,张璐.农村土地流转须加强金融服务[J].西南金融,2009(2):3-4.

[250]章玉佩.对土地流转及金融支持情况的调查——以信阳市为例[J].中国金融 2009(1):18-31.

[251]赵翠萍,陈琨.马克思土地产权理论视域下的农地流转问题探析[J].广州社会主义学院学报 2017(2):45-48.

[252]赵德起,姚明.农民权利配置与收入增长关系研究[J].经济理论与经济管理,2014(11):82-100.

[253]赵海.沙县农村金融改革试验的做法、成效与启示[N].农村金融研究 2013(1):15-18.

[254]郑旭、张琴.金融支持农地流转:机理及制约因素分析-以新绛县、温江区、杨陵区和益阳市为例经济,2015(2):57-61.

[255]中共中央马克思恩格斯列宁斯大林著作编译局[M].马克思恩格斯全集第26卷(Ⅱ)人民出版社,1972:158.

[256]中国人民银行达州市中心支行课题组.农村土地承包经营权流转中的金融支持研究——以四川达州市为例[J].西南金融 2011(2):73-76.

[257]中国人民银行曲靖市中心支行课题组.金融支持土地流转的调查思考——以曲靖市罗平县、师宗县和宣威市为例[J].中国金融 2010(2):46-50.

[258]钟涨宝,陈小伍,王绪朗.有限理性与农地流转过程中的农户行为选择[J].华中科技大学学报(社会科学版),2007,21(6):113-118.

[259]钟涨宝,狄金华.中介组织在土地流转中的地位与作用[J].农村经济,2005,(3):35-37.

[260]钟涨宝,汪萍.农地流转过程中的农户行为分析——湖北、浙江等地的农户问卷调查[J].中国农村观察,2003(6):55-64,81.

[261]周萃.我国农村金融改革成效显著[N].金融时报(A2),2013-06-28.

[262]周建春.小城镇土地制度与政策研究[M].中国社会科学出版社2007.

[263]朱英刚,王吉献.国外及台湾地区土地金融研究与借鉴[J].调查研究,2008(11):18-22.

[264]朱玉林,李佳,何冰妮.农地土地证券化经济可行性研究[J].生产力研究,2008(9):15-16

[265]邹宝玲,罗必良,钟文晶.农地流转的契约期限选择—威廉姆森分析范式及其实证[J].农业经济问题,2016(2):25-32.

[266]邹伟,孙良媛.土地流转,农民生产效率与福利关系研究[J].江汉论坛.2011(3):31-36.

附录 1
农地流转金融支持现状农户调查问卷

尊敬的_____：

您好！

为了了解农地流转金融支持及农地金融的绩效状况和存在问题，力求在此基础上提出相应的改进措施，从而更好地推进农地流转制度改革的深入，课题组按计划开展了本次问卷调查。本问卷纯属学术研究需要，且最终以汇总结果的形式体现，请您放心地根据自己的判断和答题要求填写。衷心感谢您的支持与合作！

农地流转金融支持及其绩效研究课题组

1.您的性别:(　　　)

A－男　　　　　　　　B－女

2.您的受教育程度:(　　　)

A－小学及以下　　　　B－初中

C－高中(中专)　　　　D－大专及以上

3.您的职业:(　　　)

A－务农　　　　　　　B－务农兼打工

C－务农兼工副业　　　D－长期外出打工

E－固定工资收入者　　F－其他

4.您家的情况：

总劳动力_____人

在家务农劳动力_____人，务农收益_____元/家/年

外出打工劳动力_____人，打工收益_____元/家/年

5.您家庭成员担任干部情况:(　　　)

A—有　　　　　B—没有　　　　　C—曾经有过

6.家庭是否有储蓄:(　　　　　)

A—没有　　　B—有　　　若有,大概是_____元人民币

7.家庭是否借款:(　　　　　)

A—没有　　　B—有　　　若有,大概是_____元人民币

8.若家庭有借款则家庭借款形式:(　　　　　)

A—银行贷款　　　　　　B—信用社贷款

C—私人借款　　　　　　D—其他

9.以何种方式经营您家的承包地?(　　　　　)

A—自己经营　　　　　　B—转包或出租给别人

C—参与土地入股　　　　D—从别人那儿流入更多的土地

E—其他(请具体说明):_____

10.您所在乡村存在农村土地抛荒现象吗?(　　　　　)

A—存在　　　　　　　　B—不存在

11.您是否愿意扩大粮食种植面积:(　　　　　)

A—想扩种,而且条件成熟　　B—想扩种,但无农田

C—劳动力不足,无力扩耕　　D—种田不合算,不想

12.您认为影响您耕种积极性的最大原因是什么?(可多选)(　)

A—种粮收益低于种植经济作物的收益　B—劳动力不足

C—种粮成本高　　　　　D—外出务工收入更高

E—水利等基础设施差　　F—政府政策落实不到位

G—其他(请具体说明):_____

13.您家参与过农地流转吗?(　　　　　)

A—参与过　　　　　　　B—没参与过

如果参加过,您家农地流转的年份是_____年

14.如果您参与了农地流转的主要的形式是?(　　　　　)

1—转包　　　　B—出租　　　C—代耕　　　D—互换

E—股份合作制　　F—转让　　　G—其他

15.您家农地流转的期限是(　　　　　)

A—一年及一年以内　　　B—1—3年

C— 3—10年　　　　　　　　D— 10年及以上

16.您家农地流转的对象:(　　　　　)

A—本村村民　　　　　　　B—外村村民

C—企业　　　　　　　　　D—合作组织

E—金融机构　　　　　　　F——其他

17.您家农地的流转登记情况:(　　　　　)

A—变更登记　　　　　　　B—备案登记

C—没有登记　　　　　　　D—其他

18.据您的了解和估算,您所在乡村的各种土地流转模式的价格(收益)是多少?(以一年为计算时间)

转让:转让费是_____元/亩/年

出租:租金是_____元/亩/年

代耕:代耕费是_____元/亩/年

互换:互换补偿是_____元/亩/年

股份合作制:每亩土地可以换得_____股份

土地信托:转让给土地经营公司的收益是_____元/亩/年

19.根据您家庭的农村土地经营状况,您是否愿意继续转入或转出农村土地?

A—转入　　　　　B—转出　　　　　C—维持现状

20.您认为目前农地流转需要金融支持吗:(　　　　　)

A—迫切需要　　　　　　　B— 需要

C— 可支持可不支持　　　　D— 不需要

21.目前的政府金融支持力度和方式能满足您的需求吗?

A— 能满足　　　　　　　　B— 不能满足

22.如果不能满足,您觉得政府哪些地方还需要改进?

A—财政支持力度小　　　　B—农地金融政策不健全

C—土地产权政策不明晰　　D—提供的金融公共服务不够

E— 其他(请注明)_____

23.目前的银行的农地金融产品和金融服务能满足您的需求吗?

A— 能满足　　　　　　　　B— 不能满足

24.如果不能满足,您觉得银行的哪些地方还需要改进?

A— 没有农地金融服务　　　　B—有提供农地金融服务但品种少

C—贷款额度低　　　　　　　D— 审批手续烦琐

E— 贷款条件及利息较高　　　F— 期限短

G— 其他(请注明)_____

25.以下农地金融的产品,您和银行用过那些?(可以多选):(　　　)

A— 第三方担保　　　　　　　B— 农地承包经营权质押

C— 农地承包经营权抵押　　　D— 农地入股

E— 农地债券　　　　　　　　F— 无

G— 其他(请注明)_____

26.如果提供农地金融的产品,请根据您需要排个序:(　　　)

A— 第三方担保　　　　　　　B— 农地承包经营权质押

C— 农地承包经营权抵押　　　D— 农地入股

E— 农地债券　　　　　　　　F— 其他(请注明)

27.您觉得目前向银行贷款容易吗:(　　　)

A— 根本不可能(申请被退回)

B— 很难(批准额度不满足企业需要)

C— 有点难(贷款条件及利息比较高)　　　　D— 不难

E— 相当容易

28.您家贷款用途:(　　　)

A— 农业　　　　　B— 林业　　　　　C— 养殖业

D— 建房　　　　　E— 工副业　　　　F— 其他

29.如果贷款用于农业,具体做什么:(　　　)

A— 种植　　　　　　　　　　B— 养殖

C— 生态旅游　　　　　　　　G— 其他_____(请具体说明)

30.目前您家农地贷款期限是(　　　)

A— 一年及一年以内　　　　　B— 1—3年

C— 3—10 年　　　　　　　　D— 10 年及以上

31.您希望或最需要的农地贷款期限是(　　　)

A－一年及一年以内　　　　　　B－ 1－3 年

C－ 3－10 年　　　　　　　　　D－ 10 年及以上

32.您家中是否有农地经营权抵押贷款:(　　　　　)

A－是　　　　　　　　　　　　B－否

若是,抵押面积_____亩;贷款额_____万元;

已偿还金额_____万元;年利率_____;贷款期限_____年

33.获取农地抵押贷款容易吗:(　　　　　)

A－容易　　　　　　　　　　　B－有点麻烦

C－非常麻烦　　　　　　　　　D－申请不到　　　　E－不知道

34.如果不容易,最大困难是什么:(　　　　　)

A－审批程序太复杂　　　　　　B－要求条件苛刻

C－产权不清　　　　　　　　　D－法律限制　　　　E－其他

35.目前,您想申请农地抵押贷款吗:(　　　　　)

A－想　　　　　　　　B－不想　　　　　　　C－不好说

36.如果不想,主要原因是什么:(　　　　　)

A－申请太费时间　　　　　　　B－无法满足贷款要求

C－利率高　　　　　　　　　　D－贷款少

E－期限太短　　　　　　　　　F－其他

37.是否有农地经营参加保险:(　　　　　)

A－是　　　　　　　　　　　　B－否

38.若否,没有参保原因:(　　　　　)

A－保费高　　　　　　　　　　B－保额低

C－理赔麻烦　　　　　　　　　D－想投没渠道

E－没听说过　　　　　　　　　F－其他

附录 2
农地流转金融支持绩效指标专家调查表

尊敬的老师/专家：

您好！

为了解农地流转金融支持及农地金融的绩效状况，我们设计了一套评价指标，此调查问卷的目的在于确定农地流转金融支持绩效评价指标的相对权重。调查问卷按照层次分析法（AHP）的形式设计。您的评分将作为课题组对指标赋权的重要依据，最终以汇总结果的形式体现，您的判断和填写对我们非常重要，衷心感谢您的支持与合作！

农地流转金融支持及其绩效研究课题组

层次分析法是在同一个层次对指标重要性进行两两比较。衡量尺度划分为 9 个等级，分别是绝对重要、十分重要、比较重要、稍微重要、同样重要，以及介于两两之间的 4 个等级，分别对应 9、7、5、3、1，以及 8、6、4、2 的数值。请根据您的看法，在对应方格打分即可。

例如：您觉得一个指标跟另一指标相比，前者比较重要，就打 5 分。如果您认为您对一个比较的看法介于十分重要和比较重要之间，那么您可以打 6 分。具体标度如表 1 所示。

表 1　打分标度表

标度	含　义
1	表示两个指标相比,具有相同重要性
3	表示两个指标相比,前者比后者稍显重要
5	表示两个指标相比,前者比后者比较重要
7	表示两个指标相比,前者比后者十分重要
9	表示两个指标相比,前者比后者绝对重要
2,4,6,8	表示上述相邻判断的中间值
倒数	若指标 i 与指标 j 的重要性之比为 a_{ij},那么指标 j 与指标 i 重要性之比为 $a_{ji}=\dfrac{1}{a_{ij}}$。

表 2　农地流转金融支持绩效指标专家评分表(一级指标赋权)

A	X_1	X_2	X_3	X_4
X_1				
X_2				
X_3				
X_4				

表 3　农地流转金融支持绩效指标专家评分表(二级指标赋权)

A	X_{11}	X_{12}	X_{13}	X_{14}
X_{11}				
X_{12}				
X_{13}				
X_{14}				

表 4　农地流转金融支持绩效指标专家评分表(二级指标赋权)

A	X_{21}	X_{22}	X_{23}	X_{24}
X_{21}				
X_{22}				
X_{23}				
X_{24}				

表 5　农地流转金融支持绩效指标专家评分表(二级指标赋权)

A	X_{31}	X_{32}	X_{33}	X_{34}	X_{35}
X_{31}					
X_{32}					
X_{33}					
X_{34}					
X_{35}					

表 6　农地流转金融支持绩效指标专家评分表(二级指标赋权)

A	X_{41}	X_{42}	X_{43}	X_{44}
X_{41}				
X_{42}				
X_{43}				
X_{44}				

表 7　农地流转金融支持绩效指标代码及指标说明

一级指标	二级指标	指标说明
农地流转金融支持绩效评价指标		
金融支持力度 X_1	营业网点覆盖率 X_{11}	提供该业务的营业网点数/该地区全部营业网点
	农地流转获贷比例 X_{12}	获支持贷款占所需资金的比例
	农地流转贷款增长率 X_{13}	贷款数额增加值与获得金融支持前的贷款数额比例
	农地流转贷款相关率 X_{14}	农地流转贷款占全部贷款的比重
金融支持满意度 X_2	支持制度（模式）的认知度 X_{21}	农户对金融支持情况或模式的了解程度
	支持实效的满意度 X_{22}	农户对金融支持制度或模式实施效果的满意程度
	业务设计满意度 X_{23}	农户对业务种类、年限、利息、合同设计的满意程度
	业务服务质量满意度 X_{24}	农户对业务效率、业务服务信息披露的满意程度
金融支持效率 X_3	土地规模经营指数 X_{31}	规模经营的土地面积占流转土地总面积的百分比
	外部资金吸收指数 X_{32}	单位土地可获得外部资金支持额与单位土地资金投入总量的比例
	土地增产指数 X_{33}	单位土地产值平均增加值与流转前单位土地平均产值的比例（剔除其他要素的贡献率后）
	农民纯收入变化指数 X_{34}	由农地流转引起农民人均纯收入的增加值与农地流转金融支持前农民人均纯收入的比例
	融资成本指数 X_{35}	融资及资本使用的各种成本支付（交易费用和利息）
金融支持结构合理度 X_4	农村合作及新型金融组织贷款 X_{41}	农村合作性金融组织及新型金融组织涉农地流转贷款额度
	商业性金融机构贷款 X_{42}	商业银行涉农地流转贷款额度
	农村政策性金融机构贷款 X_{43}	政策性银行涉农地流转贷款额度
	民间融资 X_{44}	合会、储金会等私人金融机构提供的涉农贷款以及民间借贷

附录 3
农地流转金融支持绩效评价问卷表

问卷一　福建省农地流转金融支持绩效评价表

尊敬的　　　　　　　：

您好！

为了解农地流转金融支持各种模式的绩效状况，本课题组按计划开展了本次问卷调查。请您根据以下各个绩效指标的现实情况，在相应框格中打"√"，例如：您觉得福建省的农地流转中金融机构的营业网点覆盖率情况属于良，就请在良所对应的框格中打"√"。本问卷纯属学术研究需要，且最终以汇总结果的形式体现，请您根据自己的判断放心填写，衷心感谢您的支持与合作！

农地流转金融支持及其绩效研究课题组

表 8　福建省农地流转金融支持绩效评价表

一级指标	二级指标	评价等级				
指标	指标	优	良	中	较差	差
农地流转金融支持绩效评价指标	金融支持力度 X_1	营业网点覆盖率 X_{11}					
		农地流转获贷比例 X_{12}					
		农地流转贷款增长率 X_{13}					
		农地流转贷款相关率 X_{14}					
	金融支持满意度 X_2	支持制度(模式)的认知度 X_{21}					
		支持实效的满意度 X_{22}					
		业务设计满意度 X_{23}					
		业务服务质量满意度 X_{24}					
	金融支持效率 X_3	土地规模经营指数 X_{31}					
		外部资金吸收指数 X_{32}					
		土地增产指数 X_{33}					
		农民纯收入变化指数 X_{34}					
		融资成本指数 X_{35}					
	金融支持结构合理度 X_4	农村合作及新型金融组织贷款 X_{41}					
		商业性金融机构贷款 X_{42}					
		农村政策性金融机构贷款 X_{43}					
		民间融资 X_{44}					

问卷二　农地流转金融支持各模式绩效评价表

尊敬的＿＿＿＿＿＿＿＿：

您好！

为了解农地流转金融支持各种模式的绩效状况本课题组按计划开展了本次问卷调查。请您根据以下各个绩效指标的现实情况在相应框格中打"√",例如:您觉得农地信托金融支持模式中金融机构的营业网点覆盖率情况属于良,就请在良所对应的框格中打"√"。本问卷纯属学术研究需要,且最终以汇总结果的形式体现,请您根据自己的判断放心填写,衷心感谢您的支持与合作！

农地流转金融支持及其绩效研究课题组

表 9　农地信托模式金融支持绩效评价表

一级指标	二级指标	评价等级				
指标	指标	优	良	中	较差	差
金融支持力度 X_1	营业网点覆盖率 X_{11}					
	农地流转获贷比例 X_{12}					
	农地流转贷款增长率 X_{13}					
	农地流转贷款相关率 X_{14}					
金融支持满意度 X_2	支持制度（模式）的认知度 X_{21}					
	支持实效的满意度 X_{22}					
	业务设计满意度 X_{23}					
	业务服务质量满意度 X_{24}					
金融支持效率 X_3	土地规模经营指数 X_{31}					
	外部资金吸收指数 X_{32}					
	土地增产指数 X_{33}					
	农民纯收入变化指数 X_{34}					
	融资成本指数 X_{35}					
金融支持结构合理度 X_4	农村合作及新型金融组织贷款 X_{41}					
	商业性金融机构贷款 X_{42}					
	农村政策性金融机构贷款 X_{43}					
	民间融资 X_{44}					

（农地流转金融支持绩效评价指标）

表 10　农地股份合作制模式金融支持绩效评价表

一级指标	二级指标	评价等级				
指标	指标	优	良	中	较差	差
农地流转金融支持绩效评价指标	金融支持力度 X_1	营业网点覆盖率 X_{11}					
		农地流转获贷比例 X_{12}					
		农地流转贷款增长率 X_{13}					
		农地流转贷款相关率 X_{14}					
	金融支持满意度 X_2	支持制度（模式）的认知度 X_{21}					
		支持实效的满意度 X_{22}					
		业务设计满意度 X_{23}					
		业务服务质量满意度 X_{24}					
	金融支持效率 X_3	土地规模经营指数 X_{31}					
		外部资金吸收指数 X_{32}					
		土地增产指数 X_{33}					
		农民纯收入变化指数 X_{34}					
		融资成本指数 X_{35}					
	金融支持结构合理度 X_4	农村合作及新型金融组织贷款 X_{41}					
		商业性金融机构贷款 X_{42}					
		农村政策性金融机构贷款 X_{43}					
		民间融资 X_{44}					

表 11 农地经营权抵押贷款模式金融支持绩效评价表

一级指标		二级指标	评价等级				
指标		指标	优	良	中	较差	差
农地流转金融支持绩效评价指标	金融支持力度 X_1	营业网点覆盖率 X_{11}					
		农地流转获贷比例 X_{12}					
		农地流转贷款增长率 X_{13}					
		农地流转贷款相关率 X_{14}					
	金融支持满意度 X_2	支持制度(模式)的认知度 X_{21}					
		支持实效的满意度 X_{22}					
		业务设计满意度 X_{23}					
		业务服务质量满意度 X_{24}					
	金融支持效率 X_3	土地规模经营指数 X_{31}					
		外部资金吸收指数 X_{32}					
		土地增产指数 X_{33}					
		农民纯收入变化指数 X_{34}					
		融资成本指数 X_{35}					
	金融支持结构合理度 X_4	农村合作及新型金融组织贷款 X_{41}					
		商业性金融机构贷款 X_{42}					
		农村政策性金融机构贷款 X_{43}					
		民间融资 X_{44}					

附录 4
农地流转金融支持绩效评价问卷统计及模型结果

一、福建省农地流转金融支持绩效问卷统计及模型结果

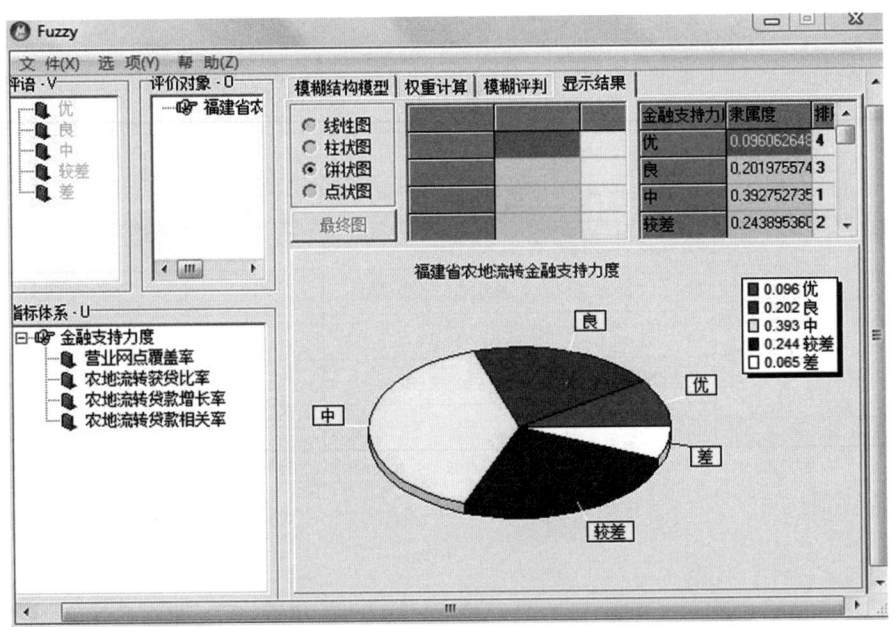

◆ 附录4 ◆ 农地流转金融支持绩效评价问卷统计及模型结果

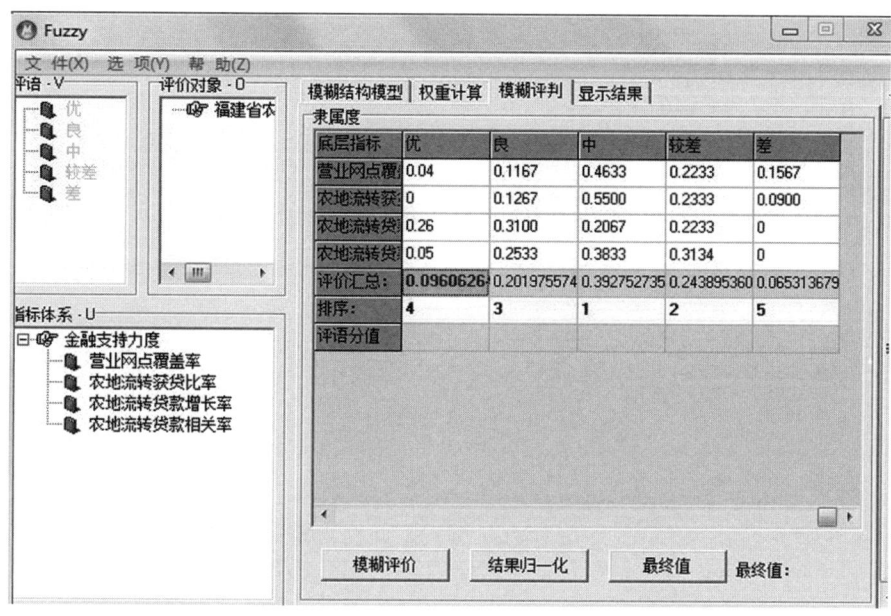

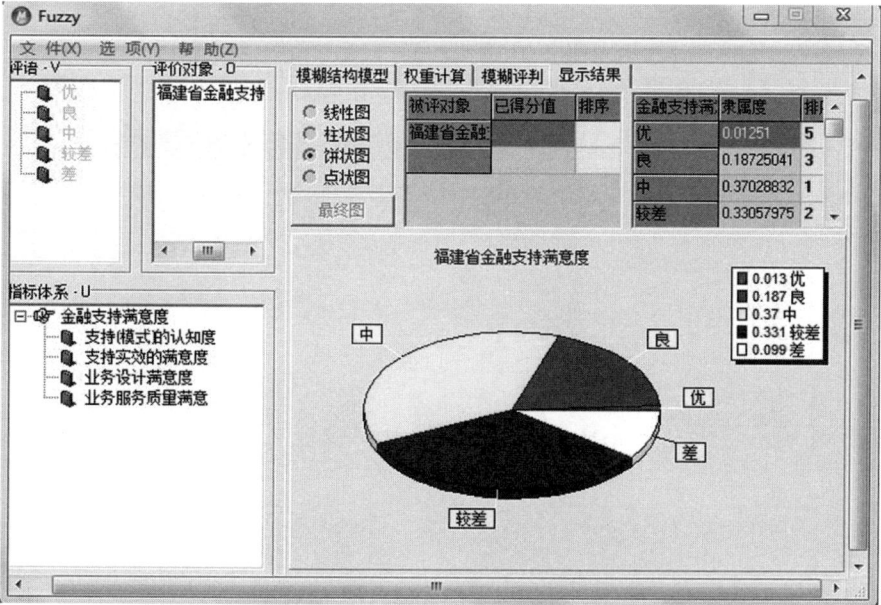

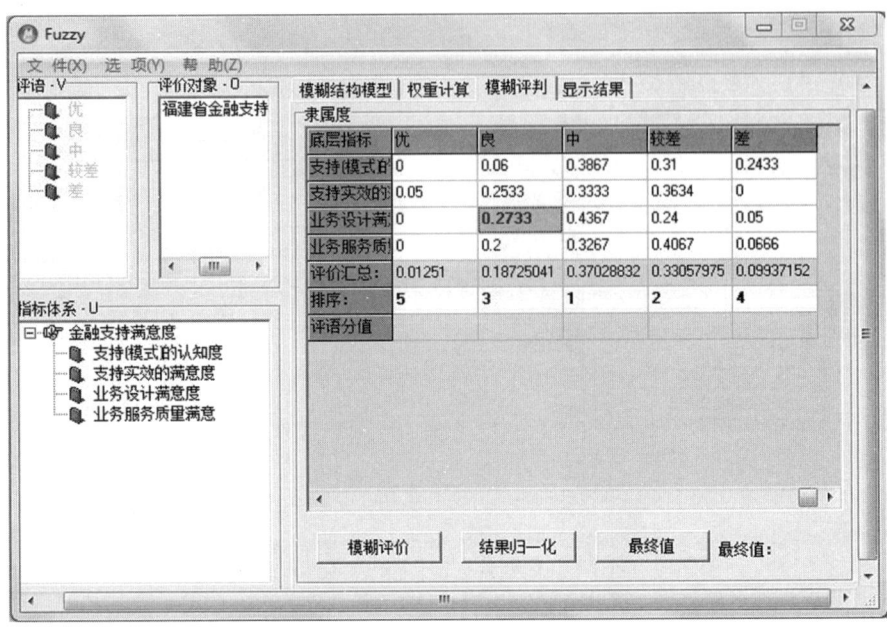

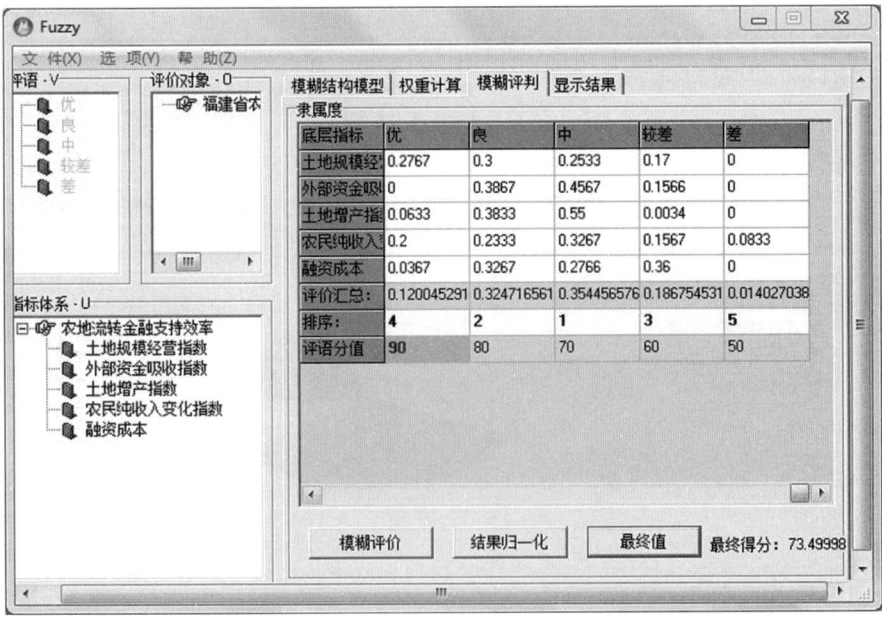

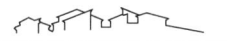
附录4 ◆ 农地流转金融支持绩效评价问卷统计及模型结果

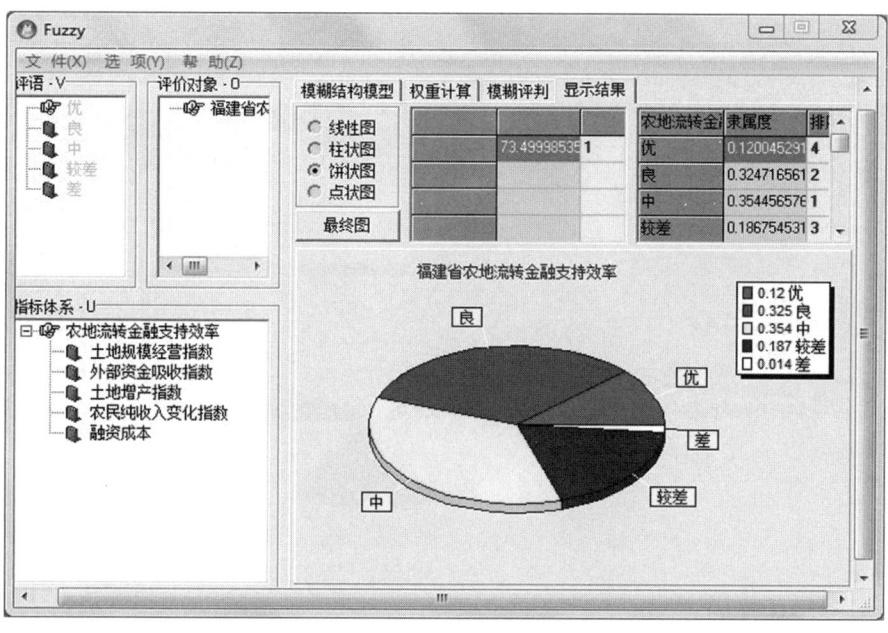

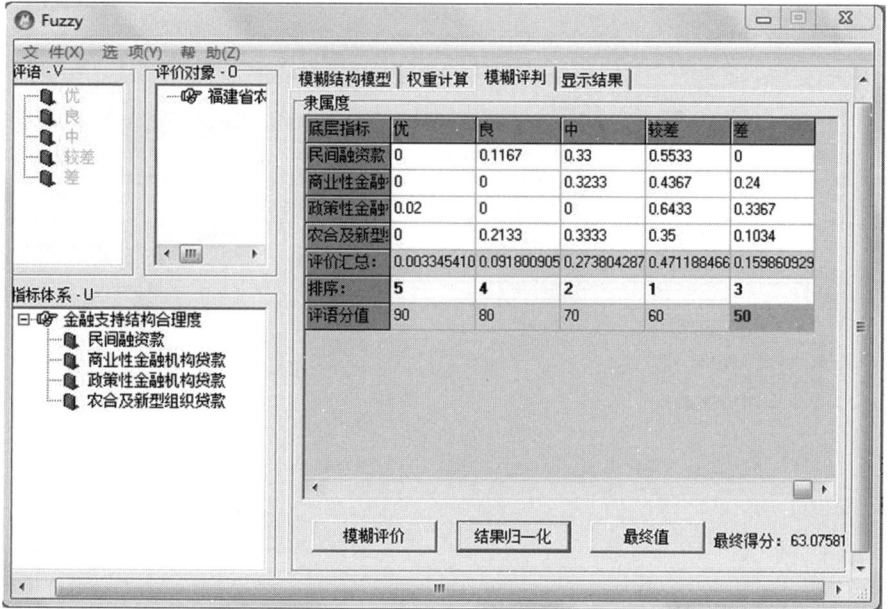

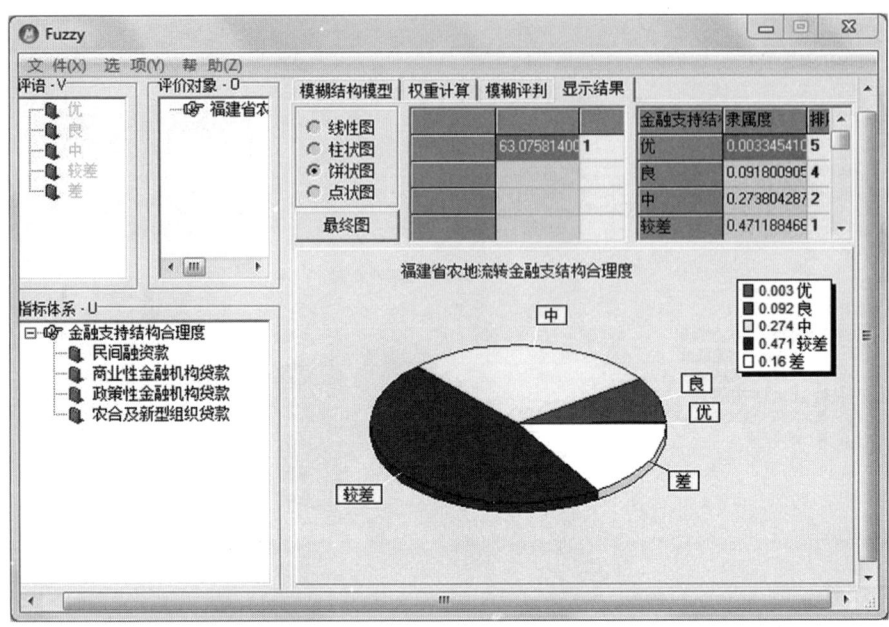

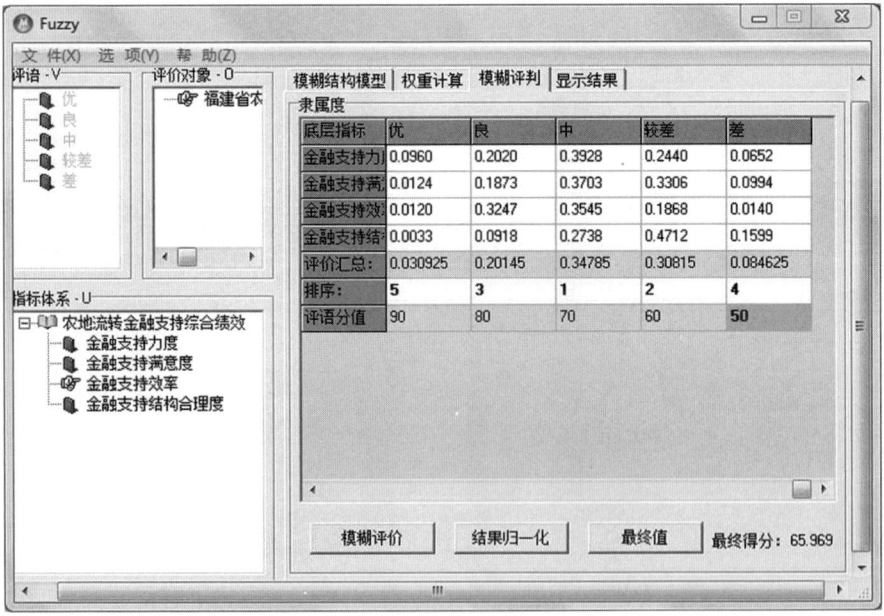

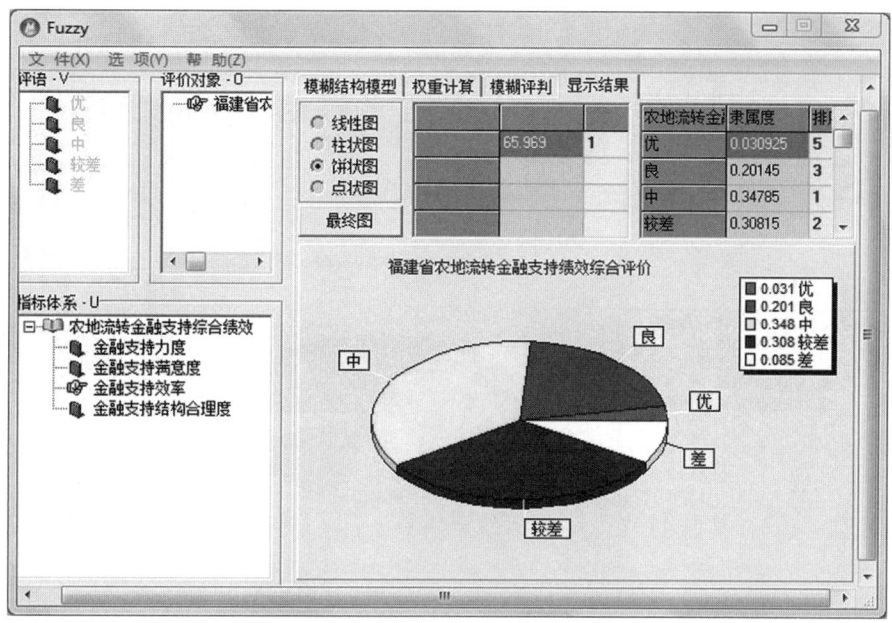

二、各模式绩效问卷统计及模型结果

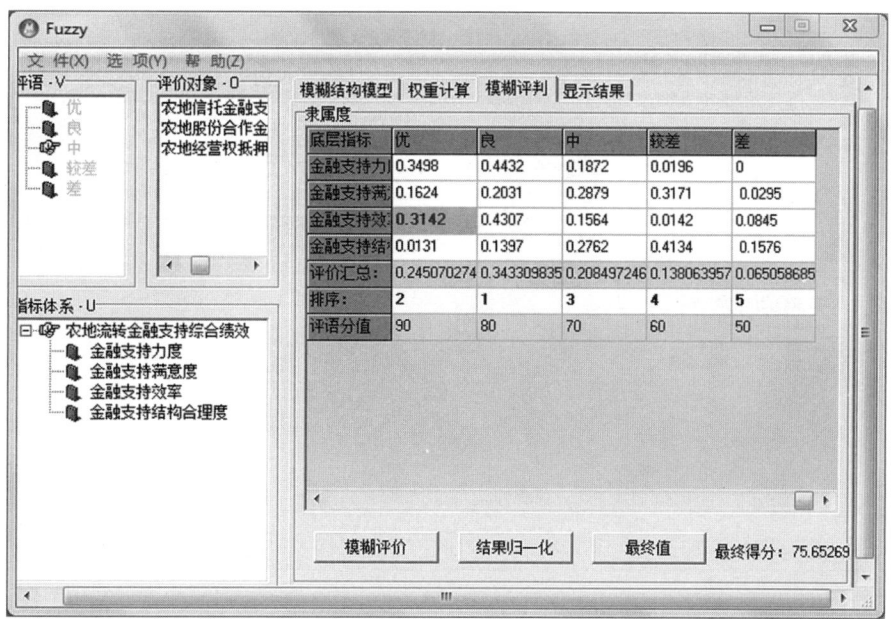

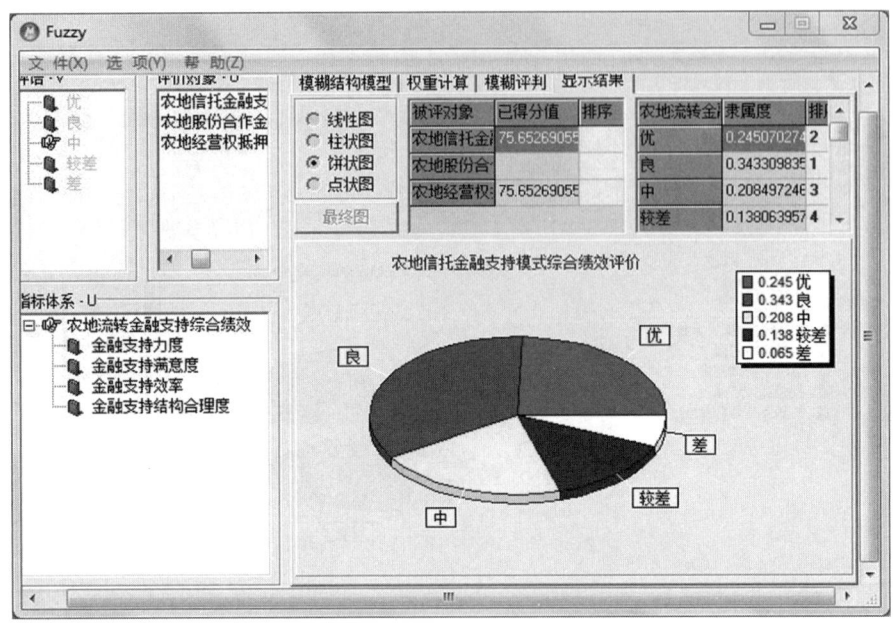

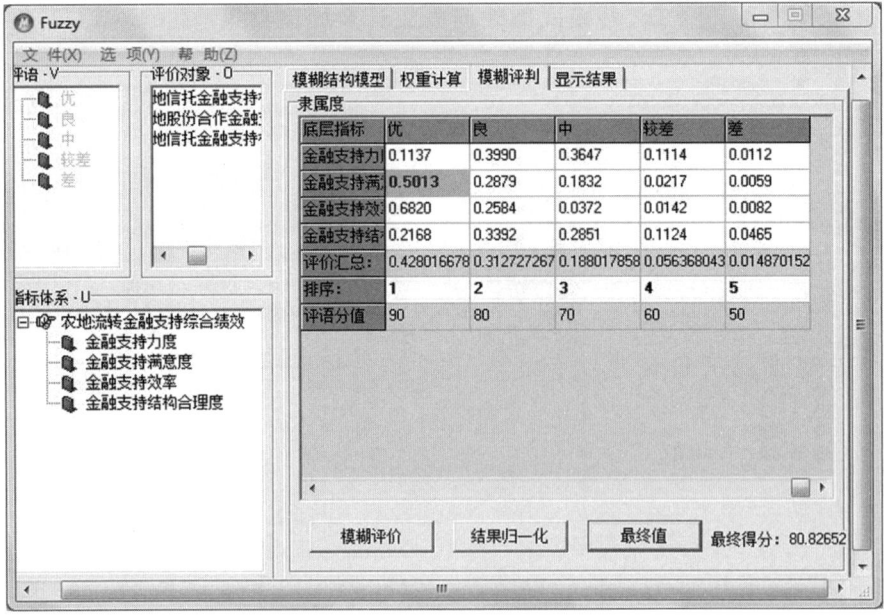

◆ 附录 4 ◆ 农地流转金融支持绩效评价问卷统计及模型结果

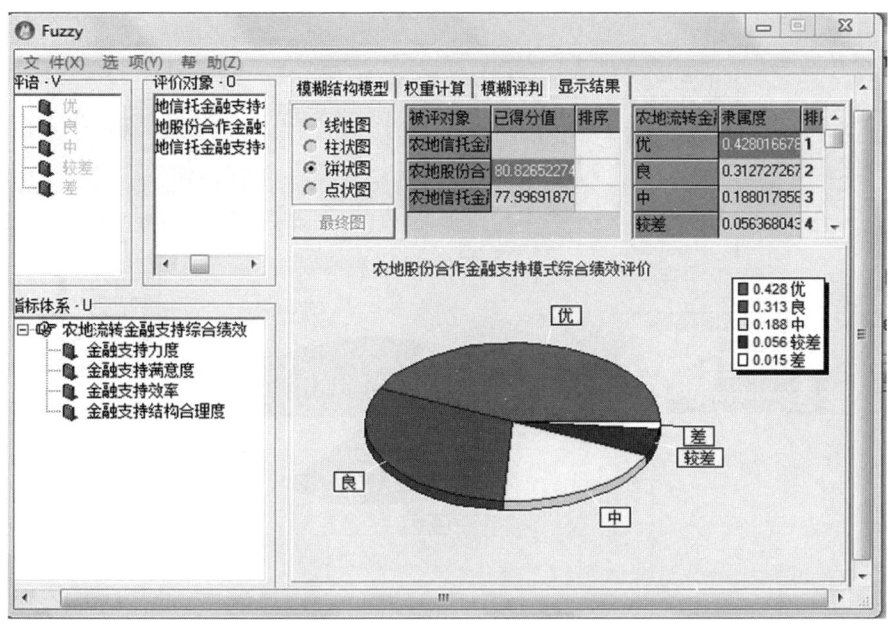

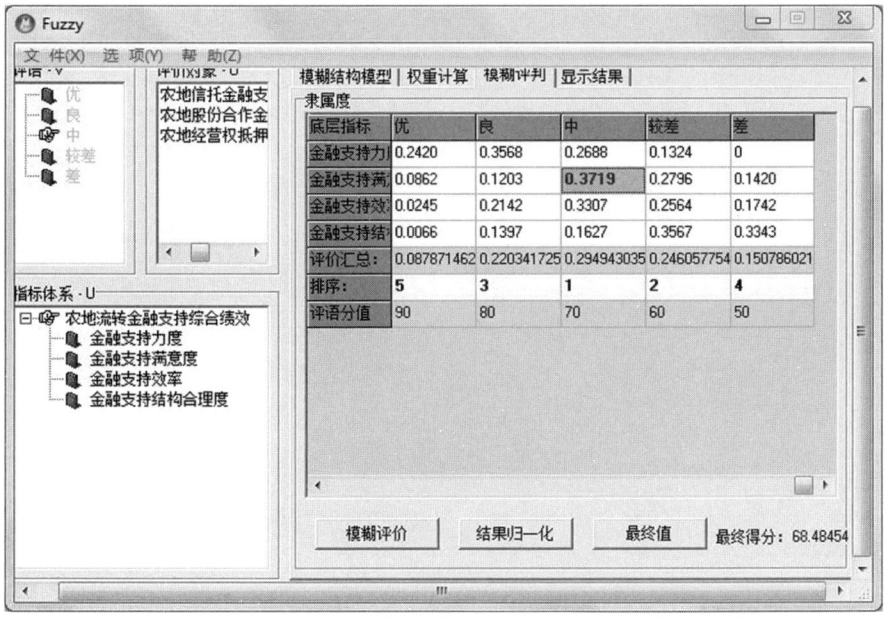

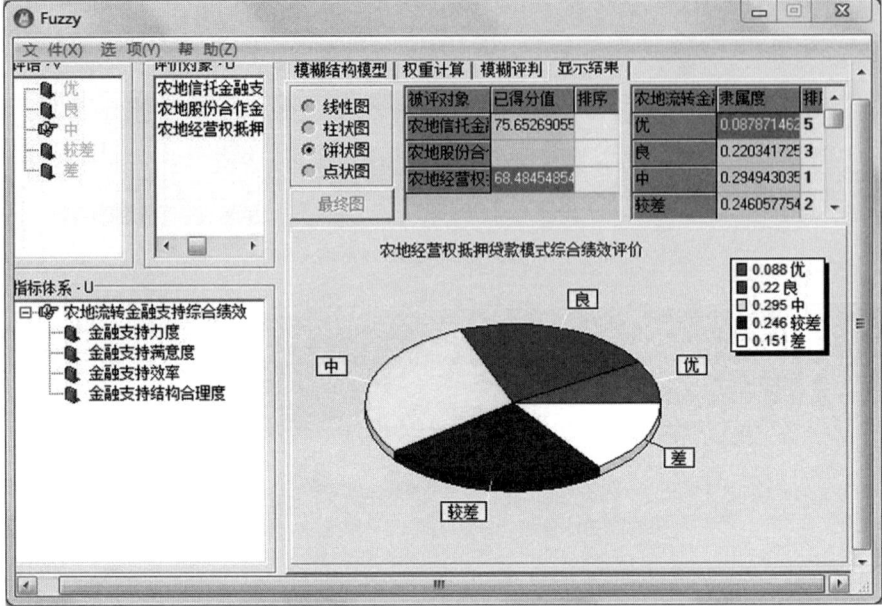

附录 5
农地流转金融支持绩效各影响因素指标值

表 12 农地流转金融支持各影响因素指标及含义表

维度	指标	假设	代码	含义
金融支持对象维度	农业 GDP	正相关	F_1	一定时期内地区农业生产总值，反映农村经济增长水平
	农地流转均价	正相关/显著	F_2	农地要素价值的货币化表现，反映农地价值
	农户授信额度	正相关	F_3	农户自身的家庭经济状况及信用额度
金融支持环境维度	HHI 赫芬达尔指数	负相关	F_4	农村金融市场竞争程度指标
	涉农 FI 指数	正相关/显著	F_5	涉农贷款余额与农业生产总值之比，反映农村金融深化程度的指标一定程度上反映金融支农的能力
	金融服务机具数量	正相关	F_6	农村金融服务设施水平
	存贷比	正相关/显著	F_7	贷款余额与存款余额之比，反映了银行自身的盈利能力和农村金融市场资金调动能力和资金的流向
制度环境维度	相关法律政策数量	正相关	F_8	法律及政策完善程度
	财政贴息额度	正相关/显著	F_9	财政支持政策
	农村低保人数	正相关	F_{10}	农村最基本的社会保障
第三方支持维度	建立流转服务组织的村	正相关	F_{11}	农地流转服务的中介平台建设发展情况
	村级融资担保基金数	正相关	F_{12}	第三方融资担保业的发展曾读

HHI 赫芬达尔指数算出来的结果一般都很小，这里采取乘以 100 的做法。

表 13　各影响因素指标统计数据表

指标	代码	单位	2009年	2010年	2011年	2012年	2013年	2014年	2015年	2016年
农业 GDP	F_1	亿	15.64	17.8	20.76	22.28	24.63	26.04	27.09	29.06
农地流转均价	F_2	斤谷/亩	250	260	300	350	360	370	385	400
农户授信额度	F_3	亿元	11.42	16.63	20.46	22.45	26.53	27.36	28.62	29.71
HHI赫芬达尔指数	F_4	/	30.06	28.57	25.15	18.36	16.33	16.78	18.69	20.73
FI 指数	F_5	/	1.4078	1.4879	1.4618	1.6912	1.6233	1.5126	1.5265	1.587
金融服务机具数量	F_6	台	851	982	1052	1216	1289	1360	1432	1439
农业存贷比	F_7	%	119.46	121.30	131.49	127.80	128.13	125.91	123.12	128.85
财政贴息额度	F_8	万元	121.8	136.5	183.6	231.7	254.6	265.7	268.1	270.4
农村低保人数	F_9	万人		0.41	0.47	1.38	0.44	0.4	0.37	0.23
相关法律政策数量	F_{10}	个	4	5	9	11	14	15	16	19
建立流转服务组织的村	F_{11}	个	92	133	171	171	175	177	179	183
村级融资担保基金数	F_{12}	个	4	8	12	14	32	59	74	83

数据说明：HHI赫芬达尔指数算出来的结果一般都很小，这里采取乘以100的做法；关于农村低保人数，福建省统计年鉴从2010年才开始收录。

表 14　参考序列指标数据及指标值

指标	权重	归一权重	2009年	2010年	2011年	2012年	2013年	2014年	2015年	2016年
农地流转金融支持绩效增长指数	——	1	20.96	34.82	39.34	26.23	26.27	26.91	27.76	29.79
农地流转贷款增长指数	0.0720	0.2165	16.57	19.14	26.34	22.98	25.71	26.32	28.19	33.76
外部资金吸收指数	0.0846	0.2544	32.2	68.75	80	40	40.26	40.79	43.16	45.33
农民纯收入变化指数	0.0667	0.2006	8.8	11.9	17.3	13.9	11.4	11.8	10.1	8.3
农地流转规模经营指数	0.0992	0.2948	25.17	36.65	33.31	28.12	27.73	28.73	29.36	31.5

数据说明：农地流转贷款增长指数采用沙县农业局统计的各年度的农地流转贷款增长率数据；外部资金吸收指数用三明银监局统计的沙县区外银行贷款并计算其增长指数而得；农地流转规模经营指数用沙县农业局统计的十亩以上的农地流转增长率来代表；农民纯收入变化指数由福建统计年鉴中沙县农民人均收入数据计算而得。

表 15　农地流转金融支持绩效与各影响因素标准化数据(1)

指标	代码	2009年	2010年	2011年	2012年	2013年	2014年	2015年	2016年
农地流转金融支持绩效指标值	E_1	0.7226	1.2003	1.3561	0.9041	0.9055	0.9276	0.9570	1.0269
农业 GDP	F_1	0.6826	0.7769	0.9061	0.9724	1.0750	1.1365	1.1823	1.2683
农地流转均价	F_2	0.7477	0.7776	0.8972	1.0467	1.0766	1.1065	1.1514	1.1963
农户授信额度	F_3	0.4987	0.7263	0.8935	0.9805	1.1586	1.1949	1.2499	1.2975
HHI 赫芬达尔指数	F_4	1.3768	1.3085	1.1519	0.8409	0.7479	0.7685	0.8560	0.9494
FI 指数	F_5	0.9158	0.9679	0.9509	1.1001	1.0560	0.9840	0.9930	1.0324
金融服务机具数量	F_6	0.7076	0.8165	0.8748	1.0111	1.0718	1.1309	1.1907	1.1965
农业存贷比	F_7	0.9499	0.9646	1.0456	1.0162	1.0189	1.0012	0.9790	1.0246
财政贴息额度	F_8	0.5625	0.6303	0.8478	1.0700	1.1757	1.2270	1.2381	1.2487
农村低保人数	F_9	0.6914	0.8099	0.9284	2.7259	0.8691	0.7901	0.7309	0.4543
相关法律政策数量	F_{10}	0.3441	0.4301	0.7742	0.9462	1.2043	1.2903	1.3763	1.6344
建立流转服务组织的村	F_{11}	0.5746	0.8306	1.0679	1.0679	1.0929	1.1054	1.1179	1.1429
村级融资担保基金数	F_{12}	0.1119	0.2238	0.3357	0.3916	0.8951	1.6503	2.0699	2.3217

表 16　农地流转金融支持绩效与各影响因素标准化数据(2)

指标	代码	2009年	2010年	2011年	2012年	2013年	2014年	2015年	2016年
农地流转金融支持绩效指标值	E_1	0.7226	1.2003	1.3561	0.9041	0.9055	0.9276	0.9570	1.0269
农业 GDP	F_1	0.4235	0.4501	0.0683	0.1695	0.2089	0.2254	0.2414	0.4867
农地流转均价	F_2	0.4228	0.4589	0.1427	0.1712	0.1790	0.1944	0.1694	0.5120
农户授信额度	F_3	0.4741	0.4626	0.0764	0.2532	0.2673	0.2929	0.2707	0.5065
HHI 赫芬达尔指数	F_4	0.1082	0.2042	0.0632	0.1575	0.1591	0.1010	0.0774	0.6347
FI 指数	F_5	0.2325	0.4052	0.1961	0.1505	0.0564	0.0360	0.0055	0.4426
金融服务机具数量	F_6	0.3838	0.4814	0.1071	0.1664	0.2033	0.2338	0.1697	0.5180
农业存贷比	F_7	0.2358	0.3105	0.1122	0.1134	0.0736	0.0221	0.0023	0.3472
财政贴息额度	F_8	0.5700	0.5083	0.1659	0.2702	0.2994	0.2811	0.2218	0.6024
农村低保人数	F_9	0.3905	0.4277	1.8219	0.0363	0.1375	0.2261	0.5725	1.7974
相关法律政策数量	F_{10}	0.7702	0.5819	0.0422	0.2988	0.3627	0.4194	0.6075	0.8027
建立流转服务组织的村	F_{11}	0.3697	0.2882	0.1639	0.1874	0.1778	0.1609	0.1160	0.4022
村级融资担保基金数	F_{12}	0.9766	1.0205	0.5125	0.0104	0.7228	1.1130	1.2948	1.3571

表 17　各影响因素关联系数值

指标	代码	2009 年	2010 年	2011 年	2012 年	2013 年	2014 年	2015 年	2016 年
农地流转金融支持绩效指标值	E_1	1.0138	0.4308	0.4143	0.9216	0.6958	0.6352	0.6129	0.5925
农业 GDP	F_1	0.9999	0.4088	0.3878	0.6795	0.6316	0.6424	0.6659	0.7412
农地流转均价	F_2	0.6397	0.4197	0.4264	0.9259	0.6027	0.5863	0.5588	0.5826
农户授信额度	F_3	0.3422	0.7813	0.6374	0.8737	0.7001	0.6978	0.7947	0.8421
HHI 赫芬达尔指数	F_4	0.6944	0.6343	0.4594	0.6896	0.7742	1.0366	1.1185	1.2691
FI 指数	F_5	1.0713	0.4566	0.3964	0.8018	0.6900	0.6349	0.5956	0.6846
金融服务机具数量	F_6	0.5827	0.5707	0.4826	0.8175	0.8141	0.9450	1.1941	1.3285
农业存贷比	F_7	0.9596	0.5081	0.5469	0.9477	0.7747	0.7371	0.7603	0.8464
财政贴息额度	F_8	1.0210	0.7365	0.7158	0.3490	1.0154	0.9163	0.8441	0.6453
农村低保人数	F_9	0.5374	0.3577	0.4262	0.9449	0.5985	0.5485	0.5106	0.4154
相关法律政策数量	F_{10}	0.9753	0.5965	0.6959	0.9331	0.8764	0.8987	0.9407	1.0739
建立流转服务组织的村	F_{11}	0.5533	0.4310	0.4199	0.5990	1.0355	0.5091	0.3982	0.3615
村级融资担保基金数	F_{12}	1.0138	0.4308	0.4143	0.9216	0.6958	0.6352	0.6129	0.5925

表 18　各指标灰色关联度系数排名

影响因素	灰色关联系数	关联系数代码	排名
农业 GDP	0.6646	r1	8
农地流转价格	0.6447	r2	9
农户授信额度	0.5928	r3	10
HHI 赫芬达尔指数	0.7087	r4	6
FI 指数	0.8345	r5	3
金融服务机具数量	0.6664	r6	7
农业存贷比	0.8419	r7	2
财政贴息额度	0.7601	r8	5
农村低保人数	0.7804	r9	4
相关法律政策数量	0.5424	r10	11
建立流转服务组织的村	0.8738	r11	1
村级融资担保基金数	0.5384	r12	12

后 记

农地流转是我国农地产权制度改革的重要创新,也是农村经济体制改革顺利进行的关键。进一步完善农地金融制度是今后农村经济改革的方向,也是土地制度改革的焦点问题和研究的重要课题。笔者对本课题的关注始于博士就学期间,并围绕农地流转主题发表了几篇小论文。后来笔者的博士毕业论文选题也围绕这个主题展开,本书是在本人博士毕业论文的研究基础上,对相关知识进行更新、修改、整理而成。

本人在读期间师从谢志忠教授研习农地金融,恩师多年来致力于传道、授业、解惑,其渊博的专业知识和对学生的关心照料无须多论,从毕业论文选题审定、大纲构架实践调研、论文撰写,研究结论以及创新点提炼等整个研究过程到本书的出版,一直得到导师的悉心教诲和严格的指导,正是导师和师母的鼓励帮助,我才得以顺利完成博士论文的写作,在此表示衷心感谢!

同时也要感谢徐学荣教授在本书撰写过程中对文章结构、计量方法、数据模型乃至格式细节所给予的特别指导。感谢西北农林大学霍学喜教授对选题、大纲结构给予的指导,感谢刘伟平教授、杨建州教授、黄和亮教授、郑庆昌教授、王林萍教授、王文烂教授、杨江帆教授、管曦教授、戴永务教授等在选题及内容框架方面提出的宝贵意见,他们在经济管理领域的深厚造诣和真知灼见使我受益良多,成为本书顺利完成的坚实基础。

感谢福建省政府发展研究中心吴元兴处长、省农业厅卓一凡先生、三明市农办的黄明级主任、沙县组织部刘叶爱部长、沙县农办黄主任、沙县宣传部朱道敏老师以及西北农林大学黎毅博士等人在数据和案例资料收集时给予的帮助。感谢所有同门师兄弟姐妹在问卷调查过程中给予的无私帮助。感谢我的同学严可仕、陈杰、陈朝春、王金凤、杨晓冬、徐隆、郑瀚、陈松、陈耀庭、刘晓飞、林幸婉、林春桃、罗雪英等，与你们共同学习讨论，我受益良多。

当然，本书的写作和修改整理过程中还得到了家人和亲友的支持，年迈的父母默默地为我操心，不能常伴左右使我不免有些不孝的内疚。特别感谢先生赖永波在整个书稿写作过程中的支持、鼓励和帮助，能与先生在相互砥砺中共同成长是我的幸运。孩子带给我的无限快乐是我坚持下去的动力。家人默默的付出、关怀与体贴是我人生道路上最坚强的后盾。

本课题的研究工作得到福建省科技厅软科学项目"农地流转的金融支持绩效及其影响因素研究"（编号2017R0006）的资助，特此向支持和关心本课题研究工作的所有单位和个人表示感谢。感谢厦门大学出版社为本书出版付出的辛勤劳动。书中有部分内容参考了有关单位或个人的研究成果，均已在参考文献中列出，在此一并致谢。

最后，谨向百忙之中抽出宝贵时间和精力对本书进行评审的同行专家教授表示深深的谢意。农地金融尚处于创新和试点实践阶段，关于农地流转金融支持的绩效评价及其影响因素的理论研究也尚处于探讨阶段，加上本人理论和学术水平有限，本研究成果中还有不少缺点和错误，恳请各位同行专家、读者批评指正，多提宝贵意见，以促进该研究领域研究的不断深化。

黄振香
2018年2月